BRAD STULBERG

DIE PRINZIPIEN DES NACHHALTIGEN ERFOLGS

BRAD STULBERG

DIE PRINZIPIEN DES NACHHALTIGEN ERFOLGS

DER EINFACHE WEG ZU MEHR GLÜCK DURCH BODENSTÄNDIGKEIT

FBV

Bibliografische Information der Deutschen Nationalbibliothek
Die Deutsche Nationalbibliothek verzeichnet diese Publikation in der Deutschen Nationalbibliografie.
Detaillierte bibliografische Daten sind im Internet über http://d-nb.de abrufbar.

Für Fragen und Anregungen
info@m-vg.de

Wichtiger Hinweis
Ausschließlich zum Zweck der besseren Lesbarkeit wurde auf eine genderspezifische Schreibweise sowie eine Mehrfachbezeichnung verzichtet. Alle personenbezogenen Bezeichnungen sind somit geschlechtsneutral zu verstehen.

1. Auflage 2023

Türkenstraße 89
80799 München
Tel.: 089 651285-0
Fax: 089 652096

Übersetzung: Dr. Ulrich Korn
Redaktion: Petra Sparrer
Korrektorat: Anke Schenker
Umschlaggestaltung: Karina Braun in Anlehnung an das Original
Umschlagabbildung: Shutterstock.com/Elina Li, Juli Gin
Satz: ZeroSoft, Timisoara
Druck: GGP Media GmbH, Pößneck
Printed in Germany

ISBN Print 978-3-95972-732-7
ISBN E-Book (PDF) 978-3-98609-420-1
ISBN E-Book (EPUB, Mobi) 978-3-98609-421-8

Weitere Informationen zum Verlag finden Sie unter

www.finanzbuchverlag.de

Beachten Sie auch unsere weiteren Verlage unter www.m-vg.de.

INHALT

UND DAS SAGEN DIE KRITIKER

»Dieses Buch trifft den Kern der Sache.«

Ryan Holiday, Autor von *In der Stille liegt dein Weg* und *Dein Ego ist dein Feind*

»Wenn Sie jemals das Gefühl haben, dass Ihr Leben und die Welt außer Kontrolle geraten, dann brauchen Sie dieses Buch.«

Daniel H. Pink, Autor von *Drive: Was Sie wirklich motiviert* und *To Sell Is Human*

»Anspruchsvoll, tiefgreifend und wirkungsvoll. Stulberg ist der Autor, an den ich mich wende, wenn ich den Begriff Erfolg in all seiner persönlichen und beruflichen Komplexität untersuchen will.«

David Epstein, Autor von *Es lebe der Generalist!* und *Die Siegergene:*

»Dieses Buch spricht etwas an, das viele von uns empfinden, aber nicht klar aussprechen können.«

Arianna Huffington, Gründerin und CEO von Thrive Global

»Ein durchdachter, praktischer Ratgeber, um mehr Spitzenleistungen mit weniger Angst zu erreichen.«

ADAM GRANT, Autor von *Think Again – Die Kraft des flexiblen Denkens* und Moderator des TED-Podcasts WorkLife

»Ein wertvoller Leitfaden für den Weg vom heroischen Individualismus zu einem nachhaltigeren, langfristigen Erfolgskonzept.«

SCOTT GALLOWAY, Autor von *The Four – Die geheime DNA von Amazon, Apple, Facebook und Google* und *Post Corona*

»Eine wichtige Alternative für diejenigen unter uns, die von inhaltslosen Ermahnungen ermattet sind und nach einem tieferen Ansatz für ein erfolgreiches Leben suchen.«

CAL NEWPORT, Autor von *Digitaler Minimalismus* und *Konzentriert arbeiten*

»Genau das, was wir jetzt brauchen. Stulberg ist ein Meister darin, Forschung in Lebensstrategien zu übersetzen.«

KELLY MCGONIGAL, Autorin von *Bergauf mit Rückenwind* und *The Joy of Movement*

»Glück erfordert ein Leben, das in Werten und Stärken verwurzelt ist. Aber das geschieht nicht von selbst. Stulberg bietet sechs konkrete Schritte, die wir gehen können und die uns den Weg weisen.«

ARTHUR C. BROOKS, Autor von *The Conservative Heart* und *Love Your Enemies*

Dieses Buch ruht auf den Schultern von Riesen. Ich danke den Wissenschaftlern, Schriftstellern, Philosophen, Dichtern, Heiligen, Mönchen und all den anderen Wegbereitern, auf deren Arbeit dieses Buch aufbaut. Ich wünsche mir, dass dies ein kleiner Beitrag zu einer bereits überzeugenden und beständigen Tradition des Denkens und Schreibens ist.

Während der Arbeit an diesem Buch habe ich immer wieder darüber nachgedacht, wie ich etwas schaffen kann, auf das mein Sohn Theo stolz sein kann. Es ist also ein Buch für ihn.

Und auch für Sie alle.

TEIL I

DIE GRUNDLAGEN DES ERFOLGS

KAPITEL 1

BODENSTÄNDIG SEIN, UM AUFZUSTEIGEN

Im Sommer 2019 beobachtete ich bei meinen Coaching-Klienten – hochrangigen Führungskräften, erfolgreichen Unternehmern, leitenden Ärzten und Spitzensportlern – eine Entwicklung, die mir zu denken gab. Während wir früher meist darüber sprachen, mit welchen Verhaltensroutinen ein hohes Leistungs- und Arbeitsvermögen erreichbar ist, bekam ich in den vergangenen Jahren etwas anderes zu hören. »Ich brauche unbedingt eine Auszeit«, sagte mein Klient Tim, Chefarzt für Allgemeinmedizin in einem großen Gesundheitszentrums. »Selbst wenn ich versuche, mir ein einziges Wochenende freizunehmen, halte ich es nur ein paar Stunden durch, nicht meine beruflichen E-Mails zu öffnen. Ich weiß, das müsste ich nicht tun – und ich will es auch gar nicht. Aber ich verspüre einen inneren Zwang, es trotzdem zu tun. Und um ehrlich zu sein: Wenn ich es nicht tue, werde ich unruhig und komme mir vor, als bewege ich mich auf unsicherem Terrain.«

Andere Klienten entwickeln Angstgefühle, wenn nicht schon sprichwörtlich »das nächste Ding ansteht«. Und selbst wenn sie genug zu tun haben, machen sie sich Sorgen, es könne nicht genug sein. Sie verspüren den tief verinnerlichten Drang, stets auf etwas hinarbeiten zu müssen, damit sie nicht das Gefühl haben, dass die Lücke in ihrem Leben immer größer wird und sie eine große Leere empfinden. »Ich dachte, dass ich zufrieden sein würde, sobald ich endlich die Finanzierung abgesichert und diesen Betrieb gegründet hätte«, sagte Samantha, eine Unternehmerin einer schnell wachsenden Technologiefirma. »Doch ich habe mich geirrt. Und ich mache mir Sorgen, nicht zu wissen, was ich tun soll, wenn dies nicht ausreicht.«

Einige meiner Klienten berichten auch, dass sie sich zerstreut fühlen – sie verbringen zu viel Zeit damit, zurückzublicken, vorauszuplanen, ihre Entscheidungen infrage zu stellen oder sich in Was-wäre-wenn-Szenarien zu verstricken. »Ich spüre schon lange diese Zerfahrenheit und neige schon seit geraumer Zeit dazu, zu viel nachzudenken«, erklärt Ben, der CEO eines großen Softwareunternehmens. »Aber jetzt kommt es mir noch schlimmer vor, als wäre ich zu zerstreut. Es fällt mir schwerer als je zuvor, präsent zu sein. Ich kann damit umgehen; aber es gefällt mir nicht.«

Die meisten dieser Menschen – auch Tim, Samantha und Ben – sind sogenannte »Macher«, und zwar seitdem sie denken können. Sie sind beherzt und zielstrebig, ihre Arbeit und ihr Privatleben liegen ihnen sehr am Herzen. Auch Widrigkeiten sind ihnen nicht fremd. Die Athleten unter ihnen haben sich schreckliche Verletzungen zugezogen. Führungskräfte, die sich als Minderheiten fühlen, sahen sich Vorurteilen und Diskriminierung ausgesetzt. Die Unternehmer hatten harte Arbeitszeiten hinter sich. Alle hatten mit erheblichem Stress zu kämpfen, besonders die Ärzte, die regelmäßig mit Situationen konfrontiert werden, in denen es um Leben und Tod geht. Und obwohl es ihnen gelungen ist, diese Hindernisse zu überwinden, haben alle meine Klienten – Menschen, die ich sehr bewundere – weiterhin große Probleme.

Das gilt nicht nur für die Klienten, die ich coache. Diese Themen spielen auch in meiner Forschung und in meinen Schriften zu Performance, Wohlbefinden und allgemeiner Lebenszufriedenheit eine große Rolle. Viele der Menschen, die ich durch diese Arbeit kennengelernt habe – Spitzensportler, Intellektuelle und Kreative –, kennen eine ähnliche Unzufriedenheit. Gemessen an normalen Maßstäben sind sie sehr erfolgreich. Doch im Innersten spüren auch sie oft, dass etwas nicht stimmt, dass irgendetwas fehlt. Interessanterweise erzählen mir viele dieser Menschen, dass sie sich, wenn sie nicht gerade überdreht sind, tatsächlich ziemlich niedergeschlagen fühlen. Sie leiden in solchen Momenten nicht unter Depressionen, sondern häufig plagt sie eine schwelende Unzufriedenheit. Ein Weltklassesportler sagte mir: »Wenn ich aufhöre, nach vorn zu schauen, fühle ich mich nach dem Wettkampf niedergeschlagen, auch wenn ich den verdammten Kampf gewonnen habe! Es wäre schön, ein wenig mehr und auch tieferen Frieden empfinden zu können.«

Täuschen Sie sich nicht; alle diese Menschen erleben Momente des Glücks und der Freude, aber diese Augenblicke sind eben nur Momente – flüchtiger, als ihnen lieb ist. Allzu oft haben sie das Gefühl, von den Launen des Lebens hin- und hergeworfen zu werden, fortwährend von einer Sache zur nächsten zu springen, ihre Eigenständigkeit zu opfern und die Kontrolle zu verlieren. Sie sagen sich (und mir), wie sehr sie sich wünschen, all das abzuschalten – all die Nachrichten und den ganzen Arbeitstrubel, die E-Mails und Mitteilungen in den sozialen Medien und die Gedanken daran, was als Nächstes kommt. Doch wenn sie das tun, fühlen sie sich unruhig und rastlos, schwanken zwischen Ziellosigkeit und Angst. Sie wissen, dass es nicht die Lösung ist, immer auf Sendung zu sein, aber sie fühlen sich nie richtig wohl, wenn sie sich mal eine Auszeit nehmen. Viele Männer halten es für beschwerlich, als unerschütterlich und unbesiegbar zu gelten. Und nicht wenige Frauen berichten, sie hätten das Gefühl, immer für alles und jeden da sein zu müssen und stets hinter den unmöglichen Erwartungen zurückzubleiben. Ich bezeichne das als *heroischen Individualismus*: ein ständiges Spiel, bei dem man sich selbst und andere übertreffen will, gepaart mit der beschränkten Überzeugung, messbare Ergebnisse seien das einzige Kriterium für Erfolg. Auch wenn Sie einen guten Job machen und es nach außen hin gut kaschieren, haben Sie, wenn Sie sich dem heroischen Individualismus verschrieben haben, stets den Eindruck, die Ziellinie – oder mit anderen Worten: eine anhaltende Erfüllung – nie ganz zu erreichen.

Heroischer Individualismus ist nicht auf mein Coaching, meine Forschung oder mein Schreiben begrenzt. Die damit verbundenen Probleme sind in meinem sozialen Umfeld ein häufiges Gesprächsthema, und auch in dem meiner jüngeren und älteren Kollegen. Ungeachtet von Alter, Ethnie, Geschlecht, geografischer Lage und Branche scheint das Gefühl, nie genug zu geben oder zu leisten, ein wesentlicher Bestandteil des Lebens zu sein. Das ist nichts Neues. Seit jeher sehnt sich der Mensch danach, etwas Beständiges zu sein und eine Ganzheit darzustellen, auch wenn das Leben einem ständigen Wandel unterzogen ist. Dieses Bedürfnis ist stärker geworden. Der heroische Individualismus hat Konjunktur. Er wird von einer modernen Kultur gespeist, die unerbittlich sagt, dass Sie besser sein, sich besser fühlen, positiver denken, mehr haben und Ihr Leben »optimieren« müssen – nur um dürftige und oberflächliche Lösungen anzubieten, die allenfalls Enttäuschungen bereithalten.

Sollte Ihnen einiges davon bekannt vorkommen, sind Sie nicht allein. Vielleicht weichen die Details von den Beispielen ab, die ich genannt habe. Vielleicht gefällt Ihnen Ihr Job nicht oder Sie sind in akute Not geraten. Oder Sie kommen gerade frisch von der Uni oder sind schon 20 Jahre im Berufsleben. Vielleicht stehen Sie kurz vor der Pensionierung oder haben sie sogar schon erreicht. Aber der heroische Individualismus und seine häufigsten Symptome – Rastlosigkeit, Getriebenheit, leichte Angstzustände, Zerstreutheit, Erschöpfung, Burnout, Phasen, in denen man Leere verspürt, der Zwang, immer der nächsten Sache hinterherzujagen, und immer wieder neue Wünsche –, all dies ist durch immer mehr Daten belegt, die wir uns bald genauer ansehen und die zeigen, was so viele Menschen heutzutage fühlen und was ich teilweise selbst ebenso empfinde.

WENN MAN DEN BODEN UNTER DEN FÜSSEN VERLIERT

In meinem ersten Buch *Das perfekte Mindset – Peak Performance* befasste ich mich mit den erforderlichen Grundlagen, um in jedem Bereich nachhaltige Fortschritte zu erzielen. Mein zweites Buch *The Passion Paradox* handelte von Menschen, die so gepolt sind, dass sie um jeden Preis weitermachen wollen, und zeigte den Lesern, wie man Leidenschaft und Tatendrang entwickeln und in produktive Bahnen lenken kann. Ich war der Meinung, das Rezept für Erfolg und Glück bestehe darin, eine fruchtbare Leidenschaft zu entwickeln und dann die Prinzipien der *Peak Performance*, der absoluten Spitzenleistung, zu nutzen, um sie zu kanalisieren und völlig zu beherrschen. So habe ich wie auch viele meiner Klienten unser Leben gelebt – meist mit großem Erfolg. Mach, mach, mach. Los, los, los. Sei nie zufrieden. Habe niemals genug. Lebe mit schonungslosem Tatendrang und mit Intensität für das, was als Nächstes auf dich zukommt.

Nachdem *Peak Performance* ein Bestseller geworden war und ich das komplette Manuskript von *The Passion Paradox* geschrieben hatte, machte sich wie aus heiterem Himmel eine Zwangsstörung (OCD), eine missverstandene und oft zehrende Krankheit, bei mir bemerkbar. Dabei geht es bei Weitem nicht nur darum, in nahezu pathologischem Ausmaß überorganisiert zu sein und alles doppelt und dreifach überprüfen zu müssen; vielmehr zeichnen sich klinische Zwangsstörungen durch störende Gedanken und Gefühle aus, die Ihr Leben beherrschen. Sie versuchen den ganzen Tag, sie zu entschlüsseln und herauszufinden, was sie bedeuten und wie Sie sie abstellen können, aber dann tauchen sie trotzdem noch stärker und heftiger wieder auf. Diese Gedanken und Empfindungen sorgen für elektrisierende Angstschübe vom Scheitel bis zur Sohle. Zwar versuchen Sie zwanghaft, sich von ihnen abzulenken, aber sie sind im Hintergrund stets präsent, schleichen sich jeden freien Moment des Tages ein. Wenn Sie ins Bett gehen, schwirren sie in Ihrem Kopf herum; sie machen auch nicht Halt vor Ihrem Körper und mit diesem Gefühl wachen Sie auch auf. Sie sind da, wenn Sie essen und wenn Sie arbeiten. Sie sind da, wenn Sie versuchen, für Ihre Familie da zu sein. Sie lassen sich auch dann nicht verdrängen, wenn Sie schlafen, und sie quälen Sie in Ihren Träumen. Diese aufdringlichen Gedanken und Ahnungen sind so hartnäckig, dass Sie sich allmählich fragen, ob Sie ihnen nicht vielleicht doch Glauben schenken und sie für wahr befinden sollen.

In meinem Fall drehten sich diese störenden Gedanken und Instinkte (Obsessionen) um Verzweiflung, Leere, Selbstverletzung und Existenznot. Obwohl das Leben mit einer unkontrollierten Zwangsstörung sicherlich deprimierend war, wusste ich tief im Inneren, dass ich mich nicht verletzen wollte – doch mein Geist gab keine Ruhe. Es war eine chaotische Spirale des Terrors ohne Boden. So sah mein Alltag fast ein Jahr lang aus, bis ich schließlich begann, die positiven Auswirkungen einer Therapie und anderer Praktiken zu registrieren, die meine Arbeit und mein Leben zum Besseren verändert haben.

Meine Zwangsstörung wurde nicht unbedingt durch meine tief verwurzelten Persönlichkeitsmerkmale ausgelöst. Dazu gehören neben meinem unablässigen Tatendrang und meiner Ruhelosigkeit der Wunsch, jedes Problem zu lösen sowie stets vorausschauend, aber nie zufrieden zu sein. Die Diagnose ließ mich jedoch innehalten und bot mir Anlass, über meine Eigenschaften nachzudenken. Irgendwie schienen sie miteinander verbunden zu sein. Als versetzte das ständige Vorantreiben meiner selbst mich in eine Lage, in der ich leichter den Boden unter den Füßen verlieren konnte. Als sei die Zwangsstörung die extreme Version meiner gewohnten Lebensweise, nur in eine dunkle Richtung gerichtet.

DIE GEFAHREN EINER UNAUFHÖRLICHEN OPTIMIERUNG

Nachdem ich in einem Essay für die Zeitschrift *Outside* über meine Erfahrungen mit Zwangsstörungen geschrieben hatte, erhielt ich Hunderte von Zuschriften von Lesern, die ebenfalls unter Zwangsstörungen, Angstzuständen, anderen Gemütsstörungen oder allgemeiner Unruhe litten. Viele von ihnen schrieben, dass auch sie einen unstillbaren Tatendrang verspürten, der vor dem Ausbruch ihrer Störungen in höchsten Tönen gepriesen wurde. Dieser Antrieb und diese Energie hatten sie dazu befähigt, Großes zu erreichen. Es war eine Quelle der Spannung und Aufregung. Jetzt aber fragten sie sich, ebenso wie ich, ob ihre Unfähigkeit, auch mal zufrieden zu sein, sowie ihr übermäßiges Streben nach Weiterentwicklung – nach immer mehr und sich stets weiter nach vorn zu pushen – zu einem Denken beigetragen hat, das krankhaft übersteuert war; einem Verstand, der nicht herunterschalten, einem Geist, der nicht zu sich selbst finden konnte.

Diese Leserbriefe machten mir klar, dass wir alles tun, um unsere gesamte Existenz zu optimieren, damit wir endlich das Gefühl haben, uns selbst genug zu sein. Aber vielleicht ist das gar nicht so optimal. In der alten Psychologie der östlichen Welt gibt es ein Konzept, das als hungriger Geist bekannt ist. Der hungrige Geist hat einen Magen ohne Boden. Er isst immer weiter, stopft sich satt, aber er fühlt sich nie gesättigt. Es handelt sich um eine gravierende Störung, unter der immer noch viele Menschen leiden.

Der wegweisende Soziologe Émile Durkheim stellte fest: »Der maßlose Ehrgeiz übertrifft immer die erzielten Ergebnisse, so groß sie auch sein mögen, denn es gibt kein Innehalten-Wollen. Nichts verschafft Befriedigung und die ganze Ruhelosigkeit wird permanent aufrechterhalten, ohne dass es zu einer Besänftigung kommt ... Wie könnte [die geistige Gesundheit] unter solchen Bedingungen nicht geschwächt werden?« Obwohl die folgenden Leiden nicht in einem Vakuum existieren, scheinen viele mit dem heroischen Individualismus zusammenzuhängen, wenn nicht sogar ein direktes Nebenprodukt zu sein. Die Zahlen der Menschen mit klinischen Angstzuständen und Depressionen sind höher als je zuvor. Schätzungen zufolge leidet jederzeit mehr als jeder Fünfte darunter. Die Abhängigkeit von schädlichen Substanzen hat den höchsten Stand in der modernen Geschichte erreicht, wie die steigenden Raten von Alkoholismus und die Opioid-Krise zeigen. Es gibt einen tragischen Anstieg dessen, was Forscher als »Tod aus Verzweiflung« bezeichnen – Todesfälle, die durch Drogen, Alkohol oder Selbstmord herbeigeführt werden. Im Jahr 2017, dem letzten Jahr, für das uns zum Entstehungszeitpunkt dieses Buchs Daten vorlagen, starben mehr als 150 000 Amerikaner aus Verzweiflung. So hoch war diese Zahl noch nie und sie ist fast doppelt so hoch wie 1999.

Den neuesten Forschungsergebnissen aus Kognitionswissenschaft, Psychologie, Organisatorischem Verhalten, Medizin und Soziologie zufolge haben viele Menschen zudem mit Unzufriedenheit zu kämpfen. Untersuchungen von Gallup, einem großen Meinungsforschungsinstitut, zeigen: Das allgemeine Wohlbefinden und die Lebenszufriedenheit sind in den Vereinigten Staaten seit 2008 um fast 10 Prozent gesunken. Die Daten »deuten auf eine Entwicklung hin, dass es den Menschen in den USA nicht gut geht«, lautet die Zusammenfassung im *The American Journal of Managed Care*. Die Gründe dafür sind vielfältig. Bereits vor der COVID-19-Pandemie haben sich weniger Menschen als je zuvor in der jüngeren Geschichte für die üblichen Treffen ihrer Communities interessiert – und deshalb auch nicht daran teilgenommen. Der politische Tribalismus hat Aufwind. Gleichzeitig glauben Experten, dass Einsamkeit und gesellschaftliche Vereinsamung epidemische Ausmaße angenommen haben. Im Jahr 2019 stufte die Weltgesundheitsorganisation (WHO) Burnout als medizinische Erkrankung ein und definierte sie als »chronischen Stress am Arbeitsplatz, der nicht erfolgreich bewältigt wurde«. Schlaflosigkeit und chronische Schmerzen sind weiter verbreitet denn je. Alles zusammengenommen scheint es tatsächlich so zu sein, dass der eigene Eindruck, nicht genug zu sein oder zu haben, immer häufiger entsteht. Das Merkwürdige dabei ist, dass so viele der Menschen, die unter diesen Beschwerden leiden, produktiv und erfolgreich sind, zumindest nach herkömmlichen Maßstäben. Aber sie definieren sicher nicht die Art von Erfolgserlebnis, die sie anstreben.

Symptome für heroischen Individualismus

Diese Gefühle können sich auf unterschiedliche Art und Weise äußern, aber die am häufigsten geäußerten Bedenken sind die folgenden:

- leichte Angststörungen und das Gefühl, immer in Eile zu sein – wenn nicht physisch, dann psychisch;
- der Eindruck, Ihr Leben wäre ein Wirbel frenetischer Energie, als würden Sie von einer Sache zur Nächsten getrieben;
- eine wiederkehrende Eingebung, dass etwas nicht stimmt, ohne zu wissen, was es ist, geschweige denn, was Sie dagegen tun können;
- nicht immer auf Sendung sein und alles geben zu wollen, aber das Abschalten fällt Ihnen schwer und wenn es Ihnen gelingt, haben Sie ein ungutes Gefühl;
- sich viel zu beschäftigt fühlen, aber auch unruhig zu sein, wenn Sie Zeit und Freiraum haben;
- sich leicht ablenken lassen und sich nicht konzentrieren können; es fällt Ihnen schwer, ruhig zu sitzen, ohne nach Ihrem Handy zu greifen;
- alles besser machen wollen, besser sein und sich besser fühlen, aber Sie wissen nicht, wo Sie anfangen sollen;

- total überwältigt von Informationen, Produkten und dem Wettbewerb zu sein, mit all seinen Versprechungen, was zu Wohlbefinden, Selbstverbesserung und einer starken Performance führt;
- sich einsam fühlen oder eine innere Leere verspüren;
- damit zu kämpfen haben, zufrieden zu sein;
- nach normalen Maßstäben erfolgreich sein zu wollen und gleichwohl das Gefühl zu haben, nie zu genügen oder nicht genug erreicht zu haben.

Diese Gruppe von Merkmalen stellt eine weitverbreitete Art des Seins in der heutigen Welt dar, vielleicht ist sie sogar die vorherrschende. Wie Sie jedoch auf den nächsten Seiten sehen, muss das nicht sein.

BODENSTÄNDIGKEIT – EIN BESSERER ANSATZ

All dies ging mir während einer Wanderung mit meinem guten Freund Mario durch den Kopf. Wir hatten beide unsere eigene schwere Zeit hinter uns und waren beunruhigter, als uns lieb war. Es war ein frischer und windiger Tag mit einem hellgrauen Himmel. Die oberen Äste der massiven Mammutbäume Kaliforniens wehten heftig, aber viele Meter tiefer bewegten sich die Bäume überhaupt nicht. Ihre unerschütterlichen Stämme wurden von einem Netzwerk starker, miteinander verbundener Wurzeln am Boden gehalten. Und da ging mir ein Licht auf. Ich weiß noch, wie ich Mario ansah und sagte: *Das ist es. Das ist es, was uns fehlt. Das müssen wir ausbauen. Wir müssen aufhören, so viel Zeit damit zu verbringen, uns um unseren metaphorischen Überbau, unsere hoch hängenden Äste zu sorgen, und uns stattdessen darauf konzentrieren, unsere tiefen und inneren Wurzeln zu nähren. Sozusagen das, was uns bei jedem Wetter mit den Füßen auf dem Boden hält. Das Fundament. Die Prinzipien und Praktiken, die wir oft übersehen und die in einem zu geschäftigen Leben, das sich auf das unerbittliche und allzu oft zielstrebige Streben nach Leistung konzentriert, in den Hintergrund geraten.*

In diesem Moment wurde mir klar, wonach ich und Mario uns sehnten, wonach sich meine Coaching-Klienten und die Top-Performer, über die ich schreibe, sehnen und wonach sich, da bin ich mir ziemlich sicher, jeder sehnt: sich geerdet zu fühlen – und infolgedessen auf eine Art erfolgreich zu sein, die mehr Tiefe und mehr Erfüllung bietet.

Bodenständig zu sein bedeutet, eine unerschütterliche innere Stärke und ein Selbstvertrauen zu besitzen, die Sie durch Höhen und Tiefen tragen. Es ist ein tiefes Reservoir an Unbescholtenheit und Stärke, an Ganzheitlichkeit, aus dem dauerhafte Leistungsfähigkeit, Wohlbefinden und Erfüllung hervorgehen. Doch hier ist die übliche Falle: Wenn Sie sich zu sehr auf die Faktoren Produktivität, Optimierung, Wachstum und die neuesten glänzenden und glitzernden Dinge konzentrieren, missachten Sie Ihre Bodenhaftung. Letztendlich leiden Sie darunter. Im Umkehrschluss – und das wird in diesem Buch sehr ausführlich behandelt – gehen Ihnen Ihre Leidenschaft, Ihr Leistungsvermögen oder Ihre Produktivität nicht verloren, wenn Sie der Bodenständigkeit Priorität einräumen. Bodenständig oder geerdet zu sein bedeutet nicht, jegliche Form von Ehrgeiz an den Nagel zu hängen. Vielmehr werden diese Wesensmerkmale verankert und gefestigt, sodass Ihr Streben und Ihr Ehrgeiz weniger ungebändigt erscheinen und Sie stattdessen größeren Wert auf Fokus, Nachhaltigkeit und Erfüllung legen. Es geht nicht so sehr darum, etwas zu erreichen, das vor Ihnen liegt, sondern darum, im Einklang mit Ihren inneren Werten zu leben, Ihren Interessen nachzugehen und Ihr Selbst im Hier und Jetzt auszudrücken, in einer Weise, auf die Sie stolz sein können. Wenn Sie bodenständig sind, brauchen Sie nicht nach oben oder nach unten zu schauen. Sie sind da, wo Sie sind, sind Sie aus dieser Position heraus wirklich kräftig und leistungsstark. Die von Ihnen verfolgten und in Erfüllung gehenden Ziele werden von längerer Dauer und effektiver sein. Erst wenn Sie geerdet sind, können Sie wirklich aufsteigen, zumindest auf nachhaltige Weise.

Wie sähe es also aus, wenn Sie sich darauf konzentrieren, ihre eigene Bodenständigkeit zu fördern, statt immer nur die herkömmlichen Erfolgserlebnisse anzuvisieren? Was wäre, wenn die Antwort weniger darin bestünde, schon jetzt in freudiger Erwartung der Zukunft entgegenzusehen, sondern eher darin, sich mehr der Gegenwart zu widmen? Was wäre, wenn Sie davon abließen, ständig jemanden zu verkörpern, der etwas Großes und Bedeutsames darstellt? Wie wäre es, wenn Sie Ihren Fokus nicht länger auf äußere Ergebnisse richten, sondern sich stattdessen darauf konzentrieren, ein solides Fundament zu legen – eine Bodenständigkeit, die nicht irgendein Resultat oder ein einmaliges Ereignis ist, sondern eine Art des Seins? Eine Bodenhaftung, aus der heraus absolute Spitzenleistungen *sowie* Wohlbefinden und Erfüllung hervorgehen, die ein Leben lang währen? Wie lässt sich eine derart profunde Bodenständigkeit entwickeln, die für das wechselnde Wettergeschehen unseres Lebens nicht so anfällig ist? Gibt es vielleicht eine Möglichkeit, gelassener und zufriedener zu sein, gefestigter und ganzheitlicher, und trotzdem das Beste aus sich herauszuholen?

Um diese Fragen zu beantworten, habe ich mich auf wissenschaftliche Forschung, alte Weisheiten und moderne Praktiken gestützt.

WISSENSCHAFTLICHE ERKENNTNISSE

Studien zeigen: Glück ist eine Funktion der Wirklichkeit abzüglich der Erwartungen. Mit anderen Worten: Der Schlüssel zum Glücklichsein liegt nicht darin, immer mehr zu wollen und anzustreben. Stattdessen liegt das Glück im gegenwärtigen Moment, darin, sich ein sinnvolles Leben aufzubauen und sich voll und ganz darauf einzulassen, und zwar im Hier und Jetzt. Es besteht kein Zweifel daran, dass die Befriedigung der Grundbedürfnisse – wie Unterkunft, Nahrung und Gesundheitsfürsorge – für jede Definition von Glück oder Wohlbefinden entscheidend ist. Ohne diese elementaren Faktoren ist kaum etwas anderes möglich. Während einige Studien belegen, dass das Einkommen mit Wohlbefinden und Glück im Zusammenhang steht, zeigen andere Untersuchungen, wie die des Psychologen und Nobelpreisträgers Daniel Kahneman, dass oberhalb eines bestimmten Grenzwerts, der zwischen 65 000 und 80 000 Dollar (60 000 und 74 000 Euro) pro Jahr liegt – eventuell mit geringfügigen Anpassungen, je nach geografischer Lage –, ein zusätzliches Haushaltseinkommen nicht mit noch mehr Glück oder Wohlbefinden verbunden ist. Geld mag zwar ein nicht unwesentlicher Faktor sein, ist aber nicht die treibende Kraft.

Hinzu kommt, dass wir alle von dem betroffen sind, was Verhaltensforscher als *hedonistische Adaptation* (auch *hedonistische Tretmühle*) oder die »Set-Point«-Theorie des Glücks bezeichnen: Wenn wir etwas Neues erwerben oder erreichen, steigern sich unser Glücksgefühl und unser

Wohlbefinden und wir sind zufriedener, aber nur für ein paar Monate, bevor alles wieder auf das vorherige Niveau zurückkehrt. Genau deshalb ist es so schwierig, wenn nicht gar unmöglich, sich aus dem heroischen Individualismus herauszuwinden. Wenn überhaupt, ist der Glaube daran, dass man es könnte, der Knackpunkt in der Falle des heroischen Individualismus.

Über das allseits bekannte Bestreben, auf Dauer Glück und Wohlbefinden zu erreichen, sagt der Harvard-Psychologe Tal Ben-Shahar, der den Begriff *arrival fallacy* (»Trugschluss des Angekommenseins«) geprägt hat: »Wir leben in der Illusion – in der falschen Hoffnung –, dass wir glücklich sind, wenn wir etwas Bestimmtes erreicht oder geschafft haben.« Wenn uns endlich etwas gelungen ist, wenn wir endlich »angekommen« sind, so sagt er, verspüren wir vielleicht ein vorübergehendes Glücksgefühl, aber es ist nicht von Dauer. Ganz zu schweigen von all den Momenten, in denen wir etwas nicht schaffen, wenn wir die Rückschläge erleiden, die das Leben mit sich bringt. Und hat sich, so Ben-Shahar, die Suche nach dem Glück außerhalb von uns selbst, die sich stets im Kreis dreht, irgendwann oft genug wiederholt – und wir das Glück immer noch nicht gefunden haben –, so geben wir die Hoffnung letztendlich auf. Aber das muss nicht passieren. Wie dieses Buch zeigt, gibt es einen Weg, Ihren Sollwert so zu ändern, dass Sie Ihr Glück, Ihr Wohlbefinden, Ihre Zufriedenheit und Ihre Leistung nachhaltig steigern können. Und dieser Weg hat nichts damit zu tun, sich auf äußere Errungenschaften oder Statusstreben zu konzentrieren. Vielmehr geht es darum, seinen Fokus auf die Bodenständigkeit zu richten.

In der klinischen Psychologie sind die Akzeptanz- und Commitment-Therapie (ACT), die kognitive Verhaltenstherapie (CBT) und die Dialektisch-Behaviorale Therapie (DBT) drei der wirksamsten Methoden zum Abbau von Ängsten, zur Stimmungsaufhellung und zur Stärkung des Selbstvertrauens. Allen diesen Therapien liegt die Überzeugung zugrunde, dass Glück, innerer Halt und Gelassenheit aus Bodenständigkeit erwachsen. Diese Therapien kommen in der Regel nur für die Genesung von Menschen zur Anwendung, die an schweren psychischen Problemen und an einer Sucht leiden, was bedauerlich ist. Wie Sie in den folgenden Kapiteln erfahren werden, können ihre Ansätze und Ihre

Praktiken für jeden von großem Nutzen sein, vom Otto Normalverbraucher bis zu jemandem, der Spitzenleistungen erbringt.

Derweil zeigt das neu entstehende Wissenschaftsfeld der menschlichen Leistungskraft, dass jede Art dauerhaften Erfolgs eine solide Basis an Gesundheit, Wohlbefinden und allgemeiner Lebenszufriedenheit erfordert. Ohne diese Grundlage kann jemand zwar für kurze Zeit gute Leistungen erbringen, bricht dann jedoch unweigerlich zusammen und brennt aus, und das meist schon nach wenigen Jahren. Ein gemeinsames Merkmal von Leistungsträgern, die mit Verletzungen und Krankheiten – sowohl körperlicher als auch emotionaler Art – zu kämpfen haben, ist: Sie vernachlässigen ihre Bodenhaftung zugunsten eines ständigen Vorwärtsdrangs. Menschen, für die es Priorität hat, dass sie ihre Bodenständigkeit nicht verlieren, haben dagegen in der Regel eine lange, erfüllte und erfolgreiche Karriere. Dies zeigt sich in den verschiedensten Bereichen: von der Leichtathletik über kreatives Schaffen bis hin zu Wirtschaft und Medizin.

Zu guter Letzt zeigen jahrzehntelange Forschungen zu Motivation und Burnout, dass das Streben nach einem Ziel am nachhaltigsten ist und die größte Erfüllung mit sich bringt, wenn der Antrieb von innen kommt und nicht aus dem Bedürfnis – oder für manche aus der Sucht, von der sie nur schwer loskommen – nach Bestätigung von anderen.

ALTE WEISHEITEN

Fast alle alten Weisheiten der Welt betonen, von welch zentraler Bedeutung es für den Menschen ist, bodenständig oder geerdet zu sein. Sobald der Lernende dieses Refugium in sich entwickelt hat – ein Gefühl von Stärke und innerem Halt, von tiefem Selbstvertrauen, von Zugehörigkeit zu sich selbst –, ist er weniger anfällig dafür, sich in vergänglichen Wünschen zu verstricken oder von den täglichen Herausforderungen des Lebens überwältigt zu werden.

Der Buddhismus, der Stoizismus, der Taoismus und andere alte philosophische Strömungen vertreten diese Auffassung schon seit Jahrtausenden. Buddha lehrte, dass der einzige Ort, an dem wahrer Frieden zu finden ist, unser »liebendes Bewusstsein« ist – oder das, was die Menschen der westlichen Welt als Seele bezeichnen würden, der Teil von uns, der unter all der Geschäftigkeit und dem Alltaglebens ruht, unsere beständige und essenzielle Natur, unbeeindruckt von äußerem Kommen und Gehen. Der Buddhismus lehrt zudem das Konzept des »rechten Bemühens«, das besagt: Ist das Streben eines Menschen geerdet, so führt es zu einem sinnvollen Beitrag sowie zu Zufriedenheit und Erfüllung. Die Stoiker glaubten, um ein gutes Leben zu führen, sollten wir nicht länger versuchen, gesellschaftliches Ansehen oder die Anerkennung anderer zu erlangen, denn beides sind nur flüchtige Phänomene. Vielmehr müssten wir uns darauf konzentrieren, »richtig geerdet« zu sein, das heißt, nicht mehr außerhalb von uns selbst nach Zufriedenheit und Erfüllung zu suchen, sondern sie in uns selbst zu finden. Der taoistische Philosoph Laotse lehrte, dass der Wind der Welt mal stärker, mal schwächer weht. Wenn man jedoch lernt, auf dem Boden zu bleiben, behält man das Gleichgewicht, egal was um einen herum geschieht. Der christliche Theologe Augustinus aus dem 4. Jahrhundert bemerkte, dass der Mensch sich nach weltlichen Errungenschaften sehnt. Er warnte jedoch davor – und damit nahm er den Trugschluss des Angekommenseins vorweg –, dass sich immer mehr Unzufriedenheit einstellt, wenn man dem äußeren Ehrgeiz verfällt, stets dem Nächstbesten hinterherjagt, sich ständig im Vergänglichen und Flüchtigen verfängt und stets an den falschen Orten nach Liebe sucht. Hunderte Jahre später konzentrierten sich die Lehren des christlichen Mystikers Meister Eckhart aus dem 13. Jahrhundert auf die Entwicklung einer unerschütterlichen Bodenständigkeit, aus der heraus authentische Handlungen erwachsen. »Aus Innerlichkeit wird wirksames Handeln und wirksames Handeln führt zurück zur Innerlichkeit, und wir gewöhnen uns daran, ohne jeden Zwang zu handeln«, sagte Eckhart. »Je tiefer und abgründiger der Boden, desto höher und unermesslicher sind das Emporkommen und die Höhe.«

Das immer wiederkehrende Thema ist klar: Wenn Sie auf Dauer gut handeln und es Ihnen gutgehen soll, müssen Sie bodenständig oder geerdet sein. Interessant ist, dass keine dieser alten Lehren Passivität propagiert, worauf ich in späteren Kapiteln näher eingehe. Sie alle fördern *kluges Handeln,* und dieses unterscheidet sich stark von unserem normalen Handlungsmodus des Reagierens. Während eine Reaktion übereilt und unüberlegt ist, resultieren wohlüberlegte Taten aus Reflexion und Bedächtigkeit. Das weise Vorgehen erwächst aus innerer Stärke, aus Bodenständigkeit.

WAS WIR VON HEUTIGEN BODENSTÄNDIGEN MENSCHEN LERNEN KÖNNEN

Als ich mir die Menschen, die in ihren jeweiligen Bereichen am besten performen, genauer anschaute, stellte ich fest, dass sie sich darauf konzentrieren, ihre Bodenständigkeit zu hegen und zu pflegen. Nehmen Sie zum Beispiel das *Dark Horse Project*, eine Langzeitstudie der Harvard University. Hier wird untersucht, wie Männer und Frauen in verschiedenen und oft ungewöhnlichen Berufen – von Musikern über Hundetrainer und Schriftsteller bis hin zu Sommeliers und Heißluftballonpiloten – einzigartige Methoden entwickeln, um ihre eigene, persönliche Art von Spitzenleistung und, was noch wichtiger ist, von Erfüllung und Lebenszufriedenheit zu erreichen. Die Ergebnisse, die in dem Buch *Dark Horse* veröffentlicht wurden, geschrieben von Todd Rose, einem Forscher für menschliche Entwicklung, und dem Neurowissenschaftler Ogi Ogas, konzentrieren sich auf zwei Hauptthemen jener Menschen, die unkonventionelle Wege zu einem guten Leben beschreiten: Diese »dunklen Pferde« oder auch »erfolgreichen Außenseiter« richten ihren Fokus darauf, das zu erreichen, was ihnen am meisten bedeutet, und sie vergleichen sich nicht mit anderen oder mit herkömmlichen Definitionen von Erfolg.

»Das Wichtigste ist, sich selbst zu kennen«, sagt Rose. »Wenn wir darüber nachdenken, wer wir sind, reden wir oft darüber, was wir gut können oder welchen Job wir haben ... Und was wir bei den »dunklen Pferden« festgestellt haben, ist, dass sie sich unglaublich auf das konzentrieren, was für sie von zentraler Bedeutung ist und was sie motiviert; sie nutzen dies als Grundlage für ihre Identität. Und ich glaube, wenn Sie sich auf das konzentrieren, was Sie wirklich motiviert, dann bringt Sie das auf den Weg der Erfüllung.«

Darüber hinaus kann es lehrreich sein, die Erfahrungen anderer Akteure zu studieren, die auf absolutem Spitzenniveau agieren: von Top-Performern, die unter Stress litten, ihre Leistung einbrechen sahen, dann aber wieder auf die Beine gekommen sind. Dazu gehören Menschen wie die zweifache Olympionikin und Ausdauersportlerin Sarah True, die Musikerin Sara Bareilles, die Basketballstars Kevin Love und DeMar DeRozan, die *Full House*-Schauspielerin Andrea Barber und der wegweisende Wissenschaftler Steven Hayes. Wie Sie auf den nächsten Seiten lesen werden, hatten sie alle phasenweise mit heroischem Individualismus und damit einhergehend mit Burnout, Angstzuständen und Depressionen zu kämpfen. Ihre Tiefpunkte hatten zumindest eines gemeinsam: Sie folgten in der Regel auf Phasen, in denen sie sich zu sehr dem Streben und der intensiven Suche nach konventionellem Erfolg verschrieben hatten. Erst als sie sich wieder auf ihre Bodenständigkeit besannen, fühlten sie sich besser – und erbrachten auch bessere Leistungen.

DIE PRINZIPIEN DER BODENSTÄNDIGKEIT

Ein Leitgedanke meiner Arbeit – sowohl als Autor als auch als Coach – ist das Erkennen von Mustern. Ich interessiere mich nicht für »Tipps und Tricks für alle Lebenssituationen«, für Schnellschusslösungen oder einzelne Studien, die zwar vielversprechend klingen, aber im Grunde wenig bewirken. Ungeachtet dessen, was die Marketingfachleute, Klickfang-Schlagzeilen und pseudowissenschaftlichen Massenprediger behaupten, gibt es weder Lotionen, die Wunder bewirken, noch ärztliche Mixturen oder Pillen, die für tief empfundene Glückseligkeit, permanentes Wohlbefinden und konstante Leistungen sorgen.

Was mich interessiert, ist die Konvergenz. Wenn mehrere Bereiche der wissenschaftlichen Forschung, die zentralen Weisheiten der Welt und die Methoden erfüllter Spitzenperformer alle auf dieselben Wahrheiten hinweisen, sind sie es wahrscheinlich wert, ihnen Aufmerksamkeit zu schenken. Man erlebt Glück, Erfüllung und Wohlbefinden und erbringt nachhaltige Leistungen, wenn man sich darauf konzentriert, in allen Lebenslagen stets präsent zu sein, statt sich zwanghaft mit irgendwelchen Resultaten zu beschäftigen – und vor allem, wenn man, wo auch immer, gut geerdet ist.

In diesem Buch versuche ich herauszuarbeiten, wie Sie diese Wahrheit leben können. Zunächst gehe ich auf die wesentlichen Prinzipien der Bodenständigkeit ein, bei denen es deutliche Parallelen zwischen der modernen Wissenschaft, alten Weisheiten und der Erfahrung von Menschen geht, die glücklich, gesund und leistungsstark sind. Hält man sich an diese Grundsätze – Akzeptanz, Präsenz im Hier und Jetzt, Geduld, Verletzlichkeit, Gemeinschaft mit Wir-Gefühl und körperliche Bewegung –, manifestiert sich in Ihnen eine solide und nachhaltige Bodenständigkeit. Deren sechs Prinzipien lauten kurz gefasst wie folgt:

- *Akzeptieren* **Sie, wo Sie sind, um dorthin zu gelangen, wo Sie hinwollen**. Sehen Sie klar, nehmen Sie hin, wo Sie stehen, und beginnen Sie genau dort. Nicht dort, wo Sie sein wollen. Nicht dort, wo Sie glauben, dass Sie sein sollten. Und nicht, wo andere meinen, dass Sie sein sollten. Sondern dort, wo Sie sind.
- **Seien Sie** ***präsent*****, um sich Ihrer Aufmerksamkeit und Energie bewusst zu sein**. Seien Sie sowohl physisch als auch psychisch für das da, was vor Ihnen liegt. Verbringen Sie mehr Zeit in *diesem* Leben, denken Sie nicht an die Vergangenheit oder die Zukunft.
- **Seien Sie** ***geduldig*****, dann kommen Sie schneller ans Ziel**. Lassen Sie den Dingen Zeit und Raum, sich zu entfalten. Versuchen Sie nicht, dem Leben zu entkommen, indem Sie sich mit Warpgeschwindigkeit bewegen. Erwarten Sie keine sofortigen Resultate und geben Sie nicht auf, wenn sie ausbleiben. Werden Sie von einem Sucher zu einem Macher. Gehen Sie die Dinge bewusst langsam an. Bleiben Sie auf Ihrem Weg, statt andauernd abzuschweifen.
- **Zeigen Sie** ***Verletzlichkeit*****, um echte Stärke und Zuversicht aufzubauen**. Seien Sie authentisch, ehrlich zu sich selbst und zu anderen. Beseitigen Sie die kognitive Dissonanz zwischen Ihrem Selbst am Arbeitsplatz, Ihrem Selbst im Internet und Ihrem tatsächlichen Selbst, sodass Sie Ihr wahres Ich kennen, ihm vertrauen können und im Gegenzug die Freiheit und das Selbstvertrauen gewinnen, Ihre Kraft und Energie dem zu widmen, was am wichtigsten ist.
- *Gemeinschaften* **bilden und** *Wir-Gefühl* **entwickeln**. Pflegen Sie echte Verbundenheit und Zugehörigkeit. Räumen Sie nicht nur der Produktivität, sondern auch den Menschen Priorität ein. Begeben Sie sich in Kreise, die Ihnen Unterstützung bieten, Sie durch Höhen

und Tiefen begleiten und Ihnen die Möglichkeit geben, das Gleiche für andere zu tun.

- **Bleiben Sie in *Bewegung*, um Ihren Geist zu erden**. Halten Sie regelmäßig Ihren Körper in Bewegung, sodass Sie ganz in ihm leben, ihn mit Ihrem Geist verbinden und dadurch stärker verankert werden, wo auch immer Sie sich befinden.

Für jedes Prinzip werden wir die weitreichenden interdisziplinären Befunde untersuchen, auf denen es aufbaut. Wir machen uns bewusst, wie all diese Prinzipien sich gegenseitig stützen, gleich den Wurzeln, die einen hoch aufragenden Mammutbaum fest im Boden verankern. Wir werden auch ein interessantes Paradoxon untersuchen: Warum es der sicherste Weg ist, glücklicher und erfolgreicher zu werden, wenn man Errungenschaften wie Glück und Erfolg fahren lässt – oder ihnen zumindest weniger Bedeutung zumisst – und sich stattdessen darauf konzentriert, ein solides Fundament aufzubauen, um bodenständiger zu sein.

DIE KLUFT ZWISCHEN WISSEN UND HANDELN SCHLIESSEN

Die Konzepte und Ideen in diesem Buch sollten sich zwar positiv auf Ihre Denkweise auswirken, doch ihre volle Wirkung entfalten sie erst, wenn sie in die Realität umgesetzt werden. Deswegen lernen Sie nicht nur die Prinzipien der Bodenständigkeit kennen, sondern finden auch konkrete und plausible Praktiken, um sie verwirklichen zu können. Im Rahmen meines Coachings bezeichne ich das als die Kluft zwischen *Wissen und Handeln*. Zuerst müssen Sie etwas verstehen und von seinem Nutzen überzeugt sein, danach müssen Sie es in die Tat umsetzen. Die restlichen Kapitel in diesem Buch sind dementsprechend gegliedert, jedes Prinzip wird gründlich unter die Lupe genommen, gefolgt von konkreten Praktiken, um es Wirklichkeit werden zu lassen.

Sie sollten sich jedoch darüber im Klaren sein, dass die Prinzipien der Bodenständigkeit nicht nur gegen gesellschaftliche Normen verstoßen, sondern auch gegen Gewohnheiten in Ihrem eigenen Verhalten (oder anders formuliert: die »Macht der Gewohnheit«) und dagegen, wie Sie sich geben und handeln. Obwohl Sie vielleicht merken, dass viele Ihrer Gewohnheiten kontraproduktiv sind, fällt es Ihnen womöglich trotzdem schwer, sie zu ändern. Das ist normal. Veränderung bedeutet stets eine Herausforderung. Die Schwerfälligkeit, die Sie in Ihrem Tun und Handeln stets begleitet, ist real – und sie kann ziemlich mächtig sein. Wie Sie in diesem Buch erfahren werden, ist ein bodenständiges Leben eine andauernde Übung.

Es ist eine Sache, etwas zu verstehen, und eine andere, es Tag für Tag zu verwirklichen. Wie der Zen-Meister Thich Nhat Hanh sagt: »Wenn Sie gärtnern wollen, müssen Sie sich bücken und den Boden berühren. Gartenarbeit ist eine praktische Tätigkeit. Keine abstrakte Idee.«

Jetzt ist es an der Zeit, eine solide und unerschütterliche Bodenständigkeit aufzubauen. Wir beginnen mit dem ersten Prinzip und werden sehen, was es bedeutet, zu akzeptieren, wo Sie sind und warum dies der Schlüssel dazu ist, dorthin zu gelangen, wo Sie hinwollen.

KAPITEL 2

AKZEPTIEREN SIE, WO SIE SIND, UM DORTHIN ZU GELANGEN, WO SIE HINWOLLEN

August 2016. Es war ein heißer Tag in Rio de Janeiro, Brasilien. Der Schauplatz war Fort Copacabana, ein Militärstützpunkt am Rand des Südatlantiks. Die besten Triathleten der Welt waren gekommen, um sich ins Wasser zu stürzen und einen Wettkampf aus Schwimmen, Radfahren und Laufen zu bestreiten, um olympischen Ruhm zu erlangen. Eine der drei Sportlerinnen, die für die USA an den Start ging, hieß Sarah True.

Es war nicht der erste Wettkampf für True. Bei den Olympischen Sommerspielen 2012 war sie Vierte geworden, nur schmerzhafte zehn Sekunden vom Podium und einer Medaille entfernt. Die Athletin war nicht nur fest entschlossen, 2016 etwas nachzuholen, das noch zum Abschluss gebracht werden musste, sondern trat auch für ihren Ehemann Ben True an, der selbst ein Ausdauersportler von Weltklasse war, einer der besten Mittelstreckenläufer, den die Vereinigten Staaten je hervorgebracht haben. Die Olympischen Spiele waren ihm jedoch immer verwehrt geblieben. Ben hatte gehofft, sein zielstrebiges Training würde sich im Jahr 2016 auszahlen, aber bei den Vorläufen hatte er den Sprung ins Olympiateam um weniger als eine Sekunde verpasst. Es tut weh, wenn ein Paar sein ganzes Leben dem Erbringen von Spitzenleistungen widmet und seinen Zielen so nah kommt, dann aber doch um Sekunden scheitert – und das nicht nur einmal, sondern gleich zweimal.

Als Sarah True von dem Steg an der Copacabana ins Wasser sprang, trug sie also die doppelte Last auf ihren Schultern. »Ob wir wollten oder nicht«, sagte sie zu mir, »*unsere* olympische Erfahrung war zu *meiner* olympischen Erfahrung geworden.«

True schwamm, wie sonst auch, sehr gut und brachte sich in eine Position, in der sie um Gold kämpfen konnte. Als sie jedoch aus dem Wasser kam und auf ihr Rad zulief, spürte sie plötzlich einen Krampf in ihrem Bein. Sie glaubte, ihre Muskeln seien verspannt, würden sich jedoch wieder entspannen, sobald sie erst einmal auf dem Rad säße und losfuhr. Aber so kam es nicht. True rackerte sich auf dem Rad ab und trat, so lange sie konnte, mit mürrischem Gesicht in die Pedale. Schließlich gab sie das Rennen auf. »Mein Körper hat mich im Stich gelassen«, sagt sie. So einfach und so grausam – ja, es war wirklich grausam – war das.

True riss sich zusammen, um den Kopf nicht hängen zu lassen, aber das war nur Fassade. Sie war am Boden zerstört. Nur kurze Zeit später, nachdem das Flugzeug aus Brasilien in den USA gelandet war, fiel True in eine tiefe und dunkle Depression. »Ich konnte nachts gerade einmal vier Stunden schlafen, und das nur mit Schlaf- und Schmerzmitteln aus der Apotheke«, erinnert sie sich. »Ich habe Ben enttäuscht. Und ich habe mich selbst enttäuscht. Das hat doch alles keinen Sinn«, dachte sie.

True tat, was jeder hartgesottene Ausdauersportler tun würde: Sie machte weiter, trotz der Schmerzen. *Es wird schon vorbeigehen*, sagte sie sich, *das halte ich aus*. Leider irrte sie sich. Auch ihre bewährte Methode, mit der sie alle Schmerzen unterdrücken konnte, nämlich stundenlanges Radfahren, funktionierte nicht. »Ich war besessen von dem Gedanken, mir das Leben zu nehmen«, sagte sie mir. »Auf meinen langen Trainingsfahrten dachte ich unentwegt daran, in den Gegenverkehr zu fahren. Jeder Lastwagen wurde zu einer tödlichen Waffe, die alles beenden könnte.«

Ihre Abwärtsspirale setzte sich auch 2017 fort. Monat um Monat verging und True dachte, ihre Depression könne unmöglich noch schlimmer werden. Was dann doch geschah.

Schließlich, Mitte 2017, öffnete sich True für das, was mit ihr geschah und akzeptierte den vollen Umfang ihrer Traurigkeit und die darauffolgende Depression. Sie wehrte sich nicht länger dagegen, ließ sich helfen und begann eine intensive Therapie. Als ich sie bat, zurückzublicken, konnte sie keinen einzigen Tag, kein Ereignis und auch keinen bestimmten Grund nennen, der sie dazu veranlasste, Hilfe zu suchen. Sie war vor allem müde, aber sie war noch am Leben. »Ausdauersportlern wird beigebracht, durchzuhalten, immer weiterzumachen«, erzählte sie mir. »Wenn etwas nicht stimmt, muss man einfach einen Gang hochschalten, weitermachen, noch eine Schippe drauflegen. Aber diese Einstellung hat bei mir absolut nicht funktioniert.«

True, die seit der Highschool immer wieder mit Depressionen zu kämpfen hatte, wusste, wie sie mir erklärte, dass es nie einen guten Zeitpunkt geben würde, ihr Leben zu verändern, um sich ihrer Krankheit in Gänze zu stellen. Doch jetzt, so die Sportlerin weiter, zehre sie das Leiden förmlich auf, und sie erkannte, dass ihr Leben auf einem wackeligen Fundament ruhte – wenn man überhaupt von einem Fundament sprechen konnte. Auf jeden Fall konnte sie so nicht weitermachen. Noch schwieriger, als sich im härtesten Triathlon zu verausgaben, war es für Sarah True, einen Gang herunterzuschalten, zu akzeptieren, wo sie stand und sich mit ihrer Depression und deren Ursachen auseinanderzusetzen und sie zu besiegen – beides gefiel ihr nicht besonders.

WEITERKOMMEN ERFORDERT ZU AKZEPTIEREN, WO MAN STEHT

Wenn auch nicht unbedingt im öffentlichen Leben oder im gleichen Ausmaß wie Sarah True, so haben wir doch alle Höhen und Tiefen erlebt, sowohl beruflich als auch privat. Das Leben ist nicht einfach. Es läuft nicht immer alles so, wie wir wollen. Die *conditio humana*, die menschliche Befindlichkeit, ist chaotisch. Vieles entzieht sich unserer Kontrolle: das Altern, unsere Krankheiten und das Sterben, die Wirtschaft, die Handlungen von Menschen, die uns etwas bedeuten – um nur einige zu nennen. Es kann schwierig sein, diese Realität so hinzunehmen, wie sie ist, und bisweilen ist sie sogar beängstigend.

Statt diese Wahrheit zu akzeptieren, neigen wir dazu – wenn die Dinge nicht so laufen, wie wir wollen –, in magisches Denken (ein Begriff aus der Psychologie) zu verfallen, und reden uns ein, wir seien besser dran, als es tatsächlich der Fall ist. In der Kognitionswissenschaft und Sozialpsychologie wird das als *Motivated Reasoning* (motiviertes Denken) bezeichnet; gemeint ist damit, dass wir die Dinge manchmal nicht so sehen, wie sie sind, sondern sie uns so zurechtlegen, dass wir sie so sehen, wie wir sie gerne hätten. Ein gängiges Beispiel für motiviertes Denken ist Folgendes: Ihnen ist klar, dass Sie nicht mehr in Ihrem verhassten Job arbeiten wollen, aber statt sich dieser unbequemen Wahrheit zu stellen, suchen (und finden) Sie etliche Gründe, warum Ihr derzeitiger Job – den Sie nicht ausstehen können – eigentlich großartig ist. Oder, noch simpler, wir ignorieren vollends unsere Stressoren. Wir stecken den Kopf in den Sand oder tun genau das, was uns der heroische Individualismus und die triviale Erfolgskultur der Gesellschaft vorschreiben: positiv denken, uns abstumpfen und ablenken, etwas kaufen und twittern. Wir agieren hektisch und frönen zwanghaft irgendwelchen Beschäftigungen, um uns von unseren Problemen und Ängsten abzulenken. Wir erwarten, dass für uns alles besser wird, ohne jemals unsere wahre Ausgangsbasis anzuerkennen oder zu akzeptieren. Das mag uns zwar kurzfristig etwas Schmerz ersparen, ist aber auf längere Sicht keine gute Lösung. Das liegt daran, dass wir einem Muster verfallen, bei dem wir nicht das angehen, was eigentlich angegangen werden müsste – ungesunde Gewohnheiten, Einsamkeit in einer Beziehung, Burnout am Arbeitsplatz, ein auf der Kippe stehendes Geist-Körper-System oder eine Gesellschaft, die sich fast gänzlich der Unzufriedenheit verschrieben hat. Daraus folgt, dass wir uns dort, wo wir sind, nie ganz geerdet fühlen – weil wir nie wirklich unsere volle Realität ausleben.

Das erste Prinzip der Bodenständigkeit ist *Akzeptanz*. Fortentwicklungen in allen Bereichen, ob groß oder klein, erfordern, dass Sie erkennen, akzeptieren und dort anfangen, wo Sie sind. Nicht dort, wo Sie sein wollen. Nicht dort, wo Sie glauben, dass Sie sein sollten. Und auch nicht dort, wo andere denken, dass Sie sein sollten, sondern da, wo Sie sind.

Wie Sie in Kürze sehen werden, ist Akzeptanz der Schlüssel zu Glück und Performance im Hier und Jetzt, aber auch zu zielführenden Veränderungen in der Zukunft. Carl Rogers, ein Pionier auf dem Feld der Humanistischen Psychologie, hat jahrzehntelang mit Menschen an deren persönlicher Entwicklung und Erfüllung gearbeitet. Seine vielleicht treffendste Bemerkung, für die er am bekanntesten wurde, lautet: »Das seltsame Paradoxon ist, dass ich mich ändern kann, wenn ich mich so akzeptiere, wie ich bin.«

Wenn Sie zum ersten Mal das Wort »Akzeptanz« oder – etwas lässiger formuliert – »sich mit etwas abfinden« hören, denken Sie vielleicht an Aufgeben, Selbstzufriedenheit, Herunterleiern oder sich mit Mittelmäßigkeit zu begnügen. Doch das ist nicht der Fall. Akzeptanz bedeutet nicht passive Resignation. Akzeptanz meint vielmehr, eine Situation sorgfältig zu prüfen und sie so zu sehen, wie sie ist – ob es Ihnen gefällt oder nicht. Erst wenn Sie eine bestimmte Situation eindeutig begriffen haben und sich in ihr zumindest wohlfühlen, können Sie kluge und nutzbringende Maßnahmen ergreifen, um Ihr Ziel zu erreichen.

Meine eigene Geschichte des »Sich-Abfinden« begann während meiner Genesung von der Zwangsstörung. Heute gebe ich mein Bestes, um dieses grundsätzliche Akzeptieren in allen meinen Lebensbereichen und auch bei meinen Klienten zur Anwendung zu bringen. Bevor meine Zwangsstörung akut wurde, ging ich mit Herausforderungen meist so um, dass ich sie verleugnete, ihnen widerstand, sie außer Acht ließ oder, was am häufigsten vorkam, mich durch Problemlösungen aus ihnen herauszuwinden versuchte. Das alles hat gut funktioniert, als ich aus dem Basketballteam meiner Highschool ausgeschlossen wurde; von der College-Freundin, die ich zu heiraten gedachte, verlassen wurde; den gewünschten Job nicht bekam; potenzielle Klienten verlor und meine Texte abgelehnt wurden. Eine Zwangsstörung ist jedoch etwas völlig anderes.

Unablässig durch den Kopf schwirrende Gedanken, Furcht und Verzweiflung sowie der Drang, sich selbst etwas anzutun, sind schlimm genug, wenn Sie einen Grund dafür haben. Und sie sind noch schlimmer, wenn Sie keine Gründe haben. Letzteres ist typisch für Zwangsstörungen. Als es mich schlagartig erwischte – als meine Frau mit unserem ersten Kind schwanger war, einer der schlimmstmöglichen Zeitpunkte für so etwas –, tat ich das Einzige, was ich tun konnte. Zuerst leugnete ich es ganz und gar. Ich sagte mir, es sei irgendein unerklärliches Leiden, das wieder vorbeigehen würde; vielleicht eine Art Virus, die meinen Verstand angreift. Dann kämpfte ich dagegen an und bemühte mich, das Problem zu beseitigen. Ich versuchte unaufhörlich, die Gedanken, die Gefühle und meinen inneren Tatendrang von mir abzuwerfen. Immer wieder sagte ich mir so etwas in der Art wie: *Das ist ein Albtraum, das passiert nicht wirklich. Immerhin bin ich ein »Experte« und Coach für mentale Fähigkeiten und Performance. Es muss eine Möglichkeit geben, wie ich mich selbst besser unter Kontrolle halten kann.* Falsch. Falsch. Und wieder falsch. Meine Weigerung, meine Situation zu akzeptieren, und mein Widerstand waren nicht nur zwecklos, sondern verschärften das Ganze nur noch. Je mehr ich gegen meine Zwangsstörung ankämpfte, desto ausgeprägter wurde sie. Das Bemühen, meine zudringlichen Gedanken, Emotionen und Triebe zu unterdrücken – oder mich ganz von ihnen abzulenken –, bewirkte genau das Gegenteil. Es schürte nur noch das Feuer.

Mit der Hilfe eines einfühlsamen und kompetenten Therapeuten gab ich schließlich auf. Ich fand mich mit der Tatsache ab, dass ich krank war und dass diese Gedanken, Gefühle und Triebe real waren und nicht über Nacht verschwinden würden. Meine Probleme ließen sich nicht innerhalb von ein paar Stunden oder Tagen lösen. Ich musste lernen, das zu tun, was der härteste Job meines Lebens war – und an manchen Tagen immer noch ist: mich mit den hässlichen Gedanken und dergleichen abzufinden und sie zuzulassen. Als ich mich damit auseinandersetzte, sagte mir mein Therapeut, dass ich meine Zwangsstörung zwar nicht unbedingt mögen, sie aber in Kauf nehmen müsse. Zumindest musste ich sie klar als das erkennen, was sie war. Ich musste lernen, nicht länger gegen die Wirklichkeit anzukämpfen, und mich von dem Wunsch verabschieden, dass alles ganz anders wäre. Stattdessen hatte ich mich mit dem abzufinden, was mit mir geschah, auch und gerade dann, wenn ich es nicht ertragen konnte. Das war der erste wirkliche Schritt zu meiner Genesung. Erst als ich genau das anerkannte und hinnahm, was ich weder anerkennen noch akzeptieren wollte, konnte ich Maßnahmen ergreifen, die meine Situation verbessern würden. Man kann nicht sinnvoll an etwas arbeiten, wenn man es gleichzeitig bekämpft. Und um noch deutlicher zu werden: Sie können nicht sinnvoll gegen etwas angehen, wenn Sie nicht hinnehmen wollen, dass es überhaupt da ist oder passiert. Viel zu oft fokussieren wir uns auf die akuten Herausforderungen in unserem Leben, ohne ihre entfernten Ursachen zu erkennen, zu akzeptieren und zu bekämpfen.

AKZEPTANZ UND GLÜCK

Die Kluft zwischen Wunschdenken und Wirklichkeit hindert einen nicht nur daran, zielführende Maßnahmen in die Wege zu leiten, um die eigene Situation in der Zukunft zu verbessern, sondern sie führt auch zu Unzufriedenheit im Hier und Jetzt. Im Jahr 2006 gingen Epidemiologen der Universität von Süddänemark der Frage nach, warum die Einwohner Dänemarks durchweg glücklicher und zufriedener mit ihrem Leben sind als in jedem anderen westlichen Land. Die Ergebnisse, publiziert in *The BMJ*, konzentrierten sich insbesondere darauf, wie bedeutsam Erwartungen im Allgemeinen für die Befragten sind. »Sind die Erwartungen unrealistisch hoch, könnten sie die Ausgangsbasis für Enttäuschungen und geringe Lebenszufriedenheit sein«, schreiben die Autoren. »Die Dänen sind zwar sehr zufrieden, doch ihre Erwartungen halten sie eher niedrig.«

In einer Studie aus dem Jahr 2014 untersuchten Forscher des University College London das Glück der Menschen von einem Augenblick auf den anderen. Sie fanden heraus, dass »das momentane Glücksgefühl als Reaktion auf die Ergebnisse einer probabilistischen Belohnungsaufgabe (PRT) nicht durch das aktuelle Ergebnis der Aufgabe erklärt wird, sondern durch den kombinierten Einfluss der jüngsten Belohnungserwartungen und der Vorhersagefehler, die sich aus diesen Erwartungen ergeben.« Oder einfach ausgedrückt: Glück in einem bestimmten Moment ist gleich Realität minus Erwartungen. Wenn Sie unentwegt höhere Erwartungen haben, als es Ihre eigentliche Situation zulässt, werden Sie nie zufrieden sein. Jason Fried, Gründer und CEO des erfolgreichen Softwareunternehmens Basecamp und der Autor mehrerer Artikel über Zufriedenheit im Job, drückt es so aus: »Früher habe ich mir den ganzen Tag lang Erwartungen in meinem Kopf zurechtgelegt. Es ist anstrengend und ermüdend, die Realität permanent an einer Wirklichkeit zu messen, die nur in der Vorstellung existiert. Ich glaube, das nimmt einem oft die Freude daran, etwas so zu erleben, wie es ist.« Das soll nicht unbedingt bedeuten, dass man immer niedrige Erwartungen haben sollte. Das Streben nach mehr, die Annahme von Herausforderungen, die gerade eben noch zu bewältigen sind, ist ein wesentlicher Bestandteil der Entwicklung und Erfüllung des Menschen. Es ist in Ordnung, ja sogar bewundernswert, die Messlatte hoch zu legen, aber – und das ist ein großes Aber – Sie müssen in Ihren Bemühungen präsent sein und sich so akzeptieren, wie Sie sind. Statt sich zu wünschen, die Dinge seien anders, und dann enttäuscht zu sein, wenn sie es nicht sind, müssen Sie Ihre Realität so akzeptieren, wie sie ist, mit allen Höhen *und* Tiefen. Nur dann können Sie weise vorgehen, um die gewünschte Veränderung herbeizuführen. Es verhält sich in etwa so: Der verzweifelte Versuch, glücklich oder erfolgreich zu sein, ist eine der schlechtesten Wege, tatsächlich glücklich oder erfolgreich zu sein.

Lange bevor die oben genannten Studien abgeschlossen waren, schrieb Joseph Campbell, einer der weltweit führenden Experten für Mythologie und *echten* Heroismus: »Die Crux des seltsamen Problems eines Helden liegt in der Tatsache, dass unsere bewussten Ansichten darüber, wie das Leben sein *sollte*, selten mit dem übereinstimmen, was das Leben wirklich ist.« In seinen jahrzehntelangen Forschungen stellte Campbell fest, dass der mythische Held in Geschichten aus verschiedenen Kulturen und Traditionen an einem bestimmten Punkt seiner Reise die Kluft zwischen seiner Realität und seinen Erwartungen schließen muss. Im Allgemeinen ist der angehende Held eine ganze Weile in seinem Widerstand gegen die Realität festgefahren. Schließlich lernt er jedoch, sich diesem Problem zu stellen und es zu überwinden; im Wesentlichen lernt er, sich in Akzeptanz zu üben. Dies öffnet die Tür für ein überzeugendes und angemessenes Handeln – dafür, dass er ein Held wird.

Weit entfernt von der hektischen und reaktiven Regsamkeit, die wir so oft mit heroischem Individualismus an den Tag legen, können wir mehr wie Campbells Helden sein, indem wir lernen, uns in Akzeptanz zu üben und während unseres gesamten Lebens weise zu handeln, auch wenn wir in Schwierigkeiten stecken. Glücklicherweise gibt es eine bewährte Methode, die uns Hilfe bietet und die durch fast 40 Jahre Forschung und mehr als 1000 wissenschaftliche Studien untermauert ist.

AKZEPTANZ- UND COMMITMENT-THERAPIE

Steven Hayes ist klinischer Psychologe und Professor an der University of Nevada, Reno. Er hat 44 Bücher geschrieben, war Doktorvater für etliche Studenten und gehört zu den 1500 meistzitierten – ob tot oder lebendig – Wissenschaftlern der Welt. Er ist zweifellos einer der einflussreichsten Psychologen unserer Zeit. Hayes' eigene heroische Reise mündete 1982 in eine Krise, und zwar genau um zwei Uhr morgens auf einem braungoldenen Flauschteppich in einer Einzimmerwohnung im 2. Stock, die er sich mit seiner damaligen Freundin in Greensboro, North Carolina, teilte.

Drei Jahre lang, so erzählte mir Hayes, hatte er »die Hölle namens Panikstörung durchgemacht«. Für einen frischgebackenen Doktor der Psychologie war das eine besonders besorgniserregende und irritierende Erfahrung. Hayes sollte eigentlich alles im Griff haben, aber in den Abteilungsmeetings litt er unter zermürbenden Angstzuständen. Schließlich griffen die Ängste auch auf sein Privatleben über und wirkten sich nachteilig auf sein Gemüt aus, wenn er mit Freunden ausging, Sport trieb oder auch zu Hause war. Eines Nachts, es war im Jahr 1982, wachte Hayes nach eigenem Bekunden mit einer Monster-Panikattacke auf. Sein Herz klopfte wie wild, und er konnte seinen Puls am Hals, an der Stirn und an den Armen spüren. Seine Brust und seine Arme verkrampften sich. Er hatte Mühe zu atmen.

»Ich wollte den Notruf wählen, dachte, ich hätte einen Herzinfarkt«, erzählte er. »Ja, ich war mir meiner Panikstörung bewusst. Und ja, als Psychologe wusste ich sehr wohl, dass dies die Anzeichen meiner eigenen Variante waren, wenn ich in Panik geriet, aber mein Verstand sagte mir immer wieder, dass dies etwas anderes war. Das war das echte Ding, der wahre Jakob.« Hayes wollte vor lauter Verzweiflung das Weite suchen, dagegen ankämpfen, sich verkriechen – alles, nur nicht da sein, wo er war. Er erinnert sich, dass er in seinem Zustand auf keinen

Fall Auto fahren konnte, also rief er einen Krankenwagen. »Ruf an, lass sie die Notaufnahme vorbereiten, ruf verdammt noch mal an, Steven, du stirbst ... Das waren meine Gedanken«, sagte er mir. Aber er rief nicht an. Vielmehr erinnerte sich Hayes an etwas, das er als eine »außerkörperliche Erfahrung« bezeichnete. Es bildete sich ein Raum zwischen dem, was geschah, und seinem Bewusstsein für das, was vor sich ging – er selbst war nicht mehr Teil der Situation, sondern nahm sie aus der Ferne wahr. In diesem Raum stellte sich Hayes vor, was passierte, wenn er einen Krankenwagen rufen würde. »Man würde mich sofort ins Krankenhaus bringen, mich an Schläuche und Geräte anschließen. Und dann würde der Arzt, ein junger Mann mit einem Grinsen im Gesicht, ins Zimmer kommen und sagen: ›Steve, Sie haben keinen Herzinfarkt. Sie haben nur eine Panikattacke.‹« Hayes wusste, dass es stimmte. »Das war nur eine weitere Stufe in der Hölle«, sagte er. »Ein Tiefpunkt.«

Aber dieses Mal ließ sich Hayes nicht unterkriegen und eine andere Tür tat sich auf. Der dahinter liegende Weg führte zu einem tiefen und selten besuchten inneren Teil seiner selbst. Er erinnert sich daran, dass dieser Teil von ihm sagte: *Ich weiß nicht, wer du bist, aber anscheinend kannst du mir Schmerzen bereiten. Du kannst mich leiden lassen. Aber ich sage dir, was du nicht kannst. Du wirst mich nicht dazu bringen, mich von meiner eigenen Erfahrung abzuwenden.* Und dann stand Hayes auf. Er blickte auf den braungoldenen Flauschteppich und schwor, dass er nie wieder vor sich selbst oder den Umständen, in denen er sich befand, davonlaufen würde. »Ich wusste nicht, wie ich dieses Versprechen halten sollte«, sagte er mir, »und ich hatte keine Ahnung, wie ich dieses Versprechen in das Leben anderer einbringen würde. Aber ich wusste, dass ich es tun würde. Das Weglaufen hatte sich für mich erledigt.«

Nach dieser erschütternden Erfahrung war Hayes fest entschlossen, zu verstehen, was passiert war und wie es von Nutzen sein konnte – nicht nur, um sich selbst, sondern auch um anderen zu helfen. Dies setzte eine wissenschaftliche Erforschung in Gang, die vier Jahrzehnte währen sollte. In Hunderten von Experimenten fand Hayes heraus, dass unangenehme Umstände, Gedanken, Gefühle und Triebe umso stärker und häufiger auftreten, je mehr jemand versucht, sie zu vermeiden –

genau das, was Hayes vor seiner Erkenntnis in jener schicksalhaften Nacht getan hatte. »Wenn man Unbehagen verspürt und sich diesem nicht öffnen kann, ohne es zu unterdrücken«, sagt er, »wird es unmöglich, sich schwierigen Problemen auf gesunde Weise zu stellen.«

Hayes' Arbeit hat ein Modell hervorgebracht, das Akzeptanz- und Commitment-Therapie oder abgekürzt ACT genannt wird. Kurz und knapp gesagt, geht ACT von Folgendem aus: Widersetzt man sich einer schwierigen oder beängstigenden Situation – sei sie nun körperlich, emotional oder sozial –, wird die Situation dadurch fast immer noch verschlimmert. Wesentlich besser ist es, das, was passiert, zu akzeptieren, sich dafür zu öffnen, es tief zu spüren und es zuzulassen. Dann müssen Sie sich ohnehin dazu verpflichten, Ihr Leben im Einklang mit Ihren innersten Werten zu leben. Sie fühlen, was ist. Sie akzeptieren, was ist. Sie sehen klar, was ist. Und statt vor dem, was ist, davonzulaufen, tragen Sie es mit sich und ergreifen wirkungsvolle Maßnahmen.

Ein wesentlicher Bestandteil von ACT ist es, sich selbst zu gestatten, nicht immer alles im Griff zu haben. Oder anders formuliert: Erlauben Sie sich, Kummer, Leid und Unbehagen, Gier, Wut, Eifersucht, Traurigkeit, Unsicherheit, Leere und all die anderen unerfreulichen Emotionen zu empfinden, die zu unserer Spezies gehören, auch wenn der heroische Individualismus unserer Kultur fälschlicherweise signalisiert, dass man das nicht tun sollte. Eine alte buddhistische Lehre besagt, dass jeder Mensch im Leben 10 000 Freuden und 10 000 Sorgen erleben wird. Wenn Sie die Dunkelheit, die dem menschlichen Dasein innewohnt, nie akzeptieren, werden Sie nie dauerhafte Freude finden. Denn wann immer unangenehme Erfahrungen oder Situationen auftauchen, wollen Sie nur, dass sie verschwinden. Aber wie die Arbeit von Hayes und meine eigenen Erfahrungen mit Zwangsstörungen zeigen, ist es genau dieser von uns geleistete Widerstand, der diese Störungen hartnäckiger und stärker macht und sie somit noch fester verankert. Statt die eigene Realität zu leugnen und so zu tun, als ob bestimmte Umstände anders wären, als sie tatsächlich sind, müssen wir lernen, sie zu akzeptieren und klar zu sehen.

Das Ziel von ACT ist nicht die Beseitigung von Problemen. Vielmehr geht es darum, mit allem, was das Leben Ihnen in den Weg stellt, präsent zu sein und sich in Richtung Ihrer Werte zu bewegen, auch wenn einem das im Moment schwierig erscheinen mag. Obwohl die Forschungsergebnisse von Hayes und seinen Kollegen – die Rede ist von Experimenten, die zeigen, dass ACT Depressionen, Angstzustände, Zwangsstörungen, Burnout drastisch lindert und sogar die Leistungsfähigkeit erheblich verbessert – bahnbrechend sind, ist die Prämisse von ACT nicht gerade neu. Hayes wird der Erste sein, der Ihnen sagt, dass seine moderne Wissenschaft in vielerlei Hinsicht lediglich eine uralte Weisheit empirisch untermauert.

Die wirkmächtigsten Lehren von ACT, auf die ich später in diesem Kapitel näher eingehe, lassen sich in einem Drei-Stufen-Prozess zusammenfassen, der zufällig zu dem Akronym ACT passt:

1. **A**kzeptieren Sie, was geschieht, ohne Ihre Identität damit zu verschmelzen. Stellen Sie Ihr Zoomobjektiv auf eine größere Perspektive oder ein größeres Bewusstsein ein, von dem aus Sie Ihre Situation beobachten können, ohne den Eindruck zu haben, darin gefangen zu sein.
2. **C**hecken und entscheiden Sie, wie Sie vorankommen wollen, und zwar in einer Weise, die mit Ihren innersten Werten übereinstimmt.
3. **T**un Sie etwas und handeln Sie, auch wenn Sie sich dabei beängstigend oder unbehaglich fühlen.

DIE WEISHEIT DER AKZEPTANZ: LASS DICH NICHT ZWEIMAL VON EINEM PFEIL TREFFEN

Vor mehr als 2000 Jahren schrieb der stoische Kaiser Marc Aurel in seinem Meditationstagebuch: »Es ist normal, Schmerzen in den Händen und Füßen zu spüren, wenn man seine Füße als Füße und seine Hände als Hände benutzt. Und es ist normal, dass ein Mensch Stress empfindet – wenn er ein normales menschliches Leben führt.« Epiktet, ein weiterer Stoiker, lehrte: Wenn wir unsere Lebensverhältnisse hassen oder fürchten, werden sie uns beherrschen. Anders als heute, in der das positive Denken vorherrscht und wir mit Botschaften bombardiert werden wie *Wenn du nicht immer glücklich bist und es dir nicht gelingt, es zu bleiben, dann machst du etwas falsch,* hatten die Stoiker eine ehrlichere und psychologisch fundiertere Lebensperspektive. Es ist völlig normal, Stress zu empfinden. Ebenso ist es völlig normal, sich in unerfreulichen Situationen zu befinden. Das bedeutet aber nicht, dass man deswegen geknickt oder zerrüttet ist. Es bedeutet vielmehr, dass Sie ein Mensch sind. Je mehr Sie Probleme, Leid und schwierige Lebensumstände – von kleinen Ärgernissen bis hin zu großen Beunruhigungen – fürchten, leugnen oder sich dagegen wehren, desto schlechter wird es Ihnen gehen. Je mehr Sie sich auf das konzentrieren, was Sie kontrollieren können, und aufhören, sich über das zu sorgen, was Sie nicht kontrollieren können, desto besser.

Etwa zur selben Zeit, als die Stoiker in Griechenland und Rom über Akzeptanz schrieben, kamen die Buddhisten auf der anderen Seite der Welt, in Indien und Südostasien, zu ähnlichen Ergebnissen. Ein buddhistisches Gleichnis lehrt, dass man sich nicht zweimal von einem Pfeil treffen lassen soll. Über den ersten Pfeil – sei es ein negativer Gedanke, ein Gespür, ein Ereignis oder ein bestimmter Umstand – kann man nicht immer die Kontrolle haben. Aber man kann den zweiten Pfeil kontrollieren oder die Reaktion auf den ersten. Oft zeichnet sich dieses Reagieren durch Verleugnung, Verdrängung, Verurteilung, Widerstand oder impulsives Handeln aus – alles Dinge, die eher zu mehr als zu weniger Problemen und Leid führen. Der Buddha lehrte, dass dieser zweite Pfeil am meisten schmerzt, und es ist auch der zweite Pfeil, der einen daran hindert, etwas Vernünftiges gegen den ersten zu unternehmen.

Das gedankliche Konzept des »zweiten Pfeils« ist in den buddhistischen Lehren tief verwurzelt. Die Legende besagt, dass Buddha am Vorabend seiner Erleuchtung von Mara, dem Gott der Angst, Begierde, Leiden, Wut, Verblendung und vieler anderer Übel, bedroht wurde. Die ganze Nacht hindurch hetzte Mara Stürme, Armeen und Dämonen auf Buddha. Er griff ihn mit Pfeilen der Gier, des Hasses, der Eifersucht und der Verlockung an. Doch statt sich gegen diese Pfeile zur Wehr zu setzen, begegnete Buddha jedem einzelnen mit einem Bewusstsein, das erfüllt war von Präsenz und Zärtlichkeit und das viel Platz bot, und dabei wurden die Pfeile in Blumen verwandelt. Mit der Zeit türmten sich die Blütenblätter zu einem Hügel auf, und Buddha wurde immer ruhiger und klarer. Mara bedrohte Buddha immer wieder, doch dieser reagierte mit Akzeptanz und Mitgefühl. Schließlich erkannte Mara, dass Buddha sich nicht wehren oder seine Angriffe unterbinden würde, und zog sich zurück. Auf diese Weise kam Buddha die Erleuchtung. Endlich konnte er klar und vollkommen sehen. Er vermochte fest auf dem Boden zu stehen, ungeachtet der Pfeile, die auf ihn abgefeuert wurden.

Es blieb nicht bei dem einen Besuch Maras, in den alten buddhistischen Schriften taucht er immer wieder auf. Jedes Mal, wenn Buddha mit Mara konfrontiert wird, lässt er sich nicht in den Teufelskreis aus Verleugnung, Verblendung und Leiden verwickeln, sondern sagt nur: »Ich sehe dich, Mara«, um dann zu akzeptieren, was geschieht, und weise zu handeln – ein klarer Ausdruck unerschütterlicher Bodenständigkeit. In ihrem Buch *Mit dem Herzen eines Buddha* schreibt die Psychologin und buddhistische Gelehrte Tara Brach: »So wie Buddha sich bereitwillig für eine Begegnung mit Mara öffnete, können auch wir innehalten und uns für das zur Verfügung stellen, was das Leben uns in jedem Moment bietet.« Auch wir können die Pfeile des Leidens in Blumen verwandeln oder zumindest ihre scharfen Ränder abstumpfen und dadurch eine unerschütterliche Bodenständigkeit erlangen.

Dieser Ansatz kann den gewohnten Verhaltensweisen zuwiderlaufen, insbesondere für jene von uns, die in einer westlichen Gesellschaft aufgewachsen sind. Wir sind darauf programmiert, auf Lebensumstände zu reagieren, die Kontrolle über unsere Situationen zu übernehmen, positive Gedanken zu erzwingen und uns sofort auf die Lösung von Problemen zu stürzen. Es ist jedoch erst die Akzeptanz, die all diese anderen Strategien wirksam umsetzt. Ohne Akzeptanz laufen wir Gefahr, uns im Kreis zu drehen, nicht wirklich an den Sachen zu arbeiten, an denen wir arbeiten müssen, und niemals voranzukommen. Wenn wir unsere Realität nicht akzeptieren, fühlen wir uns unsicher und unstet, als stünden wir nie wirklich auf festem Boden Das hindert uns auch daran, unser Potenzial auszuschöpfen.

AKZEPTANZ UND SPITZENPERFORMANCE

Wenn Sie Spitzenleistungen erbringen wollen, müssen Sie – so jedenfalls lautet allgemein der Weisheit letzter Schluss – immer hungrig und leistungsbereit sein und dürfen sich niemals zufriedengeben. Aber wie es bei Grundsätzen, wenn es um Selbstmotivation geht, meistens der Fall ist, ist die Wahrheit ein wenig komplizierter. Mit meinen Klienten bespreche ich oft den Unterschied zwischen Leistung, die aus einem Gefühl der Freiheit und Liebe resultiert, und Leistung, die aus Beengung und Angst herrührt. Ersteres geschieht, wenn Sie akzeptieren, wo Sie sind, wenn Sie Ihrem Training vertrauen, realistische Erwartungen haben und bei sich selbst bleiben – wenn Sie geerdet sind. Letzteres geschieht, wenn Sie Ihre Realität infrage stellen, sie leugnen oder sich ihr widersetzen; wenn Sie das Bedürfnis oder in manchen Fällen den Zwang verspüren, zu sein, was oder wo Sie nicht sind.

Wenn Sie sich selbst im Hinblick auf Ihre Situation belügen, sind Zweifel und Angst fast immer die Folge. Sie spielen dann nicht mehr, um zu gewinnen, sondern um nicht zu verlieren. Psychologen bezeichnen dies als den Unterschied zwischen einer leistungsorientierten und einer leistungsvermeidenden Einstellung. Wenn Sie leistungsorientiert sind, spielen Sie, um zu gewinnen, und konzentrieren sich auf die potenziellen Belohnungen, wenn Sie Erfolg haben. Es fällt Ihnen leichter, sich auf den Moment einzulassen und in einen Flow ähnlichen Zustand zu kommen. Sind Sie hingegen auf Leistungsvermeidung gepolt, fokussieren Sie sich darauf, Fehler und Gefahren zu umgehen. Sie halten stets Ausschau nach Gefährdungen und Problemen, weil Sie tief im Innern wissen, dass Sie nicht auf dem richtigen Spielfeld ist.

Untersuchungen der University of Kent in England haben gezeigt, dass Sportler, die mit einer leistungsorientierten Einstellung antreten, oft eine Performance erbringen, die über ihre Erwartungen und ihr wahrgenommenes Talent hinausgeht. Eine leistungsvermeidende Haltung ist dagegen oft nachteilig. Eine Studie, die im *Journal of Sport and Exercise Psychology* veröffentlicht wurde, ergab: Ziele, die mit einer leistungsvermeidenden Einstellung ins Visier genommen werden, führen im Vergleich zu Zielen, die mit einer leistungsorientierten Haltung verfolgt werden, zu einer schlechteren Performance und rufen mehr Angst, Sorge und Anspannung hervor. Andere Untersuchungen zeigen, dass Angst zwar kurzfristig motivierend wirken kann, langfristig jedoch nicht, da sie zu mehr Stress und Burnout führt. Obwohl sich diese Studien auf Sportler konzentrierten, habe ich dasselbe Muster bei den Führungskräften, Unternehmern und Ärzten beobachtet, die ich coache. Wenn jemand sich selbst betrügt und seine Realität nicht akzeptiert, bekommt er Zweifel und empfindet immer größere Unsicherheit. Ist jemand hingegen ehrlich zu sich selbst und nimmt seine Realität so hin, wie sie ist, erlangt er ein gefestigtes Selbstvertrauen.

Die Feministin und Bürgerrechtsaktivistin Audre Lorde verkörperte diese Art von Zuversicht. Lorde kämpfte unermüdlich gegen Rassismus, Sexismus und Homophobie. Sie scheute sich nicht, soziale Ausgrenzung anzuprangern, wo immer sie sie erlebte, was leider oft der Fall war. Für diese Beobachtungen wurde sie häufig von einer Gesellschaft angegriffen, die sie lieber unter den Teppich gekehrt hätte. Dennoch enthalten Lordes Schriften eine Botschaft der Hoffnung. Sie verfasste ihre Artikel mit Kraft und Liebe zu einer Zeit, als es für Sie ein Leichtes gewesen wäre, aus Verzweiflung heraus zu schreiben. »Nichts, was ich an mir akzeptiere, kann dafür verwendet werden, mich kleinzumachen«, schrieb sie in dem Essayband *Sister Outsider*, der 1984 erschien. Ihre Akzeptanz war kein Mittel, um sich Verantwortung oder Herausforderungen zu entziehen. Es ging ihr nicht darum, sich zu fügen oder zu unterwerfen. Vielmehr akzeptierte Lorde sich selbst und die Situation von Menschen am Rand der Gesellschaft und erreichte damit das Gegenteil. Es erlaubte ihr, aufrecht und mit geöffnetem Herzen dazustehen und sich weiter für das Gute einzusetzen, auch wenn dies bedeutete, gegen alle Widerstände anzukämpfen.

Ein weiteres Beispiel für Akzeptanz und Performance, hervorgegangen aus dem Quell der Liebe, zeigte sich in den frühen Tagen der COVID-19-Pandemie im Frühjahr 2020. Inmitten von sehr viel Schmerz und Leid und einem Gesundheitssystem, das kurz vor dem Zusammenbruch stand, schickte Dr. Craig Smith, Vorsitzender der Abteilung für Chirurgie am Columbia University Irving Medical Center, täglich ein Update zu den Prioritäten des Krankenhauses und der Reaktion auf die Pandemie an das Kollegium und das Personal. Smith redete nicht um den heißen Brei herum oder sah die Situation durch eine rosarote Brille. Wie Sie gleich sehen werden, waren seine oft düsteren Updates ehrlich gemeint und zudem geht aus ihnen hervor, dass er die Situation hinnahm, wie sie war. Aber sie waren auch sehr liebevoll und somit eine große Hilfe, im Kampf gegen COVID-19 zu einem kritischen Zeitpunkt der heutigen Geschichte auf Sieg zu setzen:

> Nichts würde mir mehr Freude bereiten, als mich in ein paar Wochen dafür entschuldigen zu müssen, dass ich die Bedrohung überschätzt habe ... [Aber] wenn wir die Gefahr unterschätzen, sind die nächsten ein oder zwei Monate eine Horrorvorstellung. Was können wir also tun? Den Schlitten beladen, die Zugstränge überprüfen, Balto füttern und weiterfahren. (Gemeint ist der Schlittenhund, der als Leithund im *Serum Run* nach Nome Weltberühmtheit erlangte. In Nome in Alaska brach 1925 eine Diphtherieepidemie aus und die einzige Möglichkeit, Medikamente dorthin zu bringen, war der Transport mit Schlittenhundegespannen.) Unsere Fracht muss Nome erreichen. Denken Sie daran, dass unsere Familien, Freunde und Nachbarn Angst haben, untätig sind, keine Arbeit haben und sich machtlos fühlen. Jeder, der im Gesundheitswesen arbeitet, genießt immer noch die Freude am Machen und Tun. Es ist ein Privileg! Wir feuern weiterhin die Schlittenhunde an. [20. März 2020]
>
> Die *New York Times* bringt heute eine ganze Seite mit Todesanzeigen wegen COVID-19. Das wird noch eine Weile so weitergehen. Die erste Expedition des Westens, deren Teilnehmer Afrika durchquerten und in drei Jahren 7000 Meilen zurücklegten, dauerte von 1874 bis 1877. Die Gefahren, Entbehrungen und Angriffe durch Krankheiten erreichten biblische Ausmaße. Es begann mit 228 Menschen (darunter 36 Frauen und 10 Kinder). Unterwegs wurden einige neue Leute rekrutiert, andere haben desertiert und 114 starben – eine Sterblichkeitsrate von 50 Prozent. Es gelang ihnen, 108 Menschen nach Hause zu bringen. Es wären 105 gewesen, wenn nicht drei Kinder auf der Reise geboren worden wären und bis zum Ende überlebt hätten. Das Leben findet einen Weg. [29. März 2020]

Dr. Smiths Updates wurden landesweit in Krankenhäusern verbreitet. Seine Führung half den Vereinigten Staaten von Amerika, die erste

COVID-19-Welle zu überstehen. Betrüblicherweise führten Nichtakzeptanz, Verleugnung, die Vorspiegelung falscher Tatsachen und unverfrorener heroischer Individualismus seitens vieler anderer Führungspersönlichkeiten zu einer tragischen Ausweitung der Krise.

Leider drängt vieles in der derzeitigen Kultur die Menschen dazu, die Dinge nicht so zu akzeptieren, wie sie sind, sodass sie aus einer Haltung heraus handeln, die von Angst geprägt ist und mit der man Probleme allenfalls umgeht. Diese Einstellung gebiert ein Verlangen nach bestimmten und messbaren Resultaten; denn nur wenn wir diese Ergebnisse erreichen, so die Überlegung, sind wir ehrenwerte Menschen und ganz bei uns selbst. Ein solches Verlangen steht jedoch nicht mit Spitzenleistungen im Zusammenhang, sondern mit Angst, Depressionen, Burnout und einer unmoralischen Verhaltensweise.* Der Stress und der Druck, die mit dieser schweren Bürde einhergehen, sind elend. Nur wenn Sie Ihre aktuellen Fähigkeiten und Lebensumstände voll und ganz so akzeptieren, wie sie sind, können Sie aus Freiheit heraus agieren und auf Sieg spielen. Nach Jahren der Beengung kann sich das anfühlen, als wären einem die Fesseln abgenommen worden.

Einer meiner Klienten, Blair, hasste es, vor großen Meetings und Präsentationen gefragt zu werden: »Sind Sie bereit?« Es machte ihn nervös, als hätte er mehr tun können und besser vorbereitet sein müssen. Blair und ich nahmen das Problem gemeinsam in Angriff, um letztendlich zu verstehen, dass es eigentlich egal war – er war halt so bereit, wie er war. Das zu akzeptieren bedeutete Freiheit. Blair lernte, dies anzunehmen, es mit ganzem Herzen zu fühlen und es sich zu eigen zu machen. Wann immer andere ihn fragten, ob er bereit sei, oder wenn er sich diese Frage selbst stellte, erwiderte er: »Ich bin so bereit, wie ich bin.« Er wurde lockerer, entspannter und gab sich allgemein als ein Mensch, der mehr Offenheit ausstrahlte. Er fühlte sich besser und begann, bessere Leistungen zu erbringen. Um es nochmals zu wiederholen: Akzeptanz bedeutet nicht, dass man sich nicht ändern oder verbessern kann; mit der Zeit tat Blair beides. Es bedeutet nur, dass man sich heute dort be-

---

* Für weitere Informationen zu diesem Thema siehe mein Buch *The Passion Paradox* [nur englischsprachig, Anm. d. Red.], das ich zusammen mit Steve Magness geschrieben habe.

findet, wo man ist, und zwar genau dort, wo man sein muss, was wiederum der Schlüssel dazu ist, dorthin zu gelangen, wo man hinwill.

Sarah True hat sich wegen ihrer Depression einer monatelangen Therapie unterzogen. Obwohl es ihr inzwischen wesentlich besser geht, lässt sich unter ihre Geschichte noch kein Schlusspunkt setzen. Sie befindet sich noch immer in einer Entwicklungsphase, und das ist der springende Punkt. »Akzeptanz ist jetzt ein fester Bestandteil meines Lebens«, sagte sie mir. »Man muss erkennen können, dass nicht jeder Tag perfekt ist und das okay ist. Entscheidend ist, bescheiden zu sein und stets zu wissen, wo ich stehe. Ich verspüre eine tiefe Freiheit, wenn ich mir meinen Schmerz, meine Fehler und mein Scheitern eingestehe und trotzdem weitermache«, erzählt sie. Wie jeder von uns hat auch True immer noch mit Problemen zu kämpfen, aber sie fühlt sich so stark wie seit Langem nicht mehr. Statt ihre Probleme zu verleugnen und unter den Teppich zu kehren, akzeptiert sie sie als Teil des Menschseins, ja sogar als Teil ihres Daseins als Weltklassesportlerin. Indem sie ihre Wirklichkeit voll und ganz akzeptiert und sich ihr stellt, hat sie endlich eine solidere Basis gefunden. Die nächste große Herausforderung für True ist, den Sport ganz aufzugeben, wenn sie sich ihrem Ruhestand nähert, was bei den meisten Ausdauersportlern mit etwa 40 Jahren der Fall ist. Derzeit belegt sie die erforderlichen Kurse für ein Studium der Klinischen Psychologie. »Ist es nicht bemerkenswert, wie das Leben uns auf diese unerwarteten Reisen mitnimmt?«, schrieb sie mir.

PRAKTISCHER TEIL: DEN BLICKWINKEL DES »KLUGEN BEOBACHTERS« EINNEHMEN

Es mag hilfreich sein, einen Schritt zurückzutreten und die Situation, die Sie gerade erleben, einmal aus der Ferne zu betrachten, statt sich mit Haut und Haar auf sie einzulassen. Das sorgt für einen gewissen Abstand zwischen Ihnen und Ihrer aktuellen Lage, damit Sie sie akzeptieren und klarer sehen können. Der Blickwinkel eines klugen Beobachters kann durch Üben antrainiert werden, aber auch, indem man gewisse Tools entwickelt, die Sie im Alltag nutzen können. Wir behandeln beides und beginnen mit der praktischen Übung.

Setzen oder legen Sie sich in eine bequeme Position. Stellen Sie einen Timer auf 5 bis 20 Minuten ein. Schließen Sie die Augen und konzentrieren Sie sich auf Ihren Atem. Sie können sich auf die Luft fokussieren, die durch Ihre Nasenlöcher ein- und ausströmt, auf das Heben und Senken Ihres Bauchs oder auf jede andere beliebige Körperpartie, an der Sie Ihren Atem spüren. Wann immer Ihre Aufmerksamkeit vom Atem abschweift, nehmen Sie das schlicht zur Kenntnis und konzentrieren sich wieder auf den Atem, ohne sich dafür zu schelten, dass Sie sich haben ablenken lassen.

Sobald Sie sich nach ein, zwei Minuten oder auch länger daran gewöhnt haben, stellen Sie sich vor, Sie wären eine Lebenskraft, die unabhängig von Ihren Gedanken, Gefühlen und Lebensumständen existiert. Versetzen Sie sich in die Situation, Sie selbst wären das Bewusstsein – die Leinwand, auf der sich alle Ihre Gedanken, Emotionen und Umstände abzeichnen, sozusagen das Gefäß, das alles enthält. Sie können sich Ihr Bewusstsein auch als blauen Himmel vorstellen und alles, was dort auftaucht, als vorbeiziehende Wolken.

Schauen Sie durch diese Linse des Bewusstseins, um Ihre Gedanken, Gemütsbewegungen und Lebensumstände zu betrachten. Das mag Ihnen vorkommen, als schauten Sie einen Film, statt Teil desselben zu sein. Wenn Sie abgelenkt werden oder sich in Ihrem Erlebnis verfangen, nehmen Sie dies zur Kenntnis, ohne sich zu verurteilen, und konzentrieren Sie sich erneut auf Ihren Atem, der durch Ihren Körper fließt. Sobald Sie sich wieder konzentriert haben, betrachten Sie Ihre Gedanken und Empfindungen erneut aus der Ferne.

Lassen Sie dieses Bewusstsein zu einem Gefäß werden, das alles aufnimmt, womit Sie sich auseinandersetzen. Aus dieser räumlichen Distanz können Sie Situationen akzeptieren, klarsehen und somit klügere Entscheidungen treffen. Das Ergebnis dieser Perspektive ähnelt dem Beobachtereffekt in der Quantenphysik: Wenn Sie Ihre Beziehung zu dem, was Sie beobachten, ändern, ändert sich auch das Wesen oder die Natur dessen, was Sie beobachten. In diesem Fall werden dauerhafte und unüberwindbare Herausforderungen zu unbeständigen und machbaren.

Üben Sie weiter. Sie werden vielleicht feststellen, dass es umso schwieriger ist, den Abstand zwischen dem Gedanken, dem Gefühl, dem inneren Antrieb oder der Situation und Ihrer Wahrnehmung beizubehalten, je stärker Ihr Gedanke, Ihr innerer Antrieb und dergleichen ist. Aber schon eine kleine Vergrößerung dieser Distanz kann viel bewirken. Je mehr Sie das trainieren, für desto mehr Abstand sorgen Sie und desto schneller können Sie Ihr Zoom ausfahren, wenn Sie sich einer anspruchsvollen Aufgabe stellen wollen.

Je schärfer Sie den Blickwinkel eines klugen Beobachters durch praktisches Üben einstellen, desto öfter wird er Sie im täglichen Leben begleiten. Die Meditationslehrerin Michele McDonald hat als Hilfestellung dafür eine vierstufige Methode namens RAIN entwickelt. Wenn Sie merken, dass Sie sich einer bestimmten Erfahrung oder Situation widersetzen, halten Sie einen Moment inne und atmen Sie ein paarmal durch. Während Sie das tun ...

1. **R**egistrieren und erkennen Sie, was gerade passiert.
2. **A**nerkennen Sie Ihr Leben und erlauben Sie ihm, so zu sein, wie es ist.
3. **I**nvestieren Sie in Ihren Forschungsdrang und erkunden Ihr inneres Erleben mit Neugierde und von ganzem Herzen.
4. **N**ehmen Sie zur Kenntnis, dass Sie sich nicht mit dem identifizieren oder das praktizieren, was sie gerade erleben, sondern es, statt damit zu verschmelzen, aus einem größeren Blickwinkel betrachten.

Wenn Sie Ihre Situation aus einer erweiterten Perspektive akzeptieren und beurteilen, können Sie besser damit umgehen, und das gilt, wie die Forschung zeigt, für alles: von körperlichen Schmerzen über emotionales Leid und soziale Ängste bis hin zu schwierigen Entscheidungen. Je mehr es Ihnen gelingt, Raum zwischen sich selbst und Ihren Erfahrungen zu lassen, desto besser.

Eine andere Möglichkeit, schnell die Brille eines weisen Beobachters aufzusetzen, ist das, was Forscher *Selbstdistanzierung* nennen. Stellen Sie sich vor, ein Freund macht die gleiche Situation durch wie Sie. Wie würden Sie diesen Freund sehen? Welchen Rat würden Sie ihm geben? Studien der University of California in Berkeley zeigen, dass diese Methode Menschen hilft, ihre Situation zu akzeptieren, sie klarer vor Augen zu haben und vernünftiger zu handeln, insbesondere wenn viel auf dem Spiel steht. Es steht Ihnen frei, sich eine ältere und weisere Version von sich selbst vorzustellen – vielleicht 10, 20 oder 30 Jahre älter. Welchen Ratschlag würden Sie aus der Zukunft Ihrem heutigen Ich geben? Können Sie diesen Rat jetzt schon befolgen?

Indem Sie Distanz zwischen sich und Ihren Lebensumständen schaffen, werden Sie sie eher als das akzeptieren, was sie sind, und sie effektiver bewältigen. Einerseits hören Sie auf, Probleme zu verdrängen und sich ihnen zu widersetzen, andererseits verschmelzen Sie nicht völlig mit ihnen. Sie entwickeln ein Selbstverständnis, das tiefer, solider und geerdeter ist als Erfahrungen, die sich ständig von einem Augenblick zum anderen verändern.

PRAKTISCHER TEIL: SELBSTMITGEFÜHL STATT SELBSTVERURTEILUNG

Es ist schwierig, die eigene Situation klar zu erkennen und sie zu akzeptieren, aber es kann noch schwieriger sein, etwas dagegen zu unternehmen. Das gilt vor allem dann, wenn Sie von dem, was diese Situation mit sich bringt, nicht gerade begeistert sind. Hier kommt das Selbstmitgefühl ins Spiel. Es dient als Brücke zwischen dem Akzeptieren des jeweiligen Lebensumstands und dem Ergreifen sinnvoller Maßnahmen. Wenn Ihre innere Stimme allzu urteilend und kritisch ist, kommen Sie wahrscheinlich nicht von der Stelle, oder schlimmer noch: Sie machen einen Schritt zurück. Stattdessen müssen Sie sich selbst gegenüber gewogen und zuvorkommend sein. Falls Sie das von sich nicht kennen, klingt das vielleicht etwas gefühlsduselig, aber stellen Sie Ihre vorgefassten Meinungen ruhig auf den Prüfstand. Zahlreiche Studien haben ergeben: Menschen, die auf schwierige Situationen mit Selbstmitgefühl reagieren, schneiden besser ab als Menschen, die mit sich selbst hart ins Gericht gehen. Die Logik dahinter ist einfach: Wenn Sie sich selbst verurteilen, schämen Sie sich wahrscheinlich oder fühlen sich schuldig. Und es sind oft Scham oder Schuldgefühle, die Sie in Ihrer ungewollten Lage gefangen halten und Sie davon abhalten, etwas Produktives dagegen zu unternehmen. Wenn Sie jedoch mitfühlend mit sich selbst sind, schöpfen Sie die Kraft, auf sinnvolle Weise voranzukommen, und dabei ist es einerlei, ob Sie ein 8-jähriges Kind sind, das Disney-Märchen liebt, ein 30-jähriger Profifußballer oder ein 65-Jähriger im Ruhestand.

Mitgefühl mit der eigenen Person zu haben, ist nicht einfach, vor allem nicht für Menschen, deren Persönlichkeit in die Kategorie Typ A* fällt und die darin geschult sind, hart mit sich selbst umzugehen. Betrachten Sie es als eine ständige Übung, sich selbst im Zweifelsfall für unschuldig zu erklären. Es geht nicht darum, Ihre Selbstdisziplin aufzugeben, sondern Sie sollen vielmehr Selbstdisziplin und Selbstmitgefühl miteinander verbinden. Denn so gelingt es Ihnen, sich mit größerer Kraft und Klarheit den Dingen zu stellen, die Ihnen widerfahren. Und Sie werden zu einem Fels in der Brandung, an den sich andere Menschen anlehnen können. »Welchen Fortschritt habe ich erzielt?«, schrieb der stoische Philosoph Seneca vor etwa 2000 Jahren. »Ich beginne, mein eigener Freund zu sein. Das ist in der Tat ein Fortschritt. Ein solcher Mensch wird nie allein sein, und man kann sicher sein, dass er ein Freund von allem ist.«

- *Hören Sie auf, sich stets schuldig zu fühlen.* Ändern Sie den inneren Dialog von *Ich sollte nicht in dieser Situation sein* zu *Ich wünschte, ich wäre nicht in dieser Situation,* von *Ich sollte das anders machen* zu *Ich möchte das anders machen.* Die Sprache formt die Wirklichkeit und diese subtilen Veränderungen tragen wesentlich dazu bei, Schuldgefühle, Scham und Verurteilungen in Luft aufzulösen und stattdessen das Selbstmitgefühl zu fördern. Wenn Sie sich dabei ertappen, wie Sie sich selbst Schuld zuweisen, versuchen Sie es mit einem anderen Begriff und schauen Sie, was passiert.
- *Behandeln Sie sich selbst wie ein weinendes Baby.* Jeder, der schon einmal ein solch zartes, weinendes Geschöpf in den Armen gehalten hat, weiß, dass Schreien die Sache nur noch schlimmer macht. Es gibt zwei Möglichkeiten, mit einem weinenden Baby umzugehen.

---

* Dieses Verhaltensmuster zeichnet sich durch eine hohe Leistungs- bzw. Wettbewerbsorientierung, beruflichen Ehrgeiz, verstärktes Konkurrenzverhalten, Ungeduld, ständige Kontrollambitionen und einen erhöhten Muskeltonus aus. Personen mit Typ-A-Verhalten haben zudem häufig ein labiles Selbstwerterleben (Anm. d. Ü.).

Halten Sie es, wiegen Sie es hin und her und zeigen Sie ihm Liebe oder lassen Sie es sich ausweinen. Sich einzumischen funktioniert selten. Das Beste ist, dem Baby einen sicheren Raum zu schaffen, in dem es sich austoben kann. Wir täten klug daran, uns selbst genauso zu behandeln.

- Wenn wir etwas vermasseln, neigen wir dazu, uns für unser Versagen zu tadeln und uns dafür zu verurteilen, dass wir ins Hintertreffen geraten sind. Eine solche Reaktion verschlimmert die Sache jedoch meist nur noch. Wesentlich effektiver ist es, dem Bedürfnis, uns selbst anschreien zu wollen, zu widerstehen und uns stattdessen Liebe entgegenzubringen. Wenn das nicht funktioniert, müssen wir aufhören, uns auf die Situation einzulassen, und Raum schaffen, um uns auszuweinen.
- *Das geschieht jetzt gerade. Ich gebe mein Bestes.* Das ist eines meiner Lieblingsmantras. Sollten Sie mit einer schwierigen Situation konfrontiert sein und sich dabei ertappen, wie Sie den zweiten, dritten und vierten Pfeil abschießen, halten Sie einfach inne und sagen Sie in Gedanken oder laut und leise vor sich hin: *Das geschieht jetzt gerade. Ich gebe mein Bestes.* Mantras wie dieses zeigen laut Forschungsergebnissen große Wirkung, um negative Urteile zu entschärfen und Sie in den gegenwärtigen Moment zurückzubringen, damit Sie fruchtbare Maßnahmen ergreifen können, statt sich zu wehren oder ins Grübeln zu kommen. Ich habe dieses Mantra als frischgebackener Vater oft aufgesagt. Hat unser Baby mich mehrmals in der Nacht aufgeweckt, erwischte ich mich dabei, wie abträgliche Gedanken von mir Besitz ergriffen: *Das ist unmöglich. Ich bekomme keinen Schlaf. Morgen fühle ich mich erbärmlich. Ich werde nicht wieder einschlafen können. Vielleicht haben wir einen Fehler gemacht.* Statt solch weniger aufbauenden Selbstgespräche sagen Sie lieber entschlossen, aber sanft zu sich selbst: *Das geschieht jetzt gerade. Ich gebe mein Bestes.* Das brachte mich zurück ins Hier und Jetzt, sodass ich die Situation als das akzeptieren konnte, was sie war, und zur Tat schreiten konnte, was oft nur bedeutete, die Windel zu wechseln und wieder einzuschlafen. Es war nicht mein schreiendes Kind, das mich wachhielt und nervte. Es war die Geschichte, die ich mir selbst erzählte – der

zweite, dritte und vierte Pfeil. Das ist bei vielen Herausforderungen der Fall, die weit über das Elterndasein hinausgehen.

PRAKTISCHER TEIL: DIE STIMMUNG FOLGT DEM HANDELN

Sie können Ihre Situationen nicht immer unter Kontrolle halten, aber Sie können Ihre Reaktionen kontrollieren. Im Allgemein sagt man, Motivation führe zum Handeln: Je besser Sie sich fühlen und je vorteilhafter Ihre Situation ist, desto eher werden Sie konstruktiv handeln. Das mag zwar manchmal zutreffen, aber meist ist das Gegenteil der Fall. Sie müssen sich nicht unbedingt gut fühlen, um loszulegen. Sie müssen in Gang kommen, und dann haben Sie die Chance, sich gut zu fühlen.

Neben der Akzeptanz- und Commitment-Therapie legen auch andere klinische Ansätze wie die kognitive Verhaltenstherapie (CBT) und die Dialektisch-Behaviorale Therapie (DBT) den Schwerpunkt auf jenen Teil der Gleichung, der das Verhalten betrifft. Das liegt daran, dass es schwierig, wenn nicht gar unmöglich ist, Ihre Gedanken, Gemütsbewegungen und äußeren Umstände zu kontrollieren. Langjährige psychologische Forschungen haben Folgendes ergeben: Je mehr man versucht, auf eine bestimmte Weise zu denken oder zu fühlen, desto unwahrscheinlicher wird es, dass man auf diese Weise denkt oder fühlt. Sie können sich nicht zu einer bestimmten Gemütsverfassung zwingen, und wie in diesem Kapitel erörtert, wird es Ihnen auch nicht gelingen, sich in eine neue Realität hineinzuzwingen. Sie können aber Ihr Verhalten kontrollieren, das heißt Ihre Handlungen. Handlungen, die aufeinander abgestimmt sind mit Ihren Werten – ganz gleich, wie Sie sich fühlen –, fungieren oft als der Katalysator, um Ihre Situation zu verbessern. In der wissenschaftlichen Literatur wird dies als *Verhaltensaktivierung* bezeichnet. Einfach ausgedrückt und in einer Formulierung, die ich zum ersten Mal von dem Podcast-Moderator Rich Roll gehört habe: Die Stimmung folgt dem Handeln.

Dieser Gedanke, dass die Stimmung der Handlung folgt, ist mit den C- und T-Komponenten von ACT verwoben: Sie *checken* und entscheiden sich für eine Reaktion, statt impulsiv zu reagieren, und im Anschluss *tun* Sie etwas auf produktive Weise. Es beginnt damit, dass Sie Ihre Grundwerte kennen: die grundlegenden Prinzipien, die Ihr bestes Selbst oder die Person, die Sie werden möchten, repräsentieren. Einige Beispiele dafür sind Authentizität, Gesundheit, Gemeinschaft, Spiritualität, Präsenz, Liebe, Familie, Integrität, Beziehungen und Kreativität. Es lohnt sich, eine Zeit lang über Ihre eigenen fundamentalen Werte nachzudenken, und ich empfehle Ihnen, sich drei bis fünf davon zu überlegen.

Sobald Sie Ihre Werte herausgefunden haben, werden diese zur Richtschnur für Ihr Handeln. Wenn zum Beispiel Kreativität, Familie und Authentizität dazugehören, könnten Sie sich fragen: Was würde ein kreativer Mensch in dieser Situation tun? Wie wäre es, der Familie Priorität einzuräumen? Was wäre die authentischste Art zu handeln? Wie Sie diese Fragen beantworten, bestimmt Ihr Handeln. Zunächst mag es Ihnen vorkommen, als würden Sie sich selbst dazu zwingen, in Gang zu kommen. Das ist in Ordnung. Tun Sie es trotzdem. Die Forschung im Bereich Verhaltensaktivierung und ACT zeigen, dass sich Ihre Situation dadurch im Allgemeinen verbessern wird.

So fügen sich die Teile zusammen:

- Akzeptieren Sie, wo Sie stehen. Dies ist oft der schwierigste Teil auf dem Weg zum Ziel.
- Nehmen Sie den Blickwinkel eines klugen Beobachters ein, um Ihre Situation klar zu erkennen, ohne mit ihr zu verschmelzen. Falls Ihre Situation und Ihre Wahrnehmung derselben in sich zusammenfallen, halten Sie inne; machen Sie sich klar, was passiert. Atmen Sie ein paarmal tief durch und fahren Sie Ihr Zoom wieder aus, um Abstand zu gewinnen.

Wenn Sie anfangen, ein hartes Urteil über sich selbst oder Ihre Situation zu fällen oder sich in Grübeleien verstricken, zeigen Sie Mitgefühl mit sich selbst. *Das geschieht jetzt gerade. Ich gebe mein Bestes.*

Sobald Sie der Meinung sind, Sie hätten Ihre Situation vom Standpunkt der Akzeptanz und Klarheit bewertet, entscheiden Sie sich für eine Reaktion, die mit Ihren Grundwerten übereinstimmt. Sie treffen einen bewussten Entschluss, statt impulsiv zu reagieren. In vielerlei Hinsicht ist dies die Verkörperung von Weisheit.

Handeln Sie Ihren Werten entsprechend, auch wenn Sie sich nicht danach fühlen. Die Stimmung folgt der Handlung.
All das ist viel leichter gesagt als getan. Aber mit Wiederholung und Übung wird dieser Ablauf allmählich immer mehr zu Ihrer zweiten Natur.

PRAKTISCHER TEIL: ENTSPANNEN UND GEWINNEN

Wenn Sie sich bei einem wichtigen Vorhaben angespannt, beklommen oder unsicher fühlen, halten Sie inne und denken Sie daran, dass Sie so bereit sind, wie Sie es sein werden. Atmen Sie ein- oder zweimal tief durch und stellen Sie sich vor, alles wäre in Ordnung. Wie würde sich das anfühlen? Wenn ich diese Übung mit meinen Klienten durchführe, berichten sie meist, dass sich ihr Brustkorb öffnet, ihre Atmung langsamer wird und sie die Schultern hängen lassen. Fragen Sie sich jetzt: Welcher körperliche Zustand ist für Spitzenleistungen eher zuträglich? Ängstlich und angespannt oder entspannt und offen zu sein? Meine Klienten sagen mir einstimmig, dass sie Letzteres bevorzugen.

Judson Brewer, Neurowissenschaftler an der Brown University und Autor von *Unwinding Anxiety*, fand heraus, dass die Aktivität im posterioren cingulären Kortex (PCC) abnimmt, wenn wir uns nicht länger sorgen und versuchen, eine Situation zu kontrollieren, sondern sie hinnehmen und mit ihr leben. Der PCC ist eine Hirnregion, die mit selbstbezogenem Denken im Zusammenhang steht, also damit, dass wir uns in unseren Erfahrungen verfangen. Je höher die Aktivität des PCC, desto unwahrscheinlich ist es, dass wir in einen leistungsstarken Flow geraten. »Wenn wir versuchen, eine Situation (oder unser Leben) bewusst zu steuern, müssen wir uns gewissermaßen *anstrengen*, um die gewünschten Ergebnisse zu erzielen«, schreibt Brewer. »Im Gegensatz dazu können wir uns mit einer Einstellung, die eher einem Tanz mit einem Objekt gleicht, entspannen, indem wir einfach mit diesem zusammen *sind*, während sich die Situation entfaltet, ohne dass wir uns anstrengen oder kämpfen müssen und uns dabei selbst aus dem Weg gehen.«

Wie Bud Winter, der als einer der größten Leichtathletiktrainer gilt, zu sagen pflegte: »Entspanne dich und gewinne.« Intuitiv betrachtet ergibt dies Sinn. Eine Situation als beunruhigend zu empfinden oder sie ganz zu verdrängen ändert nichts daran, aber man vergeudet dafür eine Menge Kraft. Was in diesem Augenblick geschieht, ist das, was in diesem Augenblick geschieht. Sie können es genauso gut akzeptieren, denn Sie sind so bereit, wie Sie es nur sein können.

ABSCHLIESSENDE GEDANKEN ÜBER AKZEPTANZ

Akzeptanz bedeutet, mit Ihrer Realität zu leben, wie auch immer diese aussieht. Auf diese Weise verringern Sie den Stress, der nur dadurch entsteht, dass Sie sich wünschen, die Dinge wären anders, als sie tatsächlich sind, und sich selbst verurteilen, wenn sie es nicht sind. Sie befreien sich von der Kluft zwischen Ihren Erwartungen und Ihren Erfahrungen und lassen es erst gar nicht zu, dass der zweite, dritte und vierte Pfeil sie trifft. Erst wenn Sie Ihre Wirklichkeit so hingenommen haben, wie sie ist, finden Sie Frieden, Kraft und Standfestigkeit oder zumindest ein Verständnis für das, was Sie unternehmen können, um all das zuvor Genannte zu erreichen. Akzeptanz bedeutet nicht, nichts zu unternehmen. Vielmehr geht es darum, mit dem, was dort vor Ihnen liegt, zu rechnen, damit Sie ihm auf geschickte Weise begegnen können. Akzeptanz ist notwendig, um Zufriedenheit und Glück im Hier und Jetzt zu erfahren, und sie ist der erste Schritt, um zukünftig voranzukommen. Sie kann auf jeder Stufe des Lebens angewandt werden. Worauf Sie auch immer hinarbeiten – ob im Großen oder im Kleinen, im Mikro- oder im Makrobereich –, Akzeptanz ist eine wesentliche und permanente Übung. Wenn Sie Ihre Realität akzeptieren, werden Sie sich fester verankert in ihr geerdet fühlen. Sie werden dort sein, wo Sie sind, und Sie haben eine wesentlich bessere Chance, dorthin zu gelangen, wo Sie hinwollen.

KAPITEL 3

PRÄSENZ ZEIGEN, UM AUFMERKSAM ZU SEIN UND ENERGETISCH ZU HANDELN

Im Westen wird der heroische Individualismus nahezu götzenartig verehrt – es gilt das »Immer mehr« und das »Besser sein« als die Konkurrenz; damit wird in unserer Gesellschaft das Bedürfnis nach Optimierung gewissermaßen zu einem Idol auf einem profanen Altar. Wir bewundern künstliche Intelligenz, lobpreisen die Produktivität und messen alles Messbare: von der Zahl unserer Schritte, die wir täglich gehen, bis zur Menge der Stunden, die wir schlafen. Wie die Fakten und Zahlen in diesem Kapitel zeigen, wollen wir immer mehr auf die Beine stellen, und zwar immer schneller, um immer besser zu werden. Dieser Wunsch ergibt Sinn, allerdings gibt es dabei ein großes Problem. Im Gegensatz zu dem, was der heroische Individualismus Ihnen weismachen will, sind wir keine Maschinen. Computer und Roboter arbeiten mit zwei oder mehr Prozessoren, sie kennen keine Müdigkeit. Und sie haben kein ausgeprägtes Gefühlsleben, das davon abhängt, in welchem Maße man jemandem oder etwas Aufmerksamkeit schenkt. Wir Menschen sind anders. Wenn wir überall präsent und alles Mögliche tun wollen, beschleicht uns oft das Gefühl, nichts wirklich vollständig zu erleben. Wir sollten aufpassen, auf wen oder was wir gezielt unsere Aufmerksamkeit richten, denn ansonsten kann es uns so vorkommen, als würden wir die Kontrolle über unser Leben verlieren und von einer Ablenkung zur nächsten springen. Dieses Problem ist nicht neu. Bereits vor gut 2000 Jahren warnte der stoische Philosoph Seneca davor, in einem Kreislauf der »müßigen Geschäftigkeit« gefangen zu sein, oder wie er es ausdrückte: »...all dieses Herumhetzen, dem so viele Menschen frönen ... immer den Eindruck erweckend, beschäftigt zu sein [während sie in Wirklichkeit gar nichts tun]«.

Sollte das Problem, zu beschäftigt und gedanklich zerstreut zu sein, tatsächlich ein zeitloses sein, dann könnte man vermuten, dass es auch ein besonders aktuelles Phänomen ist. Wir leben in einer Zeit, in der Schnelligkeit, Quantität und ein ständiges Machen und Tun ganz oben auf der Tagesordnung stehen. Wir haben eine Technologie, die es uns ermöglicht und antreibt, rund um die Uhr online zu sein, und wir leben in einem Wirtschaftssystem, das zunehmend auf Produkten und Dienstleistungen basiert und darauf abzielt, unsere Aufmerksamkeit zu gewinnen und zu beeinflussen.

Ein typisches Beispiel für das vergebliche Bemühen des heroischen Individualismus, zu Lasten einer fokussierten Aufmerksamkeit immer mehr und alles schneller zu erledigen, ist das Multitasking – sowohl physisch als auch psychisch. Anders als die meisten Menschen glauben, zeigen Studien, dass wir beim Multitasking nicht zwei Sachen auf einmal tun oder denken. Vielmehr wechselt unser Gehirn ununterbrochen zwischen verschiedenen Aufgaben hin und her oder teilt sich auf, wobei es jeweils nur einen Teil seiner kognitiven Funktion für eine bestimmte Aufgabe aufwendet. Forscher der University of Michigan fanden heraus, dass wir zwar meinen, wir bewerkstelligten mithilfe von Multitasking doppelt so viel, aber in Wirklichkeit schaffen wir nur etwa die Hälfte und das mit verminderter Qualität und weniger Freude. Eine vom King's College London durchgeführte Studie ergab, dass ständige Unterbrechungen, wie sie dem Multitasking geschuldet sind, zu einem Rückgang des IQ um 10 Punkte führen. Das ist doppelt so hoch wie der Rückgang, nachdem man Cannabis konsumiert hat, und entspricht der verringerten Punktzahl, mit der Sie rechnen können, wenn Sie die ganze Nacht wach geblieben wären. Multitasking ist eine tolle Sache, sagen wir uns. Wir sind überproduktiv, optimieren uns, schaffen so viel! Aber diese Geschichte ist eine Illusion.

Wenn wir zerstreut sind, leidet nicht nur unsere Leistung darunter, sondern auch unser emotionales Wohlbefinden. Ständige Unterbrechungen und pausenlose Betriebsamkeit fordern einen hohen Tribut an die geistige Gesundheit. Harvard-Forscher haben festgestellt, dass Menschen, die bei ihren Tätigkeiten präsent, das heißt ganz bei der Sache sind, erheblich glücklicher und erfüllter sind als Menschen, die mit ihren Gedanken woanders sind. Je zerstreuter der Mensch ist, desto eher fühlt er sich beklommen und unzufrieden. »Ein umherschweifender Geist«, schreiben die Forscher, »ist ein unglücklicher Geist.« Das ist wahrscheinlich einer der Gründe dafür, dass Videochats am Computer schnell langweilig und ermüdend werden, was mitunter als »Zoom-Fatigue« (Zoom-Müdigkeit) bezeichnet wird –, wenn wir gleichzeitig andere Programme laufen lassen (oder uns ständig vom Gespräch entfernen, um E-Mails, Nachrichten oder Posts in den sozialen Medien zu checken).

Es ist erschreckend, wie viel Zeit der »normale« Mensch damit verbringt, sich auf mehrere Aufgaben gleichzeitig konzentrieren zu wollen; das wird zunehmend zu unserer Standardmethode. Einschlägigen Studien zufolge wenden die Menschen im Durchschnitt 47 Prozent ihrer Zeit dafür auf, an etwas anderes zu denken als an das, was sie gerade vor sich haben. Wir sind darauf gepolt worden, zu glauben, dass wir etwas verpassen und ins Hintertreffen geraten, wenn wir nicht in einem fort Pläne schmieden und Strategien entwickeln, die Vergangenheit Revue passieren lassen oder an die Zukunft denken. Aber wer weiß, vielleicht ist das Gegenteil der Fall. Wenn wir unablässig Pläne und Strategien austüfteln, andauernd zurückblicken oder an die Zukunft denken, verpassen wir alles.

Das zweite Prinzip der Bodenständigkeit ist *Präsenz*. Es geht darum, ganz für das da zu sein, was vor einem liegt. Präsenz bedeutet geistige Konzentration, die dem Menschen Kraft und Standfestigkeit verleiht. Wenn Sie sich bewusst in Präsenz üben, wird das Ihr Leben womöglich drastisch verbessern, sowohl privat als auch beruflich. Doch bevor wir uns näher mit den Vorteilen des präsenten Daseins beschäftigen, müssen wir uns erst einmal mit seinen Hindernissen auseinandersetzen. Leider ist es immer schwieriger, Präsenz zu zeigen. Erst wenn wir verstehen, warum dem so ist, können wir damit beginnen, das Problem zu überwinden.

SÜCHTIG NACH ABLENKUNG

Mehr als alles andere ermöglichen uns digitale Geräte, kontinuierlich abgelenkt zu sein. Untersuchungen der britischen Regulierungsbehörde für Telekommunikation zeigen, dass der Durchschnittsbürger alle zwölf Minuten auf sein Smartphone schaut – nicht eingerechnet der Fälle, in denen jemand daran denkt, darauf zu schauen, es aber unterlässt. Andere Studien zeigen, dass 71 Prozent der Menschen ihr Handy nie ausschalten und 40 Prozent innerhalb von fünf Minuten nach dem Aufwachen ihr Smartphone checken – und das, ohne auf den Wecker zu schauen. Unsere Aufmerksamkeit leidet nicht nur, wenn wir de facto auf unsere Geräte blicken, sondern insbesondere deswegen, weil wir uns durch dieses pausenlose Überprüfen daran gewöhnen, uns ablenken zu lassen. Im Grunde trainieren wir unser Gehirn darauf, nonstop übermäßig wach- und aufmerksam zu sein, stets daran zu denken, was irgendwo anders passieren könnte, und wir verspüren den Drang, nachzusehen. In früheren Phasen der Evolution unserer Spezies kam uns ein solches Verhalten zugute – um beispielsweise Raubtieren aus dem Weg zu gehen und in Zeiten der Nahrungsknappheit etwas Essbares zu finden. Aber für ein glückliches, gesundes und erfülltes Leben im 21. Jahrhundert ist es keine gute Idee.

Stuart McMillan hat die vergangenen 20 Jahre seines Lebens in Hochleistungssportlerkreisen verbracht und mehr als 35 Gewinner von Olympiamedaillen in der Leichtathletik trainiert. Stu (wie ich ihn kenne und anspreche) ist ein guter Freund geworden. Wenn wir über die größten Herausforderungen sprechen, mit denen er heute konfrontiert ist, geht es nicht nur um Verletzungen des Beinbizeps oder um Leistungsangst, sondern auch um die Ablenkung durch digitale Geräte. »Für dich und mich ist das Smartphone eine Ablenkung vom Leben«, sagt er. »Für einige der Sportler, die ich trainiere, ist das Leben eine Ablenkung vom Handy – sogar bei den verflixten Olympischen Spielen.«

Adam Alter ist Autor des Buchs *Unwiderstehlich* und ein Verhaltensforscher, der sich an der New York University dem Umgang mit digitalen Geräten widmet. Für ihn liegt ein wichtiger Grund darin, dass wir alle, auch McMillans Sportler, unsere Handys immer dabeihaben und stets per E-Mail erreichbar sein müssen, darin, dass wir den unablässigen Mitteilungsfluss damit verbinden, uns selbst zu bestätigen, wie bedeutsam wir sind. Jede Nachricht, die uns erreicht, ob nun Like, Retweet, Kommentar, E-Mail oder SMS, enthält die Botschaft – wie oberflächlich sie auch sein mag –, dass wir existieren und wichtig sind. Das ist eine recht erstrebenswerte und bedeutsame Belohnung. Wenn wir unsere digitalen Geräte in die Hand nehmen und darüberwischen, ist das, als spielten wir an einem existenziellen Glücksspielautomaten. Kein Wunder, dass so viele von uns süchtig werden.

Abgesehen von unserem Wunsch, uns wichtig zu fühlen, versuchen die Bauernfänger der Aufmerksamkeitsökonomie, von unserem Nervensystem zu profitieren. Alles an den Apps, die wir auf unseren Handys abrufen – das Internet, die Nachrichten und die sozialen Medien, von Schlagzeilen über Hintergrundmusik bis hin zu den Bildschirmfarben (viel Rot, das nach Ansicht von Experten eine der, wenn nicht sogar die am stärksten emotional aufgeladene Farbe ist) –, ist darauf ausgelegt, unsere veranlagten Triebe auszubeuten, um dem Aufmerksamkeit zu schenken, was uns wichtig und aufregend *erscheint*. Die Art und Weise, wie die Nachrichten präsentiert werden, sei es im Fernsehen, auf Websites oder in den Apps auf unseren Smartphones, löst nicht selten die Ausschüttung von Dopamin aus, einem Botenstoff (Neurotransmitter), der unseren Erfahrungen und Erlebnissen das Siegel der Bedeutsamkeit anheftet und uns dazu bringt, sie immer wieder aufs Neue zu suchen. In seinem Buch *Riveted* schreibt Jim Davies, Professor für Kognitionswissenschaften an der Carleton University in Ontario: »Ein hoher Dopaminspiegel lässt alles bedeutsam erscheinen ... Die Nachrichten müssen beunruhigend sein, ganz gleich, wie wichtig sie sind. Dadurch bringen sie uns aus unserem Alltagstrott und lenken die Aufmerksamkeit auf das Außergewöhnliche.«

Im Jahr 1951 beklagte der Philosoph Alan Watts in seinem Buch *Weisheit des ungesicherten Lebens*, dass »diese Droge, die wir unseren hohen Lebensstandard nennen, diese ungestüme und vielschichtige Stimulierung der Sinne, uns immer unsensibler macht und damit das Bedürfnis nach noch stärkerer Stimulierung weckt. Wir lechzen nach Ablenkung – es ist ein Panorama von Bildern, Geräuschen, Nervenkitzel und Thrills, in das so viel wie möglich in kürzester Zeit hineingepackt werden muss.« Diese Sucht ist nicht neu. Es ist nur so, dass das heutige Dope exponentiell zugänglicher ist und stärkere Wirkung zeigt.

WENIGER SÜSSES, MEHR NAHRUNG – EIN BESSERER WEG ZUR OPTIMIERUNG

All die Mitteilungen, Nachrichten und anderen Ablenkungen, die in unserer heutigen Gesellschaft allgegenwärtig sind, sind wie Süßigkeiten. Wir sehnen uns danach und sie schmecken gut, während wir sie naschen, aber es sind leere Kalorien, die nicht satt machen und keinen echten Nährwert haben. Wenn überhaupt, ist uns danach eher übel, vor allem, wenn wir sie in großen Mengen konsumieren. Kein Retweet, kein Like, keine 21-Uhr-Nachricht vom Chef, kein Instagram-Post und keine Eilmeldung ist bedeutungsvoller oder befriedigender, als für die Menschen und Beschäftigungen da zu sein, die uns am wichtigsten sind.

In *Die Kunst des glücklichen Lebens* schreibt der Zen-Meister Thich Nhat Hanh: »Es ist zur Gewohnheit geworden, zum Telefon oder Computer zu greifen und in eine andere Welt einzutauchen. Wir tun das, um zu überleben. Aber wir wollen mehr tun, als nur überleben. Wir wollen leben.« Ich neige dazu, dem zuzustimmen. Wir optimieren uns für das Falsche: rege Geschäftigkeit, pausenlose Informationen, digitale Relevanz. Es ist leicht, uns selbst davon zu überzeugen, dass wir so viel erledigen, obwohl wir in Wirklichkeit kaum etwas getan bekommen, zumindest nicht von echtem Nutzen. Es ist nicht verwunderlich, dass permanente Ablenkungen uns das Gefühl geben, nicht ausgefüllt zu sein. Man wird nicht satt, wenn man jede Menge Süßigkeiten isst – es gibt uns nur ein temporäres Hochgefühl, gefolgt von Übelkeit und Reue.

Optimierung an sich ist nichts Schlechtes, doch wir gehen es ganz falsch an. Merriam-Websters Wörterbuch definiert »optimieren« als »etwas so perfekt, effektiv oder funktional wie möglich machen«. »Optimieren« leitet sich vom lateinischen *optimus* ab, was schlicht »das

Beste« bedeutet. Wenn das Ziel im Optimieren besteht, sollten wir uns nicht darauf konzentrieren, mehr zu tun, nur um mehr zu tun. Vielmehr sollten wir unseren Fokus darauf richten, voll und ganz für die Dinge und Menschen da zu sein, die uns am meisten bedeuten.

Wenn wir Optimierung in diesem Sinne verstehen, fühlen wir uns, wie Sie bald sehen werden, am besten, und dann erbringen wir auch unsere beste Leistung. Etwas zu tun ist nur dann von Nutzen, wenn das, was wir tun, nützlich ist.

Ed Batista ist Dozent an der renommierten Stanford Graduate School of Business (GSB) und Berater zahlreicher Führungskräfte erster Güte im Silicon Valley. Sein Kurs, die Kunst des Selbstcoachings, ist einer der beliebtesten an der GSB und bekannt dafür, dass er sich auf die humane Seite seiner Schüler konzentriert, nicht nur auf ihre Fähigkeiten als Manager. Sowohl bei seinen Studenten als auch bei seinen Klienten und natürlich auch in seinem eigenen Leben hebt Batista hervor, wie bedeutsam Präsenz und die eigene Aufmerksamkeit sind. Für ihn beginnt das damit, Kompromisse aufrichtig abzuwägen: »Wir denken oft über den etwaigen Wert dessen nach, was wir auf unseren Tellern haben, aber wir überlegen selten, zu welchem Preis«, sagt er. Mit anderen Worten: Es ist wichtig, sich zu entsinnen, dass Sie jedes Mal, wenn Sie zu etwas Ja sagen, zu etwas anderem Nein sagen.

Batistas Einstellung gilt nicht nur für Meetings oder Projekte, es geht auch um die kleinen Entscheidungen, die man im Laufe des Tages trifft. Jedes Mal, wenn Sie auf Ihr Smartphone schauen, verschenken Sie das Potenzial, einen kreativen Gedanken zu fassen, der diesen Raum hätte füllen können. Jedes Mal, wenn Ihnen Ihre Konzentration abhanden geht, weil Sie eine E-Mail beantworten, kommen Sie in dieser Zeit mit einer womöglich wichtigen Aufgabe nicht weiter. Jedes Mal, wenn Sie über etwas nachdenken, das in der Vergangenheit passiert ist oder in der Zukunft geschehen könnte, verlieren Sie den Anschluss, sich der Person oder der Arbeit, die vor Ihnen liegt, aufmerksam zu widmen. »Aufmerksamkeit ist eine endliche Ressource«, sagt Batista. »Und Vampire, die es gezielt darauf absehen, unsere Aufmerksam zu erhaschen, lauern überall und saugen buchstäblich das Leben aus uns heraus.«

Batista ist ein großer Verfechter der bewussten Gestaltung seines Umfelds, damit ihm seine Aufmerksamkeit nicht verloren geht. »Wenn ich mir die richtige Umgebung schaffe, ist es auch mental viel einfacher für mich«, sagt er. Das kann bedeuten, dass er sein Telefon ausschaltet und es in einem anderen Raum liegen lässt oder seinen Internetbrowser und sein E-Mail-Programm schließt. Wie Studien zeigen, reicht allein das bloße Potenzial, uns eventuell ablenken zu lassen, aus, um unsere hundertprozentige Präsenz, die wir jemandem oder einer Aufgabe entgegenbringen, zu vermindern, auch wenn wir uns de facto nicht zerstreuen lassen. Die Forschung vermutet, dass dies aus zwei Gründen geschieht: Erstens kostet es eine Menge geistige Energie, Smartphones und so weiter nicht zu checken, und zweitens beschwören sie alles andere herauf, was in der Welt passiert, wobei der Gedanke daran an sich schon eine große Ablenkung darstellt. Selbst wenn Ihr Handy umgedreht auf dem Tisch liegt und auf lautlos gestellt ist, ist es schwierig, nicht daran zu denken, was auf der anderen Seite passiert. Wenn Ihr Telefon in Sichtweite ist, trägt es wahrscheinlich dazu bei, dass Sie weniger bei der Sache sind und Ihre Aufmerksamkeit nachlässt.*

Darüber hinaus lehrt Batista, dass man feste Grenzen ziehen muss, und er selbst hält sich natürlich auch daran. Er hat kein Problem damit, sich nicht auf Menschen und Projekte einzulassen, die ihn nicht interessieren oder bei denen er sich unter Druck gesetzt fühlen würde, sodass er am Ende allenfalls zerstreut wäre. »Wenn wir uns in Situationen befinden, in denen wir unsere Aufmerksamkeit nicht steuern können, sollten wir uns fragen: *Was mache ich hier eigentlich?* Ich will damit nicht sagen, dass wir immer automatisch von dem, was vor uns liegt, hingerissen sein sollten. Aber wenn wir uns stets langweilen und abgelenkt sind, ist das vielleicht ein Zeichen dafür, dass wir unsere Zeit, Aufmerksamkeit und Energie nicht auf diese Person oder diese Tätigkeit verwenden sollten.«

Hier bringt Batista den stoischen Philosophen Seneca und sein Hauptwerk *Von der Kürze des Lebens*, das er um 49 n. Chr. schrieb, in

---

* Mehr zu diesem Thema finden Sie in meinem Buch *Das perfekte Mindset – Peak Performance*, das ich zusammen mit Steve Magness geschrieben habe.

Erinnerung: »Es ist nicht so, dass wir nur eine kurze Zeit zu leben haben«, schreibt der römische Denker. »Es ist vielmehr so, dass wir eine Menge davon verschwenden ... Die Menschen sind bescheiden, wenn es darum geht, ihr persönliches Hab und Gut zu hüten, aber sobald es darum geht, die Zeit zu vergeuden, sind sie in diesem Bereich, in dem es richtig ist, geizig zu sein, am verschwenderischsten.« Seneca und die Stoiker lehrten, dass das Leben eigentlich recht lang ist, vorausgesetzt, wir wissen es zu leben. Wenn wir unsere Zeit, Energie und Aufmerksamkeit nicht sinnlos vergeuden und sie weise einsetzen – wir also für bedeutungsvolle Menschen und Orte sowie für sinnvolle Beschäftigungen da sind –, verbessert sich unsere gesamte Lebenserfahrung enorm.

GLÜCKSELIGKEIT ZUM ANFASSEN – MODERNE WISSENSCHAFT TRIFFT AUF ALTE WEISHEIT

Wenn Sie sich voll und ganz einer Sache widmen, kommen Sie wahrscheinlich in einen *Flow*, das heißt in einen Zustand, in dem Sie völlig in einer Beschäftigung aufgehen – sei es beim Laufen, beim Sex, beim Malen, beim Schreiben von Codes, beim Lösen von mathematischen Aufgaben, bei einer anregenden Unterhaltung, beim Meditieren, beim Surfen, was auch immer. Im Flow verändert sich Ihre Wahrnehmung von Zeit und Raum. Sie betreten das, was man im englischsprachigen Raum umgangssprachlich als *The Zone* bezeichnet, im Deutschen sagt man auch »im Tunnel sein«. Jahrzehntelange psychologische Forschung zeigt, dass Menschen in diesem Zustand Topleistungen erbringen und sich am besten fühlen. Eine wichtige Voraussetzung für den Flow ist, dass man sich von nichts ablenken lässt, um sich ganz auf das konzentrieren zu können, was man gerade tut.

Ein weiteres Element des Flow ist das Ablegen des eigenen Ichs. Es ist, als würden Sie eins mit Ihrer Erfahrung werden. Die Grenze zwischen Subjekt und Objekt, zwischen Ihnen und Ihrer Tätigkeit, schmilzt dahin. Obwohl die Wissenschaft erst in den vergangenen Jahrzehnten diesen entscheidenden Aspekt des Flow belegt hat, haben die großen Traditionen der Welt mit ihren Weisheiten bereits seit Jahrtausenden darauf hingewiesen: Im Buddhismus ist das Ziel des spirituellen Pfads, wenn es denn einen gibt, das Nirvana oder die Auflösung des Selbst in

Verbindung mit etwas Größerem, mit einer sich ständig ausdehnenden Räumlichkeit und Zeitlosigkeit. Die zentrale Idee des Taoismus, der Weg, wird als eine nichtduale Erfahrung beschrieben, als die Verschmelzung von Subjekt und Objekt – oft dargestellt durch Yin und Yang. Bei den Stoikern steht geschrieben, anhaltende Zufriedenheit entstehe in dem Moment, in dem man sich aufmerksam in die Arbeit oder ein Gespräch vertieft. Im alten Griechenland war eine der wichtigsten moralischen Tugenden *arête*, das heißt die größtmögliche Entfaltung der Fähigkeiten – oder, wie wir sagen, der »Präsenz« – bei der Ausübung eines Handwerks. Die Griechen glaubten, dass jemand durch *arête* sein volles Potenzial zum Ausdruck bringt. Er holt das Beste aus sich heraus und teilt dabei seine einzigartigen Talente mit seiner Gemeinschaft. Obwohl diese Traditionen aus verschiedenen Gegenden der Welt stammen, ist ihre gemeinsame Botschaft klar: Wir sind dann am besten, wenn wir vollends in den gegenwärtigen Moment vertieft sind.

In einer Untersuchung der Harvard University wollten die Psychologen Matthew Killingsworth und Daniel Gilbert den Zusammenhang zwischen der Präsenz eines Menschen und seinem emotionalen Zustand besser verstehen. Sie entwickelten eine iPhone-App (die Ironie des Ganzen ist mir bewusst), die mehr als 2250 Freiwillige in zufälligen Abständen kontaktierte, um nachzufragen, wie glücklich sie waren, was sie gerade taten und ob sie sich auf ihre aktuelle Beschäftigung konzentrierten oder an Vergangenes oder Zukünftiges dachten. Killingsworth und Gilbert fanden heraus, dass die Qualität der eigenen Präsenz die Lebensqualität bestimmt. »Wie oft unsere Gedanken das Hier und Jetzt verlassen und wohin sie tendieren, ist ein besserer Indikator für unser Glücksgefühl als das, womit wir beschäftigt sind«, so Killingsworth. Je präsenter wir sind, desto besser. Killingsworth und Gilbert haben die inhaltlichen Parallelen zwischen ihren Erkenntnissen und den Weisheiten der alten Überlieferungen nicht übersehen. »Viele philosophische und religiöse Traditionen vertreten die Lehre, dass man sein Glück findet, indem man bewusst im Augenblick lebt«, schreiben sie in der Zeitschrift *Science*. Die Ergebnisse ihrer Studie, so schlussfolgern Killingsworth und Gilbert, beweisen, dass diese alten Lehren einen wahren Kern enthalten.

In einer anderen Studie, die ebenfalls in Harvard durchgeführt wurde, haben Forscher das körperliche und emotionale Wohlbefinden von mehr als 700 Menschen, die in den 1930er- und 1940er-Jahren in Boston aufwuchsen, längerfristig unter die Lupe genommen. Es handelt sich um eine der längsten und umfassendsten Untersuchungen dieser Art, bei der die Probanden von ihren späten Teenagerjahren und frühen Zwanzigern bis in ihre Achtziger und Neunziger begleitet wurden. So verfügt die Harvard-Studie über gute Voraussetzungen, um im Hinblick auf die Entwicklung von Erwachsenen Fragen darüber zu beantworten, was es bedeutet, ein gutes, erfülltes Leben zu führen. Viele der Ergebnisse entsprechen dem, was man erwartet: Trinken Sie nicht zu viel, rauchen Sie nicht, treiben Sie viel Sport, pflegen Sie eine nährstoffreiche Ernährung, halten Sie ein gesundes Körpergewicht und hören Sie nicht auf, zu lernen. Aber für George Vaillant, einem Psychiater und klinischen Therapeuten, der die Studie mehr als drei Jahrzehnte lang geleitet hat, ist die wichtigste Komponente für ein gutes und langes Leben die Liebe. »Die 75 Jahre und 20 Millionen Dollar, die für die Grant-Studie ausgegeben wurden, weisen auf eine einfache Schlussfolgerung hin, die aus fünf Worten besteht«, schreibt Vaillant. »Glück ist gleich Liebe – basta.«

Was ist Liebe – sei es, dass man Sie einem Menschen, einer Beschäftigung oder dem Leben selbst entgegenbringt –, wenn nicht Präsenz, wenn nicht durchschlagende Aufmerksamkeit und Fürsorge? Wenn wir völlig präsent sind, betreten wir einen heiligen Raum, einen Raum, von dem der Philosoph und Aikido-Meister George Leonard sagte, dass »Gott lebt«. Vielleicht ist dieser Raum auch der Ort, an dem die Liebe lebt. Wer weiß, vielleicht sind Gott, Liebe, Nirwana, der Weg, *arête* und Flow ein und dasselbe.

LEBEN IST JETZT

Im Jahr 2008, als Mike Posner ein 20-jähriger Student an der Duke University war, schrieb er in seinem Mehrbettzimmer einen Song namens »Cooler Than Me«. Es war ein einzigartiges Stück, eine Mischung aus Pop und Electronica, bevor diese Art von Mix überall bekannt wurde. Die Radiosender in seiner Heimatstadt Detroit liebten den Song. Ich weiß das, weil ich kurz nach der Veröffentlichung von »Cooler Than Me« in der Nähe der Stadt lebte und der Refrain des Songs einige Monate lang bei jeder Autofahrt, jedem Friseurbesuch, jedem Workout im Fitnessstudio und jedem Cafébesuch zu hören war. Es dauerte nicht lange, bis sich der Song über Detroit hinaus verbreitete und im Mai 2010 die Nummer zwei der Billboard Hot 100 erreichte. Posner – der seinen Eltern als Kind große Sorgen bereitet hatte, weil er, wie er selbst sagte, »mit niemandem redete, nur Beats machte« – war endlich angekommen. Im Jahr 2016 veröffentlichte er sein zweites Album *At Night, Alone*, das den Hit »I Took a Pill in Ibiza« enthielt, eine Reflexion über die Höhen und Tiefen sowie über die sich öfter als nur gelegentlich auftuende Leere des Starruhms. Posner war der Meinung, ein Plattenvertrag und seine Berühmtheit würden ihn glücklich machen, doch er irrte sich. Das Geld, der Sex, die Drogen und die großen Auftritte waren nicht das, was man sich unter Glück vorstellte.

Erst 2019 veröffentlichte Posner sein nächstes Album, *A Real Good Kid*. In den vier Jahren zuvor war viel passiert. Sein guter Freund Tim Bergling, der fast kultisch verehrte DJ der elektronischen Tanzmusik, besser bekannt unter seinem Künstlernamen Avicii, nahm sich das Leben. Posner trennte sich von seiner Freundin. Und sein Vater, sein allerbester Freund, verstarb im Alter von 73 Jahren an einem schnell fortschreitenden Hirntumor. Während Posners frühere Alben eher heiter und beschwingt waren, setzte er sich mit *A Real Good Kid* mit seiner jüngsten und dunklen Vergangenheit auseinander. Er sagt, die Arbeit an diesem Album habe ihm geholfen, seinen Kummer zu verarbeiten. Es thematisiert Verwundbarkeit und Rohheit. Es gibt Stellen, an denen Posner unverkennbar verzweifelt ist, schreit und weint. Ich erinnere mich, dass ich mich erschlagen fühlte, als ich mir dieses Album zum ersten Mal anhörte. Posners Präsenz – sein Schmerz, sein Leid, seine Fragen, seine Heilung, seine Freude – all das strömte durch meine Kopfhörer in mein Herz. Ich befand mich mit ihm in George Leonards heiligem Raum. Das ist kein Zufall. *A Real Good Kid* beginnt mit einer kurzen Einleitung, in der Posner den Hörer bittet: »Das Album ist 40 Minuten lang und soll von Anfang bis Ende durchgehört werden, ohne dabei Textnachrichten oder E-Mails zu schreiben und ohne jegliche äußere Ablenkung. Wenn Sie momentan nicht in der Lage sind, der Musik 40 Minuten ungeteilte Aufmerksamkeit zu widmen, bitte ich Sie höflich, das Album jetzt nicht zu hören und es zu einem späteren Zeitpunkt zu versuchen.«

Als ich etwa ein Jahr nach der Veröffentlichung von *A Real Good Kid* mit Posner sprach, erzählte er mir, er habe sich niedergeschlagen gefühlt, als das Album herauskam. Er fürchtete sich vor der ständigen Selbstdarstellung, den Höhen und Tiefen des Tourens und der vordergründigen Fassade der Verbundenheit, die mit der Rolle eines Popstars einhergeht. Der Verlust seines Vaters und Aviciis Suizid beschäftigten ihn hauptsächlich und gingen ihm nicht aus dem Kopf. Er hatte das merkwürdige Bauchgefühl, dass auch er sterben würde. »Also habe ich gesagt: Scheiß drauf«, erzählte er mir. »Ich will zu Fuß quer durch Amerika wandern. Davon habe ich schon immer geträumt und jetzt schiebe ich es nicht mehr auf. Ich weiß nicht, wie lange ich noch hier sein werde. Also werde ich es jetzt tun.« Seine Plattenfirma war alles andere als begeistert von dieser Idee, aber das war Posner egal. Er würde nicht auf Tournee gehen und auch nicht in allen Late-Night-Shows auftreten. Er wanderte durch das Land, um dem ganzen Lärm zu entfliehen, in der Hoffnung, auf irgendein Zeichen zu stoßen, das sein Verlangen nach dauerhafter Erfüllung stillen würde.

Am 15. April 2019 machte sich Mike Posner von Asbury Park, New Jersey, aus auf den Weg, um die USA zu durchqueren. Sechs Monate später, am Freitag, dem 18. Oktober, kam er in Venice Beach, Kalifornien, an. Der 2851 Meilen (ca. 4600 km) lange Marsch übertraf alles, was Posner sich hätte vorstellen können. Im Osten Colorados wurde er von einer Klapperschlange in den Knöchel gebissen und wäre fast gestorben. Er wurde mit dem Flugzeug in ein Krankenhaus geflogen, wo er fünf Tage auf der Intensivstation verbrachte, gefolgt von einer wochenlangen Reha. Aber Posner war eisern und fest entschlossen. Als er wieder laufen konnte, kehrte er an die Stelle zurück, an der er gebissen worden war, und nahm seinen Marsch wieder auf. Aber einen noch größeren Einfluss als die körperlichen Herausforderungen, so berichtete er mir, hatte die emotionale Reise auf ihn. »Ich bin in Orte gekommen, von denen ich nicht wusste, dass es sie überhaupt gibt. Ich habe gelernt,

Höhen und Tiefen mit Haut und Haar zu erleben und sie zu überstehen, ja sogar stark und standhaft zu bleiben.«

In einigen der Gemeinden, die er durchwanderte, inszenierte Posner kleine akustische Pop-up-Shows. Er sagte mir, dass diese Shows ihn an das erinnerten, was er am Musikmachen am meisten liebte: die gefühlte Präsenz und die tiefe Verbundenheit, sowohl mit seinen Songs als auch mit seinem Publikum. »Je mehr ich mich von meiner Fangemeinde geliebt fühle, desto weniger kümmere ich mich um all die Ablenkungen, den ganzen Lärm, die Retweets, die Likes, die Kommentare ... Es spielt einfach keine Rolle«, sagte er. »Das Leben hat sich verlangsamt. Zum ersten Mal seit langer Zeit fühlte ich mich geerdet. Es war wunderbar.« Posner erkannte, dass die Art und Weise, wie er über Glück und Erfüllung nachgedacht hatte, ein Irrtum war. »Ich dachte immer, es gäbe eine Endzone oder einen Zielpfosten, an dem ich ankommen würde. Aber das ist nicht wahr. Es gibt keine Endzone. Es ist eine Entscheidung von Tag zu Tag. Wie will ich mich zeigen? Wohin möchte ich meine Energie und Aufmerksamkeit lenken? Wofür möchte ich präsent sein? Es geht darum, diese Fragen aufrichtig zu beantworten – so findet man sein Glück.«

Kurz nachdem er seinen Gewaltmarsch durch die USA beendet hatte, stellte Posner ein Video auf Youtube ein. Es ist mit einem seiner Songs unterlegt, »Live Before I Die«. In der Mitte des Videos erscheint in großen, fetten Großbuchstaben »LIFE IS NOW« auf dem Bildschirm. Vielleicht ist das mehr als alles andere, was Posners Wanderung ihn gelehrt hat und was wir alle lernen können. Geerdet zu sein bedeutet, hier zu sein – wirklich *hier* zu sein – für unser Leben in diesem Augenblick. Ja, Posners lange Wanderung von Küste zu Küste war gewiss dramatisch. Aber Sie können sich auf eine ähnliche Reise begeben, sei es in der Elternschaft, in Ihrer schöpferischen Begabung, in der Kunst, im Sport oder in jedem anderen Bereich. Wenn Sie genau darauf achten, wie Sie Ihre Aufmerksamkeit lenken, erfahren Sie die Kraft des Geerdetseins und des Sich-Verlierens mit Leib und Seele – und erkennen, dass diese vermeintlichen Gegensätze eigentlich ein und dasselbe sind. Wir denken oft darüber nach, wie viele Jahre uns auf Erden vergönnt sind. Aber vielleicht ist es noch wichtiger, wie viel Leben, wie viel Präsenz in diesen Jahren steckt.

NICHT PRODUKTIVITÄT ZÄHLT, SONDERN *PRODUKTIV* ZU SEIN

Als er sich auf den Weg durch die USA machte, erklärte Posner mehrmals: »Ich wandere nicht, um den Leuten zu zeigen, wer ich bin. Ich gehe, um herauszufinden, wer ich sein werde.« Diese Aussage enthält ein entscheidendes Paradoxon der Präsenz. Wenn Sie sich einer bestimmten Sache ganz und gar widmen oder, wie wir hier sagen, präsent sind, gestalten Sie nicht nur Ihre Erfahrung des Hier und Jetzt, sondern auch Ihre Zukunft.

Sehr gut verstanden hat das Erich Fromm, ein deutscher Jude, der vor dem Nazi-Regime floh und 1933 in die Vereinigten Staaten emigrierte. Er war ein Universalgelehrter: ein brillanter Psychologe, Soziologe und humanistischer Philosoph. Im Jahr 1976 schrieb Fromm das Buch *Haben oder Sein*, darin prägte er den Begriff des »produktiven Tätigseins«, das bedeutet, wenn das Tätigsein eines Menschen »eine Manifestation seiner Kräfte ist; wenn dieser Mensch, seine Tätigkeit und das Ergebnis desselben eins sind«. Falls Ihnen das bekannt vorkommt, dann deshalb, weil dem so ist. Fromms produktives Tätigsein ähnelt in auffallender Weise dem, was die Wissenschaftler heute *Flow* nennen, was der Buddhismus Nirvana nennt, der Taoismus als »den Weg« bezeichnet und was die alten Griechen *arête* nannten.

Fromm ging davon aus, dass das produktive Tätigsein nicht nur die besten Arbeitsresultate hervorbringt, sondern auch zum besten Leben führt. Gemäß seiner Theorie bestimmt die Qualität Ihres produktiven Tätigseins das, was Sie heute tun; und was Sie heute tun, bestimmt, wer Sie morgen sein werden. Sein Begriff des produktiven Tätigseins beruht auf einer Grundlage, die er *Konzentration* und *höchste Aufmerksamkeit* nannte – oder was wir als Präsenz bezeichnen. Fromm zufolge müssen Sie, um beste Arbeit zu leisten und Ihr bestes Selbst zu werden, Präsenz kultivieren und diese Präsenz dann auf sinnvolle, produktive Aktivitäten ausrichten. Sein Konzept des produktiven Tätigseins unterscheidet sich stark von der heutigen Vorstellung der produktiven Leistungsfähigkeit. Während Letztere eher hektisch zu nennen ist und zu einem zerstreuten Geist führt, ist Erstere intentional und durchdacht. Produktives Tätigsein hat nichts damit zu tun, sich von einer nimmer endenden Geschäftigkeit mitreißen zu lassen und es geht auch nicht um Quantität.

Vielmehr ist es eine bewusste Entscheidung, wie und wohin man seine Aufmerksamkeit lenkt.

Die Bedeutung dieser Entscheidung kann gar nicht hoch genug eingeschätzt werden. Die Forschung zeigt in zunehmendem Maße, dass das, was wichtig ist, nicht unbedingt unsere Aufmerksamkeit erregt, aber das, dem wir Aufmerksamkeit schenken, bedeutsam wird. Dies spiegelt ein Konzept des alten Buddhismus wider, das oft als *selektive Bewässerung* bezeichnet wird. Kurz gesagt, der Geist enthält eine Vielzahl von Samen: Freude, Integrität, Ärger, Eifersucht, Gier, Liebe, Verblendung, Kreativität und so weiter. Der Buddhismus lehrt, dass wir uns selbst als Gärtner betrachten sollten und unsere Präsenz und Aufmerksamkeit als Nahrung für die Samen. Die Samen, die wir bewässern, sind die Samen, die wachsen, und die wachsenden Samen formen die Art von Menschen, die wir werden. Mit anderen Worten: Die Qualität unserer Präsenz – ihre Intensität und wofür wir sie nutzen – bestimmt unsere Lebensqualität. Mehr als 2000 Jahre nachdem diese buddhistischen Lehren zum ersten Mal aufgezeichnet wurden, sagte der Schriftsteller David Foster Wallace in seiner Rede »This Is Water« vor Universitätsabsolventen am Kenyon College in Ohio im Jahr 2005: »Denken zu lernen bedeutet wirklich, sich so bewusst und gewahr zu sein, um zu entscheiden, worauf man seine Aufmerksamkeit richtet und wie man aus den eigenen Erfahrungen eine Bedeutung herleitet. Denn wenn Sie als Erwachsener diese Entscheidung nicht treffen, werden Sie völlig aufgeschmissen sein.« Foster Wallace hat recht.

Ich hoffe, Ihnen ist inzwischen klar geworden, wie nachteilig sich Ablenkung und wie vorteilhaft sich Präsenz auswirken kann. Die Vor- und Nachteile zu verstehen ist eine Sache, sie in die Praxis umzusetzen eine andere. Präsenz ist kein Automatismus. Nur weil Sie verstehen, was damit gemeint ist, heißt das nicht, dass Sie auch wirklich präsent *sind*. Sie müssen Präsenz trainieren wie einen Muskel. Nahezu alle meine Klienten, die als Führungskräfte tätig sind, haben damit zu kämpfen, abgelenkt zu werden und ununterbrochen beschäftigt zu sein. Manchmal ist das bei mir genauso, und ich glaube, fast alle von uns kennen das. Wir alle möchten präsenter, mehr bei der Sache sein, denn wir alle wissen, welche Vorteile damit verbunden sind. Und doch tun wir uns alle schwer damit, wie wir tatsächlich präsenter in unserem Handeln und Tun *sein* können. Im Folgenden finden Sie ein paar konkrete Übungen, die Ihnen dabei helfen. Es ist nicht leicht, ein Leben, in dem man allzu oft abgelenkt wird, für ein Leben aufzugeben, in dem man präsenter ist. Aber Sie können nach und nach Fortschritte erzielen; es ist der Mühe wert.

PRAKTISCHER TEIL: FINGER WEG VON DEN SÜSSIGKEITEN! SIE LENKEN NUR AB

Sich für Reis und Gemüse zu entscheiden fällt einem schwer, wenn man jederzeit M&M's Schokolinsen vor sich liegen hat. Aber Präsenz, Flow und produktives Tätigsein werden einem nähergebracht, wenn man auf Süßigkeiten, also auf »kulinarische« Zerstreuung, verzichtet. Viele der digitalen Geräte, die unsere Aufmerksamkeit für sich gewinnen wollen, werden von hochqualifizierten Ingenieuren und von Experten für Verhaltenssucht entwickelt, mit dem Ziel, uns süchtig zu machen, und das gelingt ihnen sehr gut. Der ablenkenden Zerstreuung mit diesen Geräten widerstehen zu wollen ist in der Regel ein aussichtsloses Unterfangen. Es mag daher hilfreich sein, Willenskraft als etwas zu betrachten, das nicht in dem entscheidenden Moment angesagt ist, in dem man präsent sein möchte und meint, man benötige diese Kraft jetzt, sondern bereits zeitlich davor. In der vielleicht berühmtesten Szene in Homers Epos *Die Odyssee* will Odysseus, der Hauptprotagonist der Geschichte, den Gesang der Sirenen hören, obwohl er weiß, dass er dadurch nicht mehr in der Lage sein wird, klar zu denken. Die unwiderstehliche Schönheit des Gesangs würde ihn von seiner Aufgabe ablenken und ihn dazu verleiten, sich den feindlich gesinnten Mächten auszuliefern. Also stopft Odysseus seiner Mannschaft Wachs in die Ohren, damit sie die Sirenen nicht hören können, und weist sie an, ihn an den Schiffsmast zu fesseln und ihn unter keinen Umständen zu befreien. Nun kann er den Gesang hören, ohne ihm zu verfallen. In Philosophiekreisen ist dies als Odysseus-Pakt bekannt und besagt, dass Willenskraft allein fast nie ausreicht, wenn wir einer großen Versuchung ausgesetzt sind.

Verlockenden Ablenkungen rechtzeitig aus dem Weg zu gehen erfordert einen zweistufigen Prozess: Legen Sie die Zeiten fest, in denen Sie sich auf Ihre Arbeit konzentrieren oder sich voll und ganz dem Spiel und der Gesellschaft mit anderen widmen wollen, und räumen Sie zuvor alle möglichen Ablenkungen aus.

- Halten Sie sich in Ihrem Kalender Zeiten frei, in denen Sie absolut präsent sein wollen, oder lassen Sie diese Zeitabschnitte Teil Ihrer regelmäßigen Routine werden. Es ist wichtig, dass Sie schon im Voraus wissen, was Sie zu diesen Zeiten tun wollen. Wenn Sie nicht genau planen und festlegen, was Sie tun wollen, lassen Sie sich in Ihrer Präsenz zu leicht ablenken und sind folglich nicht ganz bei der Sache.
- Überlegen Sie, wo Sie Ihre digitalen Geräte aufbewahren und was Sie sonst noch ablenken könnte. Allein der bloße Anblick mancher Geräte wie Smartphones oder Computer kann Ihre Präsenz beeinträchtigen, es reicht daher nicht aus, sie auszuschalten. Nur das Sprichwort »Aus den Augen, aus dem Sinn« bedeutet *tatsächlich* aus dem Sinn. Ich hatte schon mit Klienten zu tun, die ihre Handys und Computer in den Keller legten oder ihr Büro verließen, um in Cafés zu gehen, ohne über das Netz erreichbar zu sein. Dieser Schritt ist insbesondere dann wichtig, wenn Sie dazu neigen, Ihre E-Mails, Likes, Retweets oder Kommentare in den sozialen Medien zu checken. Denken Sie daran: Das Wischen über das Display, um nach solchen Mitteilungen zu suchen, ähnelt einem existenziellen Glücksspielautomaten. Es fällt einem schwer, sich auf etwas anderes zu konzentrieren als auf das Spielen, wenn man in einem Casino ist.
- Wundern Sie sich nicht, wenn es Ihnen zunächst schlechter geht, bevor Sie sich besser fühlen. Wenn Sie es gewohnt sind, ständig an Ihrem Smartphone, Tablet und dergleichen zu kleben, kann es für Sie zu einem Problem werden, sie zurückzulassen. Legen Sie zu Beginn kurze Zeitabschnitte fest, in denen Sie definitiv nicht abgelenkt werden wollen, und wenn es nur 20 Minuten sind; anschließend erhöhen Sie allmählich die Dauer. Psychologen bezeichnen das als sogenannte Expositions- und Reaktionsprävention (ERP) und sie ist der Goldstandard bei Angstzuständen. Sie setzen sich der Sache aus,

die Sie beklommen macht, zeigen aber bewusst nicht die Reaktion, die sonst Ihren verängstigten Zustand lindern würde. In diesem Fall besteht die Exposition darin, dass Sie völlig präsent sind, ohne auf Ihr Gerät zu schauen oder daran zu denken, was vorher war und was noch kommen mag. Und Sie unterrücken bewusst die Reaktion, auf Ihr Smartphone zu schauen oder sich Sorgen zu machen.

- Mithilfe von ERP können anfangs mehr Angstgefühle oder beunruhigende Gedanken auftauchen, aber das legt sich mit der Zeit. Dies zu wissen ist hilfreich, vor allem, wenn Ihnen diese Methode zunächst schwerfällt. Bleiben Sie trotzdem bei der Übung. Nach ein paar Wochen wird Ihr Gehirn wieder lernen, dass die Welt nicht untergeht, wenn Sie Ihr Handy zurücklassen und Sie sich nicht unentwegt Gedanken über die Vergangenheit oder die Zukunft machen müssen. Infolgedessen können Sie sich besser auf den gegenwärtigen Moment einlassen, ohne sich ablenken zu lassen. Sie erledigen Ihre Arbeit auf sinnvollere Weise, fühlen sich standfester und werden erfüllter und zufriedener sein.
- Ein letzter Hinweis: Nehmen Sie sich ein paar Minuten Zeit, um sich zu konzentrieren und ganz bei der Sache oder präsent zu sein. Ähnlich wie Süßigkeiten sind Zerstreuungen in solchen Momenten fast immer die größere Verlockung. Es dauert etwas, bis man ein gutes Gefühl hat, wenn man Reis statt Bonbons isst. In neun von zehn Fällen, in denen ich mich an den Schreibtisch gesetzt habe, um an diesem Buch zu arbeiten, wäre es wesentlich einfacher gewesen, zu twittern, E-Mails zu beantworten oder auf News- und Politikseiten zu surfen. Aber nach ein paar Minuten, in denen ich in einen Rhythmus gefunden hatte, war ich stets froh, dass ich schrieb und mich nicht diesen anderen Dingen widmete.

Wenn es eine gute Sache ist, präsent zu sein, dann müsste es doch besser sein, so könnte man meinen, noch stärker präsent zu sein. Warum also nicht versuchen, den ganzen Tag über Zerstreuungen aus dem Weg zu gehen? Das ist zwar ein hehres Ziel, aber für viele von uns, mich eingeschlossen, ist es unrealistisch. Am Ende erliegen wir der Versuchung des Neuen, lassen uns ablenken und schimpfen mit uns selbst, weil wir es zugelassen haben. Ich schlage meinen Klienten eine andere Herangehensweise vor: Sie sollen sich Zeiten für ungestörtes Arbeiten und private Kontakte reservieren, und was dann am Rest des Tages geschieht, passiert halt. Wenn meine Klienten ihre E-Mails unzählige Male checken, ist das in Ordnung, solange sie es nicht dann tun, wenn sie präsent sein wollen. Statt fortwährend zu scheitern oder zu versuchen, ein nachteiliges Ergebnis zu vermeiden (sich nicht ablenken zu lassen), entwickeln sie auf diese Weise ein Erfolgsmuster und erreichen ein positives Resultat (das Gefühl, völlig präsent zu sein). Mit der Zeit verlieren Ablenkungen immer mehr von ihrem Reiz, je stärker Sie sich einer bestimmten Angelegenheit oder einer Person hingeben. Diese Methode führt Sie zu einem Leben in voller Präsenz.

Einer meiner ehemaligen Coaching-Klienten, Tim, war ein sehr erfolgreicher Verkäufer, der daran gewöhnt war, rund um die Uhr online zu sein. Obwohl es ihm nicht behagte, wie er sich dabei fühlte, konnte er sich kaum vorstellen, auf andere Art und Weise zu leben. Wir begannen damit, dass er sich dazu verpflichtete, zweimal 30 Minuten am Tag hochkonzentriert zu arbeiten und abends um acht Uhr sein Handy auszuschalten und in eine Schublade zu legen. Nach vier Monaten gemeinsamer Zusammenarbeit verbrachte Tim an den meisten Tagen dreimal 90 Minuten damit, seine Arbeiten fokussiert zu erledigen, und legte sein Telefon um halb sieben abends beiseite. Allmählich merkte er, dass er umso besser arbeitete und sich zudem umso besser fühlte, je mehr er bei der Sache war. »Die ersten ein oder zwei Wochen waren hart. Es machte mich auf jeden Fall nervös, dass ich etwas verpassen könnte, und ich verspürte den Drang, meine E-Mails abzurufen. Aber ich bin standhaft geblieben.« Schließlich lernte er, Reis und Gemüse lieber zu essen als M&M's. »Ich erkannte, dass ich mir etwas vorgemacht hatte: Die meisten E-Mails und Nachrichten müssen nicht sofort beantwortet werden und das meiste andere kann gut ein paar Stunden warten.« Als Tim wieder gelernt hatte, aufmerksam und präsent zu sein, gewann er viele Stunden seines Lebens zurück. Er verbrachte mehr Zeit mit den Beschäftigungen und den Menschen, die ihm wichtig waren beziehungsweise viel bedeuteten, und weniger Zeit mit flüchtigen und oberflächlichen Dingen. Er merkte, dass er auf festerem Boden stand.

Tims Geschichte stellt eine wichtige Lektion dar. Klein anzufangen und sich allmählich zu steigern ist der beste Weg zu einem Leben, in dem man ohne Ablenkungen auskommt. Beginnen Sie mit Minuten, gehen Sie zu Stunden, später zu Tagen über.

PRAKTISCHER TEIL: SURFEN AUF DEN WELLEN DER ABLENKUNG

Sie werden sich nicht immer wie Odysseus an den Mast binden lassen oder allen Ablenkungen aus dem Weg gehen und Ihre Gedanken, Gefühle und Triebe – die oft die Konzentration unterbrechen – kontrollieren können. Möglich ist jedoch, die Versuchung, sich zerstreuen zu lassen oder an etwas anderes zu denken, lediglich zu antizipieren und bewusst *nicht* darauf zu reagieren. »Jedes Mal, wenn Sie auf einer Welle des Verlangens reiten, ohne sich ihr hinzugeben«, sagt der Neurowissenschaftler Judson Brewer von der Brown University, »lassen Sie dieses Verlangen nicht weiter von Ihnen Besitz ergreifen.« Im Grunde lernt man, den Drang nach Süßigkeiten zu verspüren, ohne sie essen zu müssen. »Diese Wellen sind wie ein umgekehrtes »U« – man spürt, wie sie ansteigen, sich auftürmen und wieder in sich zusammenfallen«, sagt Brewer. Ihre Aufgabe ist es, auf den Wellen zu reiten.

Wenn Sie das Surfen auf diesen Wogen der Ablenkung üben, wird es Momente geben, in denen Sie ihnen erliegen. Sie werden Ihr Smartphone und Ihre E-Mails checken oder in die sozialen Medien eintauchen, über die Vergangenheit nachdenken oder sich Sorgen über die Zukunft machen. Das ist nicht schlimm. Achten Sie nur darauf, wie Sie sich währenddessen und danach fühlen. Wahrscheinlich geht es Ihnen eine Zeit lang gut, aber dann, wie nach dem Verzehr von zu viel Schokolade, fühlen Sie sich wieder mies. Je mehr Sie diese Unzufriedenheit spüren, die Sie an einem der Tage, an dem sie sich haben ablenken oder in Ihrer absoluten Präsenz haben stören lassen, empfinden, desto leichter wird es, die nächste Welle der Ablenkung zu reiten, ohne von ihr verschluckt zu werden. Im Prinzip trainieren Sie Ihr Gehirn darauf, derartige Zerstreuungen als sinnloses Rauschen und nicht als bedeutungsvolle Signale zu erkennen.

Auch die Rückseite der Medaille ist wahr: Es hilft, die eigene Präsenz intensiv zu spüren. Das klingt selbstverständlich, aber wenn Sie dazu übergehen, präsenter zu sein, werden Sie vielleicht feststellen, dass Sie dermaßen schnell aus dem Flow in die Welt der Ablenkungen zurückkehren, dass Sie gar nicht mehr zu schätzen wissen, was für ein tolles Gefühl es gewesen ist, »im Tunnel zu sein«. Gönnen Sie sich nach einer Zeit, in der Sie völlig präsent waren, ein paar Augenblicke, um über Ihre Erfahrung nachzudenken. Eine einfache Methode, die ich meine Klienten oft anwenden lasse, ist das Führen eines Tagebuchs. Schreiben Sie in ein paar Worten auf, wie Sie Ihre absolute Präsenz erlebt haben. Je mehr Sie über diese Erfahrung nachdenken und sie verinnerlichen, desto weniger lassen Sie sich fortan ablenken. Sie erkennen intuitiv, dass die inhaltsleeren und flüchtigen Belohnungen (die »Süßigkeiten«), die Ihnen durch Zerstreuung – stundenlang E-Mails, Likes, Kommentare und Retweets lesen – beschert werden, im Vergleich zu dem weitaus gehaltvolleren Geschenk verblassen, wenn Sie den wichtigen Menschen und Angelegenheiten in Ihrem Leben mit ganzer Aufmerksamkeit begegnen.

PRAKTISCHER TEIL: ACHTSAM WERDEN

Wenn Sie an Meditation denken, sehen Sie vielleicht vor Ihrem geistigen Auge jemanden im Schneidersitz mit geschlossenen Augen in einem Zustand der Glückseligkeit. So wird das Meditieren in den Medien oft dargestellt, zumindest in der westlichen Welt. Aber eine solche Darstellung führt zu dem Missverständnis, der Hauptzweck der Meditation sei es, Ihnen beim Entspannen zu helfen. Dies könnte nicht weiter von der Wahrheit entfernt sein. Achtsamkeit, die Art der Meditation, die wir hier erörtern, führt zu Weisheit und Mitgefühl und zur Präsenz, die es ermöglicht, ganz im Leben zu sein.

Jedes Mal, wenn Sie ruhig und in Stille sitzen und sich auf Ihren Atem fokussieren wollen, tauchen viele – oft unangenehme – Gedanken, Empfindungen und Triebe auf. Achtsamkeit zu praktizieren bedeutet, sich nicht auf diese Gedanken und dergleichen einzulassen und sich stattdessen wieder auf das Atmen zu konzentrieren. »Sie tun nichts anderes, als zu sehen und loszulassen, sehen und loslassen, manchmal unermüdlich und schonungslos, wenn es sein muss ... Einfach sehen und loslassen, sehen und sein lassen«, schreibt der Meditationslehrer Jon Kabat-Zinn.

Achtsamkeit lehrt uns, einen Juckreiz, ob nun körperlich oder im übertragenen Sinn, hinzunehmen, ohne, wie der Volksmund sagt, dass es einen juckt. Man sieht und spürt ihn, ignoriert ihn lächelnd und konzentriert sich wieder auf das Atmen. Sie werden feststellen, dass das meiste Jucken von selbst verschwindet, wenn man die entsprechenden Stellen nicht kratzt. Regelmäßiges Achtsamkeitstraining führt dazu, dass viele der sprichwörtlichen Juckreize in Ihrem Leben ihre Macht über Sie verlieren, sodass Sie Ihre Konzentration nahtloser dorthin lenken können, wo Sie sie haben möchten. Sie werden dann Ablenkungen – sowohl äußere als auch innere – wahrnehmen und Ihre Aufmerksamkeit unvoreingenommen auf das Wesentliche lenken, statt auf alles zu reagieren, was Ihnen über den Weg läuft. Dies geschieht nicht über Nacht. Sie müssen regelmäßig üben.

»Den Einfluss gewohnheitsmäßiger Gedankenmuster zu brechen erfordert ununterbrochene Achtsamkeit, die über einen beliebigen Zeitraum hinweg wiederholt praktiziert werden muss«, schreibt der Mönch Bhante Gunaratana. »Ablenkungen sind in Wirklichkeit Papiertiger. Sie haben keine eigene Macht und müssen ständig gefüttert werden, sonst sterben sie.« Die neueste Wissenschaft bestätigt das. Studien zeigen, dass Aufmerksamkeit einem Muskel gleicht. Wenn man jetzt, in diesem Moment aufmerksam ist, wird das Geschick, auch in Zukunft wachsam zu sein, verfeinert. Desgleichen gilt: Wenn Sie sich jetzt zerstreuen lassen, ist es wahrscheinlicher, dass es auch künftig so sein wird.

Sie können Achtsamkeit sowohl mit regulärem Training als auch ganz locker und zwanglos üben.

- **Reguläres Training:** Stellen Sie einen Timer zwischen 3 und 45 Minuten ein und setzen oder legen Sie sich bequem hin. Fangen Sie klein an und steigern Sie nach und nach die Trainingsdauer. Es empfiehlt sich, mit ein paar Minuten formalen Trainings pro Tag zu beginnen und es konsequent beizubehalten, statt sich sofort etwas Größeres vorzunehmen und jedes Mal dabei zu scheitern. Richten Sie als Nächstes Ihre Aufmerksamkeit auf Ihren Atem, wo immer Sie ihn am stärksten spüren, sei es in der Nase, in der Brust oder im Bauchraum. Wenn Ihre Aufmerksamkeit von Ihrem Atem zu irgendwelchen Gedanken, Empfindungen oder was auch immer abschweift, nehmen Sie das ohne zu urteilen einfach so hin und lenken Ihre Aufmerksamkeit wieder zurück auf Ihren Atem. Wenn Sie sich selbst dafür verurteilen, dass Sie sich haben ablenken lassen, versuchen Sie nicht, sich dafür zu verurteilen, dass Sie sich verurteilen! Achten Sie nur auf das, was geschieht, und beobachten Sie, wie sich alles entfaltet, ohne dass Sie sich an etwas klammern. Mehr gibt es nicht zu tun. Diese Achtsamkeitspraxis ist simpel und schwierig zugleich. Wenn Sie sich mit dem Meditieren schwertun, ist das nicht weiter tragisch. Es ist ein Zeichen dafür, dass Sie sich verbessern. Allein zu erkennen, wie schwierig es mitunter ist, sich auf den eigenen Atem zu konzentrieren, ohne sich ablenken zu lassen, ist an sich schon eine zentrale und wertvolle Einsicht. Und Sie entwickeln Empathie für sich selbst, wenn Sie erkennen, wie oft wir uns selbst verurteilen und dass es uns kaum etwas nutzt. Mit der Zeit lernen Sie vielleicht sogar, über all diesen mentalen Tratsch in Ihrer Schaltzentrale namens Gehirn zu lachen.

- **Zwanglose Achtsamkeitspraxis** bedeutet, dass Sie im Laufe des Tages merken, wenn Ihre Aufmerksamkeit für etwas oder jemanden, für das oder den Sie ganz da sein wollen, abschweift und Sie sie dann sachte wieder fokussieren.

Sowohl die zwanglose als auch die reguläre Achtsamkeitsübung verfolgt nicht das Ziel, niemals zerstreut zu sein. Selbst Menschen, die sich lebenslang dem Dasein als Mönch verschreiben, unterliegen den Fallen, die zu einem abgelenkten Geist führen. Das Ziel ist vielmehr, schneller zu bemerken, wenn man abgelenkt ist, ohne sich darüber aufzuregen, sodass man seine Aufmerksamkeit dorthin lenken kann, wo man sie haben möchte. Das Ergebnis ist, dass Sie am Ende besser von Ihrer Aufmerksamkeit und somit auch besser von Ihrem Leben profitieren.

Eine formale Achtsamkeitsmeditation kann auch mit der in Kapitel 2 beschriebenen Sichtweise eines klugen Beobachters kombiniert werden. Sie können in den ersten Minuten daran arbeiten, noch präsenter zu sein, indem Sie immer wieder zu Ihrem Atem zurückkehren, anschließend Ihr Zoom herausfahren und die größere Perspektive eines weisen Beobachters einnehmen. Das funktioniert natürlich auch in umgekehrter Richtung.

PRAKTISCHER TEIL: ERSTELLEN SIE EINE NOT-TO-DO-LISTE

Wir wissen nicht genau, wann es war, aber im Laufe des 13. Jahrhunderts schrieb der chinesische Zen-Meister Wumen Huikai: »Ist der Geist nicht von unnötigen Gedanken getrübt, ist dies die beste Zeit des Lebens.«

Hukais Erkenntnis kam mir im Jahr 2019 in den Sinn, als ich mit einer Klientin namens Michelle zu arbeiten begann. Michelle ist eine leitende Angestellte in einem großen Unternehmen. Sie weiß, von welch zentraler Bedeutung es ist, präsent zu sein, hatte aber Schwierigkeiten, genau das zu sein, als sie befördert wurde und mehr Projekte und mehr ihr direkt unterstellte Mitarbeiter bekam. Das Ganze lief darauf hinaus, dass Michelle das Gefühl hatte, ihren Tag kaum oder gar nicht mehr unter Kontrolle zu haben. Mit der Zeit führte ihre jobbedingte Belastung und Zerstreutheit immer mehr dazu, dass sie in einen Burnout abdriftete. Sie steckte ihre Zeit, ihre Energie und ihre Konzentration nicht mehr in das, was sie zu tun gedachte, was schließlich Frust, Verbitterung und Wut in ihr auslöste. Ihre Kollegen bemerkten das und auch ihrem Lebenspartner entging das nicht. Michelle kümmerte sich nicht um die Samen in ihrem Leben, die sie eigentlich gießen wollte, und das machte sich bemerkbar.

Ich bat sie, mir alles zu erzählen, was ihr in ihrem Job zuwider war – all die Dinge, die kaum oder gar keinen Wert haben – und die sie aus der Bahn warfen. Sie machte eine lange Liste. Dann fragte ich sie, warum sie nicht einfach aufhört, all das zu tun, was auf der Liste steht. Sie stand meinem Vorschlag eher skeptisch gegenüber, was zum Teil an ihren Gewohnheiten lag (»Das habe ich schon immer so gemacht«). Wir hätten daran arbeiten können, dies sofort abzustellen. Aber einige der Punkte auf Michelles Liste betrafen andere Menschen. Sie befürchtete, ihre Kollegen vor den Kopf zu stoßen, wenn sie ihre Bedenken darüber äußerte, dass ihre Zusammenarbeit teilweise sinnlos und nicht zielführend sei. Das sei verständlich, sagte ich. Ich fragte, wie sicher sie sich sei, dass sie den Wert dessen, was sie auf ihrer Liste aufführte, richtig einschätze. »Oh, ich bin mir ziemlich sicher. Fast alles davon ist Unsinn«, antwortete sie. Anschließend fragte ich sie, ob ihre Kollegen vielleicht das Gleiche dächten, ob sie vielleicht Angst hätten, sie mit all dem Nonsens zu konfrontieren, und zwar aus den gleichen Gründen, aus denen sie ihnen nicht zu nahetreten wollte. Ihre Augen begannen zu leuchten. »So habe ich das noch nie gesehen«, erwiderte sie.

In den folgenden Wochen begann Michelle, offene und aufrichtige Gespräche mit ihren Mitarbeitern zu führen. Es gelang ihr, fast 70 Prozent der nutzlosen Aufgaben auf ihrer Liste zu streichen. Nicht nur sie fühlte sich befreiter und präsenter für das, was wirklich zählte, sondern auch alle in ihrem Team.

Es ist erstaunlich, wie viel unserer Zeit und Energie und damit auch unserer Aufmerksamkeit wir für Aufgaben aufwenden, die uns nicht guttun. Dabei kann es sich um gewohnheitsmäßige Beschäftigungen oder Tätigkeiten handeln, die einmal nützlich und sinnvoll waren, es heute aber nicht mehr sind. Oder es handelt sich, wie in Michelles Fall, um Aufgaben oder Arbeiten, in die andere involviert waren. Oft kommen nur wir selbst uns in die Quere, wenn es darum geht, sich mit gezielter Aufmerksamkeit in diese Dinge zu vertiefen. Aber das lässt sich ändern, vor allem wenn wir uns bewusst machen, dass viel auf dem Spiel steht. So wie wir unsere Stunden verbringen, verbringen wir auch unsere Tage; die Schriftstellerin Annie Dillard hat es auf den Punkt gebracht: »Wie wir unsere Tage gestalten, ... gestalten wir unser Leben.«

In Kapitel 2 haben wir unsere Grundwerte definiert und über einige der Handlungen nachgedacht, die ihnen zuarbeiten. Es ist der Mühe wert, sich regelmäßig zu fragen, ob Sie Ihre Aufmerksamkeit und Energie auf eine Art und Weise steuern, die mit diesen Werten übereinstimmt. Was können Sie – sowohl im privaten als auch im beruflichen Bereich – in Ihrem Leben ändern, damit Sie weniger Stunden mit oberflächlichen und mehr Zeit mit sinnvollen Beschäftigungen verbringen? Welche Samen gießen Sie regelmäßig, die Sie gar nicht pflegen wollen? Wie können Sie sich mehr Freiraum verschaffen, um die Samen zu wässern, die Sie wirklich gießen wollen? Erstellen Sie wie Michelle eine Liste und scheuen Sie sich nicht, einige Punkte rücksichtslos zu streichen. To-do-Listen können zwar nützlich sein, aber wenn sie zu schwierig abzuarbeiten sind, schränken sie uns in unserer Präsenz ein, halten uns von ergiebigem Handeln und Tun ab und lenken unsere Aufmerksamkeit stattdessen auf eine anspruchslose Beschäftigung oder auf das, was Seneca »müßige Geschäftigkeit« nannte. Wenn Sie Ihre Präsenz zurückgewinnen wollen, ist es in der Regel effektiver, eine »Not«-to-do-Liste zu erstellen.

PRÄSENZ ALS FUNDAMENT FÜR DIE ZUKUNFT

Präsent sein bedeutet nicht nur, im Hier und Jetzt geerdet zu sein – das heißt, sich nicht von endlosen Ablenkungen herumschubsen zu lassen –, sondern auch, ein Fundament für die Zukunft zu legen. Präsenz ermöglicht es Ihnen, Ihre persönliche Entwicklung aktiv zu steuern, statt sich vom Strom treiben zu lassen. Wenn Sie in Bezug auf jemanden oder etwas völlig präsent sind, handeln sie sinnvoll und ergiebig, statt sich gedankenlos und träge in irgendetwas zu versteigen.

Außerdem haben wir gelernt: Wenn Sie im Flow sind – oder was Buddha einst Nirwana und die Taoisten den Weg nannten –, scheint die Zeit sich gänzlich zu verflüchtigen. Das ergibt auch Sinn. Denn absolut präsent zu sein bedeutet, weder zurück- noch vorauszudenken. Sie machen sich keine Gedanken darüber, ob Sie ins Hintertreffen geraten oder was Sie sonst noch alles zu tun haben, sondern Sie existieren schlicht und ergreifend im Hier und Jetzt. Wenn Sie üben, präsent zu sein, agieren Sie künftig weniger hektisch und haben es nicht mehr so eilig, sondern können alles ruhiger und geduldiger angehen. Das ist das Prinzip der Bodenständigkeit, dem wir uns als Nächstes zuwenden werden.

KAPITEL 4

MIT GEDULD SCHNELLER ANS ZIEL

Donna begann in den frühen 1990er-Jahren direkt nach dem College für ein Fortune-100-Unternehmen zu arbeiten. Zwei Jahrzehnte lang stieg sie in den Führungsriegen auf und übernahm nach und nach immer mehr Verantwortung. Im Jahr 2016 wurde ihr die größte Beförderung ihrer Karriere zuteil, die sie am wenigsten erwartet hatte: Sie bekam die Chance, in die Vorstandsebene zu gelangen, wo sie eine von nur acht Führungskräften in einem Unternehmen mit Tausenden von Mitarbeitern und Niederlassungen auf der ganzen Welt sein würde. Außerdem wäre sie die einzige Frau und die einzige Afroamerikanerin in der Teamführung, was einige ihrer Kollegen ehrerbietig als *double only* (»die Einzige, die auf zwei Hochzeiten tanzt«) bezeichneten. Kurz nachdem sie die Stelle angenommen hatte, trafen wir uns zu unserer ersten Coaching-Sitzung. Sie sagte mir, dass sie sich das niemals hätte vorstellen können. »Ich habe mich einfach von meinen Interessen leiten lassen und versucht, mit guten Leuten zusammenzuarbeiten. Ich bin wohl eher zufällig eine Führungskraft geworden; das alles kommt mir sehr surreal vor«, sagte sie. Donna hatte zwar schon früher hohe Führungspositionen gehabt, aber das war nichts im Vergleich zu dem hier.

Donnas neue Position verdankte sie zum Teil dem Umstand, dass sie große Projekte bis zum Ende durchziehen konnte. Sie hatte sich den Ruf erworben, die Arbeit in einem riesengroßen Unternehmen voranzutreiben, und wenn es nicht im richtigen Tempo voranging, brachte sie sich ein, um die Aufgabe zu erledigen. Sie war eine Macherin von Weltklasse und hatte ein echtes Talent dafür, Dinge ins Rollen zu bringen. Das mag auch vorteilhaft sein, wenn man 10, 100 oder vielleicht sogar 1000 Menschen leitet. Aber wenn Sie Zehntausende von Menschen führen, wenn Sie am Ruder eines großen Schiffs stehen und durch ständig wechselnde Strömungen steuern, dann kann der Wunsch, etwas auf die Beine zu stellen, einem selbst tatsächlich im Weg stehen. In ihrer neuen Führungsrolle war Donna am Ende jedes Mal frustriert, wenn sie versuchte, etwas zu erzwingen oder durchzusetzen. Sie war gestresst, arbeitete endlose Stunden und fand kaum Schlaf. Trotz all ihrer Bemühungen kamen die Pläne und Projekte, die sie forcieren wollte, in der Regel nicht schneller voran, wenn überhaupt, ging es mit einigen von ihnen sogar langsamer.

Donna erlebte, was so viele meiner Klienten, die im Berufsleben leitende Angestellte sind, durchmachen, wenn sie zum ersten Mal eine Führungskraft sind, und was wir alle erfahren, wenn wir uns anstrengen, um ein wichtiges Ziel zu erreichen. Wir wollen sofort Ergebnisse sehen, möchten uns wohlfühlen und die Kontrolle haben, Probleme lösen und Dinge in Ordnung bringen. Es stimmt schon – eine solche Einstellung, ein entscheidendes Element des heroischen Individualismus, hat in bestimmten Situationen mitunter eine Wirkung wie Raketentreibstoff und bringt uns mit Höchstgeschwindigkeit voran. Aber in vielen anderen Situationen ist sie kontraproduktiv. Um effektiv zu sein und nicht ihre Mitte zu verlieren, musste Donna einen neuen Führungsstil erlernen, eine neue Art des Seins. Sie musste lernen, sich in Geduld zu üben.

Wie Sie sehen, ist die Art von Geduld, die ich meine, nicht gleichbedeutend mit endloser Warterei, die zu nichts führt. Diese Art von Geduld erfordert vielmehr eine wohlüberlegte und stetige Beharrlichkeit, alles kurzfristig langsamer anzugehen, um langfristig schneller voran- und weiterzukommen. Donna und ich bezeichnen es als den Unterschied zwischen etwas zu ermöglichen und etwas geschehen zu lassen. Oder anders formuliert: den Unterschied zwischen willentlichem Eingreifen und Durchsetzen des eigenen Willens und Zurückhaltung zu üben, bis die Dinge sich beizeiten entwickeln. Obwohl es für beide Strategien eine Zeit und einen Ort gibt, entscheiden sich die meisten Menschen für Erstere, auch wenn Letztere eigentlich optimal wäre.

Das dritte Prinzip der Bodenständigkeit ist *Geduld*. Geduld ermöglicht, weniger hektisch zu sein und akute Situationen nicht überzubewerten, sondern alles mit genügend Zeit in Angriff zu nehmen. Auf diese Weise verleiht uns Geduld mehr Standfestigkeit, ausreichend Kraft und anhaltende Weiterentwicklung.

MANCHMAL TUT GEDULD AUCH WEH

Im Jahr 2014 hatte der Sozialpsychologe Timothy Wilson an der University of Virginia in Charlottesville den Eindruck, dass die Menschen – heute vielleicht mehr denn je – nur ungerne warten. Um herauszufinden, ob er mit seiner Vermutung richtig liegt, rekrutierte Wilson Hunderte von Studenten und Gemeindemitgliedern, um an, wie er es nannte, »Denkphasen« teilzunehmen. Die Probanden sollten sich 15 Minuten lang in leeren Räumen aufhalten, ohne durch irgendetwas abgelenkt zu werden. Ihre Smartphones, Laptops und Notebooks wurden ihnen für diese Viertelstunde abgenommen. Wilson bot den Teilnehmern zwei Möglichkeiten an: sitzen bleiben und die 15 Minuten abwarten oder sich selbst einen starken Stromschlag versetzen und wieder gehen dürfen. Das Ergebnis war im wahrsten Sinne des Wortes schockierend: 67 Prozent der Männer und 25 Prozent der Frauen zogen es vor, sich selbst einem Elektroschock auszusetzen – oft mehrmals –, statt stillzusitzen und zu warten. Dabei handelte sich nicht um selbst ernannte Masochisten. Vor dem Experiment gaben alle Teilnehmer an, dass sie eher einen Geldbetrag entrichten würden, um sich nicht unter Strom setzen zu lassen. Doch als es darum ging, still zu sitzen und zu warten – wie gesagt, nur eine Viertelstunde–, zogen es die meisten Männer und eine beträchtliche Anzahl der Frauen vor, Strom durch ihren Körper fließen zu lassen.

Wilsons Vermutung war richtig. Die Ergebnisse seiner Studie zeigen klar und deutlich, dass der Mensch Langeweile nicht mag und sich mit dem Warten schwertut. Es überrascht, dass die Teilnehmer in Wilsons Studie Schmerz in Kauf nahmen, um das Warten zu umgehen, doch das ist nicht das eigentliche Thema. Unsere Gesellschaft legt heute großen Wert auf Ergebnisse. Wir bestellen Lebensmittel per Mausklick und erwarten, dass sie in wenigen Minuten vor unserer Haustür stehen. Wir lesen Tweets, die gerade einmal 280 Zeichen lang sind, statt ausführliche Artikel investigativer Journalisten. Uns wird unablässig eine Vielzahl schneller Lösungen und »Lebenstipps« angepriesen. Der heroische Individualismus schmachtet nach Reichtum, Gesundheit und Glück – alles muss sofort und auf der Stelle parat sein! Manche wollen sogar ewig leben und sind von der Idee der Langlebigkeit besessen – paradox dabei ist nur, dass sie sie auf der Stelle und in Form einer Wunderpille, magischer Ernährung oder einer anderen Art von Wunder- oder Schnellschusslösung herbeiführen wollen.

Untersuchungen des Marktforschungsunternehmens Forrester zeigen Folgendes: Im Jahr 2006 erwarteten Onlinekäufer, dass Webseiten in weniger als vier Sekunden geladen werden; drei Jahre später war diese Zahl auf zwei Sekunden gesunken. Im Jahr 2012 sprach sich unter den Ingenieuren bei Google herum, dass Internetnutzer davon ausgingen, Suchergebnisse sollten innerhalb von nur zwei Fünftel einer Sekunde geladen werden, also etwa in der kurzen Zeit eines Augenblinzelns. Und nichts deutet darauf hin, dass diese Tendenz abnimmt. Der Autor Nicholas Carr, dessen Buch *Surfen im Seichten* die weitreichenden Konsequenzen des Internets erforscht, sagt: »Da unsere Technologien die Intensität der Anreize und den Fluss neuer Informationen erhöhen, passen wir uns diesem Tempo an. Wir werden ungeduldig. In Momenten ohne Anreiz geraten wir in Panik und wissen nicht, wie wir damit umgehen sollen, weil wir uns antrainiert haben, Anreize zu erwarten.« Ein vorausschauender Bericht aus dem Jahr 2012 mit dem Titel »Millennials Will Benefit and Suffer Due to Their Hyperconnected Lives« (Millennials werden von ihrem übermäßig vernetzten Leben profitieren und darunter leiden), der vom Internet and American Life Project des Pew Research Center durchgeführt wurde, sagte voraus, eine Nebenwirkung unserer vernetzten Welt sei die »Erwartung der sofortigen Befriedigung«. Ich schreibe »Nebenwirkung«, weil es genau das ist. An schneller Technologie an sich ist nichts auszusetzen – ich verlasse mich darauf und bin genauso frustriert wie jeder andere, wenn sich die Sanduhr auf dem Bildschirm, auf den ich gerade schaue, nicht schnell genug leert. Aber problematisch kann es werden, wenn wir diese Art von Geschwindigkeit, ständigem Reiz und sofortiger Befriedigung in anderen Lebensbereichen erwarten.

Im Allgemeinen gilt das bekannte Sprichwort: Gut Ding will Weile haben. Geduld ist von Vorteil, sei es in der Leichtathletik, im Geschäftsleben, beim kreativen Schaffen, in der Wissenschaft und in zwischenmenschlichen Beziehungen. Im Silicon Valley heißt es: *Move fast and break things* (»Bewege dich schnell und zerstöre Dinge.«) Wie jedoch die Misserfolge und die ungewollten nachteiligen Auswirkungen so vieler Silicon-Valley-Firmen zeigen, endet man mit dem, was man mit dieser Einstellung erreicht, oft am Boden zerstört. Geduld zu entwickeln dient als Puffer, um sich nicht in frenetischer Energie und Angst zu verlieren. Geduld hilft, der Versuchung zu widerstehen, stets nach Neuem zu suchen und dauernd den Kurs zu ändern. Geduld möchte uns dazu erziehen, verlässlich und aufmerksam zu sein, auch wenn alles nur langsam zu laufen scheint. Sie animiert uns, langfristig zu denken, und lässt uns erkennen, wann es ratsam ist, bestimmten Situationen Zeit zu geben, um sich entfalten zu können. Geduld hilft uns sogar auch, im Moment schnell zu handeln. Einer meiner engsten Freunde, Justin, ist Arzt in der Notaufnahme in Oakland, Kalifornien. Sein Mantra bei Trauma-Fällen, bei denen es auf jede Sekunde ankommt, lautet: »Geh langsam, um schnell das Richtige zu tun.«

Nehmen wir ein Thema, das den meisten zumindest halbwegs vertraut ist: Diäten. Viele, die Pfunde loswerden wollen, wechseln pausenlos zwischen verschiedenen Diäten: fettarm, kohlenhydratarm, South Beach, Atkins, DASH, Zone, Ornish, Keto, Intervallfasten – die Liste ließe sich beliebig fortsetzen. Es geht nicht darum, dass diese Diäten nicht funktionieren, allerdings ist der ständige Wechsel zwischen den Diäten dem Abnehmen abträglich. Eine Studie der Stanford University aus dem Jahr 2018 verglich fettarme und kohlenhydratarme Diäten und verfolgte die nach dem Zufallsprinzip ausgewählten Teilnehmer ein Jahr lang. Der beste Indikator für den Gewichtsverlust war nicht, welcher Diät die Teilnehmer zugewiesen wurden, sondern ob sie sich an den Ernährungsplan hielten. Abgesehen von unbesonnenen Bemühungen ist die beste Diät diejenige, die Sie einhalten können. Das ist alles, was Sie wissen müssen. Leicht zu verstehen, aber schwer zu praktizieren. In einem Artikel in der *New York Times* über diese und andere Ergebnisse experimenteller Ernährungsstudien schreibt Aaron Carroll, ein Forscher an der Indiana University School of Medicine, »langfristig erfolgreiche Diäten führen am wahrscheinlichsten von allen langsame und stetige Veränderungen herbei«.

Natürlich geht es nicht nur um Diäten. Das Gleiche gilt für so ziemlich jede Veränderung, die von Dauer sein soll, sei es die persönliche Performance, die eigene Gesundheit oder das Gefühl, glücklich zu sein. Geht man zu überstürzt an den Prozess heran oder erhofft sich zu schnell Resultate, wird man am Ende immer enttäuscht. Je größer und bedeutsamer die Ziele eines solchen Vorhabens sind, desto wichtiger ist Geduld. Als ich mitten in den Tiefen meiner Zwangsstörung steckte, gab mein Psychiater Dr. Lucas V.D. mir einen der besten Ratschläge: »Haben Sie Geduld«, sagte er mir, »es ist ein Spiel mit neun Spieldurchgängen, wie beim Baseball.« Obwohl ich mich danach sehnte, am Ende des neunten Innings mit sieben Runs (Punkten) in Führung zu sein, war ich zu diesem Zeitpunkt wahrscheinlich noch mitten im zweiten Inning. Er machte mir klar, dass meine Genesung ein langfristiges Unterfangen sein würde, mit Höhen und Tiefen und etlichen Innings, von denen einige besser sein würden als andere. Sein Rat traf bei mir den richtigen Nerv. In so vielen Bereichen des Lebens – sowohl privat als auch beruflich – neigen wir dazu, den gegenwärtigen Augenblick, wenn wir den Moment mit unserem imaginären Zoomobjektiv näher herangeholt haben, als allumfassend zu betrachten. Und es ist gewiss keine große Hilfe, wenn unsere Kultur dies noch untermauert, indem sie den Fokus unablässig auf Geschwindigkeiten und Fortschritte legt, die sich gewissermaßen über Nacht einstellen sollen. Wenn wir jedoch herauszoomen und erkennen, dass so viele Pläne und Vorhaben in unserem Leben wie im Baseball ein Spiel mit neun Innings sind, entspannt sich die gefühlte Dringlichkeit dessen, womit wir es zu tun haben – und damit auch der

Stress, den diese vermeintliche Dringlichkeit verursacht. Harte und anspruchsvolle Zeiten werden etwas von ihrer Herausforderung einbüßen, wenn wir verstehen, dass sie nicht ewig währen. Folglich können wir bedächtiger und beständiger vorgehen und haben letztendlich größere Chancen, erfüllende Erfolge zu erzielen, die ein Kennzeichen der Bodenständigkeit sind.

NIEMANDEM GELINGT EIN DURCHBRUCH ÜBER NACHT

Als junger Geologe verbrachte Charles Darwin fast fünf Jahre auf der *HMS Beagle*, einem großen Schiff, das auf einer wissenschaftlichen Expedition die Erde umrundete. Obwohl die *Beagle* 1831 in See stach, begann Darwin erst 1835 bei einem Besuch der Galapagos-Inseln gegen Ende der Reise seine Theorie der natürlichen Auswahl zu formulieren, die damals noch als Transmutation der Arten bezeichnet wurde. Es mussten erst mehr als vier Jahre auf See vergehen, bevor seine revolutionäre Erkenntnis Gestalt annahm. Aber auch das war nur der Anfang. Nach seiner Rückkehr in England arbeitete Darwin mit Nachdruck an seiner Theorie und erzielte zwischen 1836 und 1838 bedeutende Fortschritte, doch erst 1859 veröffentlichte er sein Meisterwerk *Die Entstehung der Arten*. Anders ausgedrückt, er verbrachte mehr als 20 Jahre mit der Aus- und Überarbeitung seiner Ideen. In dieser Zeit überwand Darwin zahllose Irrtümer, Kritikpunkte und Denkblockaden. Nach seinen eigenen Worten verdankte er seinen Erfolg vor allem »der Liebe zur Wissenschaft, der grenzenlosen Geduld beim langen Nachdenken über jedes einzelne Thema«. Der wohl größte wissenschaftliche Durchbruch der modernen Geschichte war eigentlich gar kein Durchbruch, sondern bedurfte einer zwei Jahrzehnte langen Vorbereitung. Als *Die Entstehung der Arten* 28 Jahre nach dem Auslaufen der *Beagle* mit Darwin an Bord publiziert wurde, war der streitbare und unkonventionelle Wegbereiter 50 Jahre alt.

Anders als der heroische Individualismus vermuten lässt, entwickeln sich Dinge oft langsam weiter, und das ist auch gut so. Möchte man etwas Bedeutendes bewirken, muss man lange genug daran arbeiten, um die unvermeidlichen Hindernisse und Plateaus zu überwinden. Wenn es einmal so aussieht, als träte man auf der Stelle und käme nicht weiter, muss das nicht unbedingt ein Stillstand sein; vielleicht sieht man die Auswirkungen der eigenen Bemühungen nur noch nicht. Wenn Sie an etwas Bedeutendem arbeiten, arbeitet auch etwas Bedeutendes an Ihnen. Ich habe noch nie jemanden getroffen, der seine glücklichsten Momente oder Momente, die für ihn die größte Erfüllung darstellten, als etwas beschrieben hat, das in aller Eile oder überstürzt zustande kam.

In der Theorie mag das alles einleuchtend klingen, doch im praktischen Leben können Plateaus besonders frustrierend sein, denn sie bringen alle möglichen versteckten Motivationen zutage. Tun Sie das, was Sie tun, weil Sie süchtig nach Ergebnissen sind? Können Sie ohne den ständigen Dopaminschub (mit dem »Botenstoff des Glücks«), der mit sichtbaren Fortschritten einhergeht, weitermachen? Gelingt es Ihnen, unsere auf Konsum ausgerichtete Kultur, die Sie mit endlosen Versprechungen sofortiger Erfolge, mit Lebenstipps und anderen verlockenden Modeerscheinungen, Betrügereien und Schnellschusslösungen vom Kurs abbringen will, weitgehend auszublenden?

Wie Sie diese Fragen beantworten, ist der Schlüssel zu langfristigem Gelingen und zur Erfüllung. Manchmal müssen Sie immer und immer wieder auf den Stein einschlagen, bevor er endlich bricht. Das bedeutet nicht, dass Ihre vorherigen Schläge unnütz waren. Die Spannung kann sich sehr wohl aufbauen, Sie können sie nur noch nicht sehen. Der Durchbruch könnte gleich um die Ecke sein.

Durchbrüche »über Nacht« sind vor allem im Sporttraining üblich. Hier ist es normal, dass man wochenlang eine Strecke in 8:00 Minuten gelaufen ist und dieselbe Distanz plötzlich in 7:45 Minuten schafft. Oder dass Sie bei Kniebeugen im Kraftraum monatelang mit 125 Kilo auf Ihren Schultern trainieren, nur um dann scheinbar über Nacht eine Langhantel mit 138 Kilo nach oben drücken können. Sportwissenschaftler nennen das den Zyklus der Kompensation und Superkompensation. Der Körper braucht Zeit, um hartes Training zu verarbeiten und sich daran anzupassen. Auf zellulärer Ebene werden Sie die nachhaltigen Vorteile eines Workouts wahrscheinlich frühestens zehn Tage nach dem Training bemerken, und oft dauert es noch viel länger. In der Regel verschlechtert sich zunächst die Leistung des Sportlers, bevor sie besser wird. Im Spitzensport ist es nicht ungewöhnlich, ein ganzes Jahr lang zu trainieren, bevor die Athleten die gezielten Anpassungen ihres Trainings bemerken, die sogenannte Adaption. Ihr Körper kompensiert die Belastung – das heißt, er weist zunächst keine Veränderungen auf oder er verschlechtert sich vielleicht sogar ein wenig, während er sich von der Belastung des Trainings erholt, bevor die Superkompensation einsetzt und er in der Folge sichtbar stärker wird.

Das ist nicht nur in der Leichtathletik so. Eine 2018 in der Zeitschrift *Nature* veröffentlichte Studie untersuchte die Leistung bei kreativen und intellektuellen Tätigkeiten. Die Forscher fanden heraus, dass die meisten Menschen zwar eine »Glückssträhne« in ihrer Karriere haben – »eine bestimmte Phase, in der das Leistungsvermögen eines Menschen wesentlich besser ist als seine normaltypische Leistung« –, doch ist der Zeitpunkt nicht vorhersehbar. »Die Glückssträhne taucht zufällig in der Arbeitsabfolge einer Person auf, ist zeitlich begrenzt und geht nicht mit einer erkennbaren Veränderung der Leistungsfähigkeit einher«, schreiben die Forscher. Aber eines ist so gut wie allen Glückssträhnen gemeinsam: Sie alle beruhen auf vorherigen Arbeiten oder Tätigkeiten, bei der die beobachteten Verbesserungen weitaus geringer ausfielen. Hätten diese Menschen aufgegeben, ihre Karriere an den Nagel gehängt oder ihre Methoden zu früh modifiziert, hätte keiner von ihnen einen Durchbruch erzielt. Sie mussten sich in Geduld üben. Vincent van Gogh schuf 1888, nur zwei Jahre vor seinem Tod, mehr als 20 Gemälde. Darunter befanden sich zwei seiner berühmtesten Werke: *Die Sternennacht* und die *Sonnenblumen*.

Ein weiteres Beispiel für Geduld und Beharrlichkeit, die zu einem bahnbrechenden Erfolg führten, ist Ta-Nehisi Coates. Als junger Schriftsteller kämpfte Coates schon früh in seiner Karriere ums Überleben. Von 1996 bis 2008 schlug sich er mit Publikationen in diversen Zeitungen durch. Als 2008 sein erstes Buch *The Beautiful Struggle* veröffentlicht wurde, nahm kaum jemand Notiz davon. Zu diesem Zeitpunkt hatte er bereits drei Jobs verloren, und um sich über Wasser zu halten, war seine Familie auf Arbeitslosengeld, das Einkommen seiner Frau und die Unterstützung von Verwandten angewiesen. Aber Coates gab nicht auf. Im Jahr 2008 bekam er eine Onlinekolumne bei der Monatszeitschrift *The Atlantic*, die langsam aber sicher Fuß fasste und eine begeisterte Leserschaft fand. Aber erst 2012, nach fast zwei Jahrzehnten und Hunderten von Geschichten, nahm er so richtig Fahrt auf. In diesem Jahr schrieb er die *Atlantic*-Titelgeschichte »Fear of a Black President«. Im Jahr 2014 wurde sein Essay »The Case for Reparations« zu einem der meistgelesenen und meistdiskutierten Beiträge im Internet. Und 2015 war sein zweites Buch *Zwischen mir und der Welt* ein *New York Times*-Bestseller und schaffte es in die Finalauswahl für den Pulitzerpreis. Noch wichtiger: Sein Buch hat den nationalen – und vielleicht sogar internationalen – Diskurs über Rassenfragen zweifellos in eine andere Richtung gelenkt. Im Jahr 2017, wenige Tage vor seinem 42. Geburtstag, nannte die *Times* ihn »einen der einflussreichsten schwarzen Intellektuellen seiner Generation«.

In einer Rede vor jungen Schriftstellern, in der er betonte, wie wichtig es sei, Ablenkungen auszublenden und sich in Geduld zu üben, sagte Coates: »Das alles führt dazu, dass Sie so viel wie möglich von der Welt sehen können, aber Sie brauchen Zeit, um die Welt zu sehen. Sie brauchen Zeit. Und Sie wollen nichts fördern, das Ihnen Zeit raubt.« Auf die Frage nach dem kreativen Durchbruch sagte er: »Es ist nicht wirklich so geheimnisvoll – es ist wie wiederholtes Üben, immer und immer wieder, und plötzlich werden Sie zu etwas, von dem Sie nicht wussten, dass Sie es tatsächlich sein können.« Während ich dies im Jahr 2020 schreibe, mitten in einer großen Bewegung für soziale Gerechtigkeit, wird Coates' Arbeit so ziemlich überall zitiert, und zwar mehrmals pro Woche. Seine Geduld und Hartnäckigkeit haben es ihm nicht nur ermöglicht, sich selbst zu verändern. Sie tragen auch dazu bei, die Welt zu verändern.

Am meisten überrascht vielleicht, dass Geduld sich gerade im Bereich der Technologie und in innovativen Unternehmen als sehr vorteilhaft erweist. Wir sehen Start-ups oft im Zusammenhang mit heroischem Individualismus, Schnelligkeit und noch recht jungen Leuten. Aber diese Assoziation ist falsch. Mark Zuckerberg, der Gründer und CEO von Facebook, sagte einmal über Unternehmer: »Ich möchte betonen, wie wichtig es ist, jung und technisch versiert zu sein. Junge Menschen sind einfach schlauer.« Zuckerberg, der diese Sätze mit Ende 20 von sich gab, irrt sich.

Das wissen wir mit Sicherheit dank der Forscher der MIT Sloan School of Management. In einer umfangreichen Studie nahmen sie alle Unternehmen, die zwischen 2007 und 2014 in den Vereinigten Staaten gegründet wurden, unter die Lupe – ein Datensatz, der 2,7 Millionen Gründer umfasste. Sie verglichen das Alter eines Gründers mit einer Reihe von Unternehmenskennzahlen wie Beschäftigung, Umsatzwachstum und gegebenenfalls dem Wert eines Unternehmens beim Börsengang (IPO). Wie sich herausstellte, sind erfolgreiche Unternehmer viel häufiger eher im mittleren als im jungen Alter. Bei den oberen 0,1 Prozent der während des Untersuchungszeitraums am schnellsten wachsenden Unternehmen in Amerika lag das Durchschnittsalter der Gründer im Moment der Gründung bei 45 Jahren und Gründern im mittleren Alter gelangen auch die erfolgreichsten Börsengänge. Bei einem 50-Jährigen ist die Wahrscheinlichkeit, dass er ein wachstumsstarkes Unternehmen etabliert, 1,8-mal höher als bei einem 30-Jährigen. Selbst junge Gründer erreichen den Sloan-Forschern zufolge ihren Höhepunkt möglicherweise erst später im Leben. Das iPhone, das wohl innovativste Produkt von Steve Jobs und Apple, kam auf den Markt, als Jobs 52 Jahre alt war, zwei Jahre älter als Darwin bei der Erstveröffentlichung von *Die Entstehung der Arten*.

Es ist nicht zu übersehen, dass es Risiken birgt, immer das Gleiche zu tun, ohne dass sich Veränderungen einstellen – sei es im Fitnessstudio, am Arbeitsplatz oder in einer Beziehung. Wie der Wissenschaftsautor David Epstein in seinem Buch *Es lebe der Generalist!* darlegt, verbringen wir manchmal zu viel Zeit damit, uns abzurackern, während es klüger wäre, zu wechseln und etwas zu finden, das unseren Interessen und Fähigkeiten besser entspricht. Das gilt vor allem, wenn wir uns zum ersten Mal in eine neue Disziplin stürzen. Wirtschaftswissenschaftler nennen dies die Match-Qualität, womit die Eignung für bestimmte Aktivitäten und Arbeiten gemeint ist. Epstein legt überzeugend dar, dass die Match-Qualität sogar noch wichtiger ist als Durchhaltevermögen.

Denn wenn Sie gut zu dem passen, was Sie tun, dann bleiben Sie wahrscheinlich dabei.*

Wenn Sie erst einmal Ihre Match-Qualität erkannt haben, besteht jedoch oft ein gleiches, wenn nicht sogar größeres Risiko, aufzuhören oder Ihren Ansatz vorzeitig zu ändern. Nach meiner eigenen Erfahrung und einer inoffiziellen Umfrage unter meinen Coaching-Kollegen, die mit Sportlern, Führungskräften und Kreativen arbeiten, geschieht es weitaus häufiger, etwas zu früh aufzugeben, als zu lange zu warten. Das ist nicht überraschend. Menschen leiden unter dem, was Verhaltenswissenschaftler als *Commission Bias* bezeichnen, das heißt unter der Tendenz, eher zu handeln, als untätig zu bleiben. Wenn wir keine Resultate sehen, werden wir ungeduldig und verspüren das starke Bedürfnis, etwas zu tun – irgendetwas –, um unsere Fortschritte voranzutreiben. Oft ist es jedoch das Beste, gar nichts zu tun: Wir bleiben auf Kurs, optimieren nach und nach dieses und jenes und lassen den Dingen ihren Lauf. Statt immer zu denken: *Steh nicht einfach nur da, tu etwas!*, sollten wir zumindest in Erwägung ziehen, zu denken: *Tu nicht nur etwas, steh da!*

DIE BESTÄNDIGKEIT MACHT DEN UNTERSCHIED

Die Wahrheit über das Vorankommen lautet: Wenn Sie nichts überstürzen und mit der Zeit kleine und konsequente Schritte machen, haben Sie die beste Chance, am Ende große Fortschritte zu erzielen. Jemand, der das sehr gut weiß, ist der Stanford-Professor B. J. Fogg, einer der weltweit herausragenden Experten für menschliches Verhalten. In Foggs Modell der persönlichen Fortentwicklung des Menschen hängt es sowohl von der Motivation ab als auch von der Fähigkeit, eine bestimmte

---

* Hier ein persönliches Beispiel, um dies zu verdeutlichen: Ich war schon immer ein besonders hartnäckiger Autor, der zahllose Hindernisse und Misserfolge überwunden hat, die bis in die Grundschule zurückreichen, in der mir gesagt wurde, ich könne nicht schreiben. Diese Misserfolge setzten sich in der Highschool fort und gipfelten darin, dass ich von der Journalistenschule abgelehnt wurde (und natürlich wurden auch etliche Aufsätze und Artikel nicht angenommen, was auch heute noch sehr häufig vorkommt). Aber in den Naturwissenschaften oder in Mathematik habe ich nie Ausdauer gezeigt. Das bedeutet nicht, dass ich ein intelligenter Mensch bin – oder nicht. Es bedeutet lediglich, dass ich das Schreiben viel mehr mag als Naturwissenschaften oder Mathematik. Das Schreiben ist für mich ein wesentlich besserer Ausgleich. Und deshalb sind wir hier.

Aufgabe zu bewältigen, ob jemand eine gewollte Handlung vornimmt. Ganz gleich, wie motiviert Sie sind: Wenn Sie regelmäßig über Ihr Können hinauswachsen und zu schnell zu viel erreichen wollen, schwindet Ihr Mut und Sie werfen die Flinte ins Korn. Oder Sie fühlen sich häufig verletzt – emotional oder physisch. Wenn Sie jedoch die Messlatte der Herausforderung peu à peu höher legen, kommt ihnen das, was letzte Woche noch schwierig war, heute leichter vor. Oder anders ausgedrückt: Gewohnheiten bauen auf sich selbst auf. Kleine und beständige Erfolge summieren sich mit der Zeit und das bedeutet: Das individuelle Weiterkommen nimmt nicht immer einen linearen Verlauf, sondern Sie haben in Ihren Bemühungen gute Tage und schlechte Tage. Sie wollen erreichen, dass Ihre Performance, die Sie im Durchschnitt zeigen, besser wird.

Ein gutes Beispiel für Geduld und die Verbesserung Ihres Leistungsdurchschnitts sehen wir im Finanzwesen. Es gibt eine wenig angewendete Anlagestrategie (vielleicht, weil sie Geduld erfordert), die als *Dollar Cost Averaging* und im deutschsprachigen Raum auch als Durchschnittskosteneffekt bekannt ist. Der Grundgedanke dabei ist: Legen Sie jeden Tag etwas Geld in einen großen Fonds an. Wenn der Markt fällt, kaufen Sie mehr Anteile, steigt die Marktnachfrage, kaufen Sie weniger Anteile. Das *Dollar Cost Averaging* macht sich zunutze, was Statistiker als Regression zum Mittelwert bezeichnen, das heißt die kurzfristige Tendenz eines dynamischen Systems, zu seinem durchschnittlichen Zustand zurückzukehren.

Solange die Marktkurve allmählich steigt – im Grunde ist das ein schrittweise steigender Durchschnitt –, sorgen Sie langfristig für Wohlstand. Das gilt für alle Lebensbereiche, weit über das Investment hinaus. Sich auf Beständigkeit zu konzentrieren und den Mittelwert der eigenen Performance mit der Zeit zu verbessern ist eine bessere Strategie, als gelegentlich Bemühungen im Sinne des heroischen Individualismus zu unternehmen und dabei auszubrennen. Sie erfordert, dass Sie nicht nur an guten, sondern auch an schlechten Tagen präsent sein müssen. Mit einer solchen Einstellung, die kleine, aber konsequente Schritte bevorzugt, mag Ihnen vielleicht die Aufregung verloren gehen, wenn Sie mit massiven Hochs und Tiefs konfrontiert werden, aber sie führt zu nachhaltigeren Fortentwicklungen. Außerdem merken Sie, dass Sie dadurch standfester und gelassener werden, und das ist, wie ich gleich noch weiter ausführe, ohnehin erfüllender als jegliche Anspannung oder Erregung.

LEICHTIGKEIT KONTRA ANSPANNUNG

Eliud Kipchoge ist ein kenianischer Langstreckenläufer, der 2018 den Weltrekord im Marathonlauf gebrochen hat. In seinem Bereich ist er der Beste der Welt. Er ist nicht nur außerordentlich schnell, sondern auch ein außerordentlich nachdenklicher Mensch und bekam daher den Spitznamen »König der Philosophen im Langstreckenlauf«. Auf die Frage nach seinem Erfolgsrezept antwortet Kipchoge, der Schlüssel liege darin, sich beim Training nicht zu überanstrengen. Der Kenianer ist kein Fanatiker, wenn es darum geht, die ganze Zeit über großartige Leistungen zu zeigen. Er ist jedoch konsequent und geduldig. In einer Sportart, in der die meisten Athleten häufig den Coach wechseln, trainiert er zum Beispiel seit mehr als einem Jahrzehnt mit demselben Trainer. Kurz bevor er seinen Weltrekord aufstellte, sagte Kipchoge der *New York Times*, dass er sich beim Training selten, wenn überhaupt, über 80 Prozent – höchstens 90 Prozent – seiner Höchstleistung hinaus anstrengt. Auf diese Art vermag er Wochen konstanten Trainings wie an einer Schnur aneinanderzureihen. Er ist ein wahrer Meister darin, den Dingen ihren Lauf zu lassen, statt zu versuchen, sie zu erzwingen. Sein Trainer Patrick Sang meint, das Geheimnis von Kipchoges Geschwindigkeit bestehe darin, dass er »langsam, aber sicher« Fortschritte macht.

Der *Times* sagte Kipchoge: »Ich möchte mit entspanntem Geist laufen.« Und in dieser Hinsicht macht er genau das, was er will.

Noch bekannter als für seine Schnelligkeit ist Kipchoge vielleicht für sein gelassenes und lockeres Wesen, sowohl auf als auch abseits der Strecke. Bei einem Lauf ist sein Schritt geschmeidig wie Seide und er läuft fast immer mit einem Lächeln im Gesicht, sogar dann noch, wenn sich die zermürbenden Rennen ihrem Ende nähern. Während andere Läufer sichtlich leiden, schmerzverzehrte Grimassen schneiden, sich wie Roboter bewegen und zusammenbrechen, scheint Kipchoge mühelos zu gleiten. Er spricht langsam und leise. Seinen Mitstreitern geht es darum, Rennen zu gewinnen und Rekorde aufzustellen, doch das kümmert Kipchoge nicht. Als er etwa vor seinem Weltrekordrennen nach seinen Zielen gefragt wurde, zuckte Kipchoge mit den Schultern und sagte den Medien: »Um genau zu sein, werde ich nur versuchen, meine persönliche Bestleistung zu laufen. Wenn es dann noch zu einem Weltrekord kommt, würde ich mich darüber freuen.« Gelassenheit ist oft ein Nebenprodukt von Geduld (und auch von Präsenz; wie bereits erwähnt, gehen diese Merkmale Hand in Hand). Man ist locker und entspannt, wenn man im Augenblick voll da ist, den Dingen ihren Lauf lässt und weder irgendetwas erzwingt noch überstürzt. Mit Anspannung oder Erregung verhält es sich anders. Wenn Sie angespannt sind, verkleinert sich Ihre Sicht der Dinge, sie engt die Welt ein. Sie konzentrieren sich auf das, was als Nächstes kommt, immer ein paar Schritte vor dem, wo Sie gerade sind. Angespannt oder erregt zu sein gibt Ihnen vorübergehend ein gutes Gefühl. Und es besteht kein Zweifel daran, dass solche Anspannungsschübe Ihrem Leben mehr Struktur verleihen. Aber wenn Sie versuchen, dieses Gefühl zwanghaft herbeizuführen, verpassen Sie möglicherweise das, was vor Ihnen liegt, weil Sie bereits damit beschäftigt sind, noch weiterzukommen. Gelassenheit hingegen ist expansiver Natur. Die Zeit vergeht langsamer und der Raum wird größer. »Wir müssen zwischen Glück und Anspannung unterscheiden«, schreibt Zen-Meister Thich Nhat Hanh. »Viele Menschen halten Anspannung für Glück. Sie denken an etwas oder erwarten etwas, das sie für Glück halten, und für sie bedeutet das bereits »glücklich sein«. Aber wenn Sie erregt sind, sind Sie nicht friedlich. Wahres Glück basiert auf Frieden.«

Ich habe den Unterschied zwischen tempogeladener Anspannung und geduldiger Gelassenheit aus erster Hand erfahren. Eines Morgens, als er noch ein Kleinkind war, zeigte mein Sohn großes Interesse an einem weichen, hüpfenden blauen Ball. Vielleicht, so dachte ich, wollte er Ballfangen spielen, in einer abgewandelten Variante, die seinem Alter von acht Monaten entsprach. Als jemand, der sein Leben lang Sport getrieben hat, war ich sehr aufgeregt. Aber in Wirklichkeit wollte *ich*, dass er seine Version des Fangens spielt, die seinem Alter von acht Monaten geschuldet ist. Und in meiner erregten Verfassung wollte ich, dass es jetzt geschieht. Ich dachte, wenn ich ihn ermutige und ihm auf jede erdenkliche Weise zeige, wie man fängt, würde er mitmachen. Aber er war nicht interessiert. Nach etwa fünf Minuten wurde mir klar, mein Sohn hatte Spaß daran, auf seine Art und Weise mit dem Ball zu spielen. Er saugte daran, schaute ihn an, berührte ihn, versuchte, ihn zu essen. Er staunte, als er ihn losließ und der Ball wegrollte. Ich war so sehr von meiner Erregung gefesselt, was passieren könnte – indem ich versuchte, die Situation zu kontrollieren und mit ihm Fangen zu spielen –, dass ich die Chance verpasste, meinem Sohn dabei zuzusehen, wie er er selbst ist. Sobald ich mich von dem Gedanken gelöst hatte, Fangen zu spielen, von der angespannten Konzentration auf das, was kommen könnte, änderte sich meine gesamte Erfahrung. Ich war nicht mehr so nervös und unruhig und ich fühlte mich nicht mehr so eingeschränkt. Ich wurde präsenter und offener für das, was vor mir lag, auch wenn es nicht annähernd mit »Fangen« zu vergleichen war. Ich dachte nicht mehr darüber nach, was als Nächstes passieren könnte, sondern war mit dem zufrieden, was im Moment geschah. Ich wechselte von Anspannung zu Gelassenheit, von Schnelligkeit und Vorausdenken zu Geduld und Präsenz im Augenblick.

Das ließ mich darüber nachdenken, dass ich und so viele der getriebenen Menschen, die ich kenne, es immer wieder vorziehen, eher erregt oder nervös statt gelassen zu sein. Wir nähern uns einer Sache, weil wir wollen, dass sie eine bestimmte Richtung nimmt, weil wir aufgeregt sind, was passieren *könnte*. Das funktioniert so gut, dass wir es uns zur Gewohnheit machen, zumindest wenn man unter Erfolg das Erreichen schneller und messbarer Resultate versteht. Das Problem ist, dass Anspannung, Erregung oder Nervosität – wie immer Sie es auch nennen wollen – oft auf Kosten von Freude und Leichtigkeit gehen, denn sie drängen uns dazu, alles zu kontrollieren und Dinge in Gang zu setzen, obwohl wir sie besser geschehen *lassen sollten*.

Ich möchte ausdrücklich betonen, dass Sie niemals schnell handeln und niemals nervös sein dürfen. Bedenken Sie nur, was Sie dadurch aufgeben. Vielleicht bricht Ihr sprichwörtlicher Stein, wenn Sie ihn mit ein paar weiteren Schlägen traktieren. Vielleicht entgeht Ihnen stets die Leichtigkeit, die sich dann einstellt, wenn Sie geduldig und präsent sind. Wir machen alles schnell – nicht besser, sondern schnell –, um

Zeit zu gewinnen. Aber was nützt uns das, wenn wir in der gewonnenen Zeit nur noch mehr Sachen schnell erledigen? Mir ist noch niemand begegnet, der auf seinem Grabstein stehen haben möchte: »Er hat sich beeilt.«

PRAKTISCHER TEIL: LASSEN SIE DEN DINGEN IHREN LAUF

Donna, die »ungewollt zu einer Führungskraft« wurde und mit der wir dieses Kapitel begonnen haben, lernte – wenn es angebracht war –, sich bei großen Projekten zurückzuhalten. Wann immer sie das Bedürfnis verspürte, sich einzumischen und die Arbeiten voranzutreiben, gelangte sie an einen Punkt, an dem sie sich fragte, was passieren könnte, wenn sie es nicht tut. In einigen Fällen lautete die Antwort: nur Chaos. In diesen Fällen intervenierte sie, und das zu Recht. In den meisten Fällen aber bedeutete es, dass das Projekt oder die Initiative lediglich einen etwas anderen, aber keinen schlechteren Verlauf genommen hätte, als wenn sie sich eingebracht hätte. Je mehr sie sich mit dem Gedanken anfreundete, sich dezent im Hintergrund zu halten, desto entspannter war sie. Auch ihre Performance verbesserte sich. Ihr wurde klar, dass Projekte sich den einen Tag schleppender hinziehen müssen, damit sie am nächsten Tag schneller und effizienter vorankommen. Donna ging prächtig in ihrer Rolle auf und wurde zu einer der bodenständigsten Führungskräfte, die ich kenne. Sie hat zahllose Höhen und Tiefen überstanden, indem sie weise vorausschaute und sich entsann, dass die meisten bedeutenden Unternehmungen in unserem Leben, sowohl privat als auch beruflich, wie beim Baseball in der Regel aus neun Innings bestehen. Während ich Donna bei ihrem Aufstieg zur Führungskraft als Coach begleitete, kam mir der Begriff der »hinreichend guten Mutter« (engl. *good enough mother*) in den Sinn. Er wurde in den frühen 1950er-Jahren von dem Psychoanalytiker D. W. Winnicott geprägt. Ich werde den Ausdruck hier aktualisieren und von nun an geschlechtsneutral »hinreichend gutes Elternteil« schreiben. Nach Winnicott gehen hinreichend gute Eltern nicht auf jedes einzelne Bedürfnis ihres Kindes ein; sie sind keine Helikoptereltern, vernachlässigen es aber auch nicht. Vielmehr besteht die Arbeit dieser Eltern darin, ein sicheres Umfeld zu schaffen, in dem ihr Kind sich selbst entwickeln und entfalten kann.

Es gibt sicherlich Momente, in denen sich hinreichend gute Eltern einmischen sollten, aber das ist nicht das Ziel. Vielmehr geht es darum, einen Rahmen zu schaffen, in dem sich der Prozess – in diesem Fall das heranwachsende Kind – selbstständig entfalten kann. Winnicott wies darauf hin, dass es den meisten Eltern leichtfällt, in die Belange ihres Kindes zu intervenieren. Aber Zurückhaltung zu zeigen und weniger einzugreifen, so der Psychoanalytiker, erfordere bewusste Anstrengung.

Für viele unserer großen Lebensentwürfe – einschließlich unserer eigenen Entfaltung und natürlich der Kindererziehung – mag es hilfreich sein, sich die Einstellung eines hinreichend guten Elternteils zu eigen zu machen. Das gilt vor allem dann, wenn wir den Hang verspüren, uns zu beeilen, alles voranzutreiben und uns einzumischen, auch wenn es besser wäre, einen Gang herunterzuschalten und abzuwarten, was passiert. Wenn Sie meinen, durch überstürztes Handeln eingreifen zu müssen, fragen Sie sich, wie es aussähe, wenn Sie das, was Sie gerade tun, um 10 Prozent langsamer angehen würden. Wie wäre es, wenn Sie einen kleinen Schritt zurücktreten und die Dinge etwas länger ihren Lauf nehmen ließen? (Diese Übung funktioniert auch in kleinerem Rahmen, indem Sie zum Beispiel mit dem Versenden einer E-Mail warten.) Manchmal *ist* es durchaus sinnvoll, einzugreifen. Aber dieses Innehalten – und generell die Einstellung eines hinreichend guten Elternteils – hilft Ihnen dabei, diese Entscheidung einzusehen, statt auf Autopilot zu schalten. Mithilfe dessen gelingt es Ihnen, sich nicht länger im Kreis zu drehen und den damit verbundenen Stress zu spüren. Vielmehr werden Sie sich darauf besinnen, sich in Ihrem Sein *und* Handeln besser geerdet zu fühlen.

PRAKTISCHER TEIL: PROZESS STATT ERGEBNIS – KLEINE SCHRITTE FÜR GROSSE ERFOLGE

Einer der bekanntesten taoistischen Texte ist das »Daudedsching«, geschrieben im 6. Jahrhundert v. Chr. von Laotse, von dem man annimmt, dass er ein älterer Zeitgenosse von Konfuzius war. Gelegentlich wird Laotse als ein untätiger Eremit bezeichnet. Dem Taoismus-Gelehrten Stephen Mitchell zufolge ist das jedoch eine falsche Einschätzung, die auf Laotses Insistieren auf *wei wu wei* zurückzuführen ist, was wörtlich mit »Nichtstun« übersetzt werden kann. Wer das »Daudedsching«, aufmerksam liest, wird feststellen, dass Laotse alle möglichen Ratschläge für das Handeln in der Welt gibt. Nur dass die Art des Handelns, für die er eintrat, langsam, stetig und harmonisch erfolgen sollte. Er riet dazu, dem Fluss des Lebens Aufmerksamkeit zu schenken, sich in Geduld zu üben und konsequente erzielbare Schritte statt kühne Anstrengungen zu unternehmen und zu scheitern. Der Meister, so schrieb Laotse, »vollbringt die große Aufgabe durch eine Reihe kleiner Taten«.

Wenn Sie etwas Großes vorhaben oder planen, kann es schnell passieren, dass Sie sich für das Erreichen dieses Ziels zu weit aus dem Fenster lehnen und Ihr Vorgehen überstürzen, weil Sie sich allzu sehr auf ein herbeigesehntes Ergebnis freuen. Das kann mitunter sogar dazu führen, dass man in Bemühungen rücksichtslos vorgeht. Bei einem Sportler führt das mitunter zu Verletzungen, Krankheiten und Übertraining, bei einem Berufstätigen eventuell zu einem Burnout. In einem Arbeitspapier der Harvard Business School mit dem Titel »Goals Gone Wild: The Systematic Side Effects of Over-Prescribing Goal Setting« (»Aus dem Ruder gelaufene Ziele: Die systematischen Nebenwirkungen einer allzu hohen Zielsetzung«) wollte ein Forscherteam aus Harvard, der Northwestern University und der University of Pennsylvania herausfinden, welche eventuellen Nachteile eine Zielsetzung mit sich bringen kann. Fazit: Werden Ziele zu sehr in den Fokus gerückt und extrem hervorgehoben – insbesondere solche, die auf messbaren Ergebnissen basieren –, führt das häufig zu weniger Motivation, unvernünftiger Risikobereitschaft und unmoralischem Verhalten aller Beteiligten.

Statt in heroischer Manier dem Erreichen großer Ziele hinterherzujagen, sollte man sich darin üben, sie in ihre Einzelteile zu zerlegen und sich dann auf diese zu konzentrieren. Das stärkt das Fokussieren ungemein, denn dadurch sorgen Sie dafür, dass Sie im Hier und Jetzt präsent bleiben und Geduld aufbringen, selbst wenn Sie weit entfernte Ziele verfolgen. Konzentriert man sich auf die Arbeit oder die Aufgabe, die vor einem liegt, gibt einem das ein besseres Gefühl. Eine derartige Einstellung, die ich als Prozessorientierung bezeichne, verhindert, dass Sie von Eile getrieben zu einem Ergebnis kommen wollen, wenn es tatsächlich ratsamer wäre, sich Zeit zu lassen. Bei den meisten Handlungen, bei denen man beherzt zur Tat schreitet, geht es bei langfristigen Fortschritten weniger um heroische Anstrengungen, sondern vielmehr um ein durchdachtes Tempo; weniger um intensives Schalten und Walten an einem bestimmten Tag als um Disziplin über Monate hinweg – und in manchen Fällen sogar über Jahre.

Prozessorientierung entwickeln

- Setzen Sie sich zunächst ein Ziel.
- Als Nächstes überlegen Sie sich die einzelnen Schritte, die für Sie möglich sind, um dieses Ziel zu erreichen.
- Blenden Sie das Ziel dann weitestgehend aus und konzentrieren Sie sich stattdessen auf die Ausführung der einzelnen Schritte. Beurteilen Sie sich selbst danach, in welchem Maße Sie präsent sind und wie sehr Sie sich in diesem Moment anstrengen.
- Wenn Sie sich dabei ertappen, dass Sie vielleicht zu tief in die Beschäftigung mit Ihrem Ziel eingetaucht sind, sollten Sie sich fragen, was Sie *in diesem Moment* tun könnten, um es zu erreichen. Manchmal ist die Antwort, gar nichts zu tun – gönnen Sie sich einfach Ruhe.
- Denken Sie stets daran, dass etwas zu unternehmen, nur um etwas zu tun, keinerlei Weiterkommen bedeutet. Es ist nichts anderes, als einfach nur irgendetwas zu tun.

PRAKTISCHER TEIL: NUR BIS ZUR VORLETZTEN WIEDERHOLUNG! KURZ VOR SCHLUSS AUFHÖREN

Auf die letzte Wiederholung zu verzichten ist ein altbekannter Spruch unter klugen Trainern. Es bedeutet, dass Sie Ihr Training beenden, wenn Sie noch eine Runde zu laufen oder ein Gewicht noch einmal zu stemmen haben. Es mag zwar verlockend sein, immer weiterzumachen, zum Beispiel noch einen zusätzlichen Satz Sprints zu absolvieren, aber Sie können nicht ständig wie der Krug zum Brunnen gehen, bis er bricht. Sie müssen in der Lage sein, beim nächsten Workout dort anzuknüpfen, wo Sie aufgehört haben. Was Sie morgen erreichen können, hängt zum Teil davon ab, wie sehr Sie sich heute zurückhalten, und das gilt nicht nur im Sport. Ein gängiger Tipp für Autoren ist zum Beispiel, beim Schreiben mit dem vorletzten Satz aufzuhören, also einen Abschnitt oder ein Kapitel zu beenden, wenn Sie noch im Flow sind, um beim nächsten Mal leichter fortfahren und sich in einen Rhythmus einfinden zu können. Die allgemeine Vorgehensweise ist wie folgt:

- Machen Sie Bereiche in Ihrem Leben ausfindig, in denen es Ihnen in der Vergangenheit an Geduld gefehlt und Sie deshalb Probleme bekommen haben – etwa Verletzungen, Krankheiten, Burnout etc.
- Statt zu tun, was Sie gewohnt sind und was Sie im Moment vielleicht gerne täten, zwingen Sie sich dazu, tagein, tagaus wie beim Gewichtstraining – im übertragenen Sinn – eine Wiederholung weniger zu machen.

Eine Wiederholung weniger zu absolvieren erfordert Disziplin. Sie müssen dem, was Sie tun, vertrauen. Setzen Sie darauf, dass Sie weiterkommen, wenn Sie geduldig bleiben, sich – wenn angebracht – zurückhalten und Sie konsequent kleine Schritte machen. Im *British Journal of Sports Medicine* publizierte Untersuchungsergebnisse zeigen, dass die meisten Sportverletzungen daher rühren, dass Sportler ihre Trainingsbelastung zu schnell erhöhen. Verletzungen lassen sich am besten vermeiden, wenn das Trainingspensum nach und nach gesteigert wird. Ist die akute Trainingsbelastung, also das, was Sie in dieser Woche absolviert haben, mehr als doppelt so hoch wie Ihre gewohnheitsmäßige Belastung bei einem Workout, das heißt der Durchschnitt dessen, was Sie in den vergangenen vier Wochen geleistet haben, ist die Wahrscheinlichkeit einer Verletzung deutlich höher als bei einer geringeren Steigerung des Trainingsumfangs und der Workout-Intensität. Obwohl die Frage, wo der ideale Wert der Trainingssteigerung genau liegt, ein Streitthema wissenschaftlicher Diskussionen ist, gilt allgemein, dass Sie das Trainingspensum an einem bestimmten Tag nicht so stark erhöhen sollten, dass es über dem Durchschnitt des vergangenen Monats liegt. Die gleichen Mechanismen habe ich auch als Coach bei Führungskräften erlebt. Nimmt jemand allzu früh zu viel auf sich oder ist davon überzeugt, dass er seine Performance plötzlich steigern könnte, treten in der Regel Symptome eines Burnouts auf.

Dennoch gilt: Mit der vorletzten Wiederholung oder Runde und dergleichen aufzuhören gehört zu den Dingen, die einem am schwersten fallen, was besonders für Menschen gilt, die viel leisten. Die meisten meiner eigenen (Sport-)Verletzungen und Phasen, in denen ich in einem kreativen Schaffensprozess stagnierte, sind darauf zurückzuführen, dass ich genau das missachtet habe. Das ist eine weitschweifige Umschreibung dessen, dass ich es wirklich begriffen habe. Kollegen und Freunde zu gewinnen, die einem dabei helfen, Verantwortung zu übernehmen, kann sehr guttun; das jedenfalls habe ich gelernt. Machen Sie sich die Einstellung und das Gemüt des Rekordhalters und Langstreckenläufers Kipchoge zu eigen: Fortschritte stellen sich langsam ein, Stück für Stück. Sollten Sie jemand sein, der dazu neigt, sich heute von der Aufregung und dem Tempo mitreißen zu lassen und über das Ziel hinauszuschießen, nur um morgen frustriert zu sein oder sich ausgebrannt zu fühlen, kleben Sie diese Worte – *Schritt für Schritt* – dorthin, wo Sie arbeiten: ins Büro, ins Künstleratelier, ins Klassenzimmer oder ins Fitnessstudio in Ihrer Garage.

PRAKTISCHER TEIL: LEGEN SIE IHR HANDY WEG

In Kapitel 3 haben wir erörtert, wie vorteilhaft es ist, wenn man Ablenkungen, zum Beispiel durch digitale Geräte, umgehen kann, um für bestimmte Zeiten bewusst präsent zu sein. Sie können aber auch üben, Ihr Smartphone, Tablet und so weiter wegzulegen, wenn Sie Ihren üblichen Alltagsbeschäftigungen nachgehen. Lassen Sie zum Beispiel Ihr Handy im Auto, wenn Sie einkaufen gehen. Sollten Sie am Ende ein paar Minuten in der Schlange an der Kasse warten müssen, sind Sie gewissermaßen gezwungen, sich in Geduld zu üben. Zwei allgemeine Hindernisse sind Folgende:

1. Das ist einfach und nicht der Mühe wert.
2. Warum sollte ich mich zwingen, eine Auszeit zu nehmen, wenn ich mich mit dem aktuellen Tagesgeschehen, mit Textnachrichten und Social-Media-Mitteilungen oder eingegangenen E-Mails beschäftigen könnte?

Wir wissen, dass der erste Punkt nicht stimmt, denn wie wir anhand der Studie der University of Virginia gesehen haben, versetzen sich Menschen lieber einen Stromschlag, als allein zu warten und nichts zu tun. Auf dem Handy zu scrollen ist deutlich weniger schmerzhaft als ein elektrischer Schlag. (Es wäre allerdings interessant, zu sehen, was passieren würde, wenn die Leute in der Warteschlange ihre Telefone nicht dabeihätten, ihnen jedoch die Möglichkeit gegeben wäre, sich selbst einen Stromschlag zu verpassen.)

Zur zweiten Hürde möchte ich anmerken, dass die Vorteile, sich in Geduld zu üben, bei Weitem die Nachteile überwiegen, die vermeintlich dann entstehen, wenn man nicht sofort auf eine Nachricht reagiert oder möglicherweise hinsichtlich des Tagesgeschehens nicht auf dem Laufenden ist, zumal so viele »Eilmeldungen« tatsächlich nur Unterhaltungsmüll sind, der als etwas Wichtiges ausgegeben wird.

Unsere Telefone während kurzer Wartezeiten nicht parat zu haben hilft, unsere Sucht nach Anregungen, Neuheiten und schnellem Vorankommen zu mindern, und das überträgt sich auch auf andere Aspekte des Lebens. Je weniger wir von Neuigkeiten und von dem Gedanken abhängig sind, alles müsse im raschen Tempo geschehen, desto besser können wir bewusst entscheiden, wann wir nach etwas Neuem suchen und schnell vorankommen wollen und wann wir es vorziehen, in einen niedrigeren Gang zu schalten, um die Dinge langsamer anzugehen.

Wenn Sie Ihr Telefon aus der Hand legen, sind Sie bei dem, was Sie in diesem Moment tun, wesentlich präsenter. Denken Sie daran, dass Geduld und Präsenz Hand in Hand gehen. Im Supermarkt zum Beispiel geht Ihnen vielleicht, während Sie in der Schlange an der Kasse warten, plötzlich eine kreative Idee durch den Kopf. Sie könnten der Kassiererin auch in die Augen schauen, ihr ein Lächeln schenken und einen Small Talk beginnen, was in den meisten Fällen für alle Beteiligten wohltuend ist. Hier ein paar weitere Vorschläge, wann Sie Ihr Telefon außer Reichweite haben und sich stattdessen in Geduld und Präsenz üben sollten:

- wenn Sie Besorgungen machen;
- spazieren gehen;

- ins Fitnessstudio gehen;
- auf die Toilette gehen (das ist sehr schwierig).

Sie müssen all das nicht ständig tun und es gibt viele andere Beispiele, die für Sie vielleicht besser funktionieren. Der Punkt ist, dass Sie zumindest ein paar Augenblicke in Ihrem Alltagsleben aufspüren sollten, in denen Sie den Stecker ziehen, um sich entschleunigen und der unaufhörlichen Reizüberflutung entziehen zu können.

PRAKTISCHER TEIL: FÜNF ATEMZÜGE DREIMAL TÄGLICH

Wie die anderen Prinzipien der Bodenständigkeit muss auch Geduld erlernt werden. Sie können sich nicht einfach einbilden, geduldig zu sein, es gibt keinen Schalter, den Sie umlegen können. Sich in Geduld zu üben erfordert – wie könnte es auch anders sein – Geduld ist umso schwieriger, wenn Sie an ein Leben gewöhnt sind, in dem rasches Handeln und schnelle Problemlösungen Priorität haben. Eine einfache, aber wirksame Übung besteht darin, regelmäßig innezuhalten. Schließen Sie dazu die Augen und atmen sie dreimal täglich fünfmal tief ein und aus. Sie können diese einfache Atemübung auch durchführen, während Sie etwas anderes machen, beispielsweise zu Abend essen, duschen, Ihre Zähne putzen oder morgens Ihr Smartphone checken. Achten Sie nur darauf, dass Sie jedes Mal bis zum Ende ein- und ausatmen. Dies ist vielleicht die unkomplizierteste Übung im ganzen Buch, aber das bedeutet nicht, dass sie auch einfach ist. Sollte Schnelligkeit zu den typischen Merkmalen Ihres Daseins gehören, kann Ihnen das langsame Atmen – und sei es auch nur für eine Minute – wie eine quälende Ewigkeit vorkommen, vor allem zu Beginn. Haben Sie zum Beispiel nach zwei Atemzügen das Gefühl, dass Sie sich unruhig oder getrieben fühlen, nehmen Sie einfach zur Kenntnis, was um Sie herum geschieht, und konzentrieren Sie sich dann wieder auf Ihren Atem, ohne sich dafür zu tadeln, dass Sie sich haben ablenken lassen. Wenn Sie diese Übung konsequent weiterhin absolvieren, werden Sie sich zunehmend wohler dabei fühlen. Außerdem werden Sie feststellen, dass sich dieses bewusste Atmen auch auf andere Abschnitte Ihres Tages auswirkt; Sie erleben, wie sehr Ihnen die Leichtigkeit des Seins Offenheit und Standfestigkeit verleiht, wenn Sie sich sonst angespannt, verkrampft, beklommen und gehetzt fühlen würden.

Wie bereits erwähnt, ist die Fähigkeit, hin und wieder zu pausieren und es etwas langsamer anzugehen, auch dann von Vorteil, wenn Sie einen anderen Weg einschlagen oder wichtige Änderungen vornehmen wollen. Denken Sie daran, dass wir Menschen dazu neigen, eher zu handeln, als untätig zu sein, Stichwort *Commission Bias* (Seite 100). Wir fragen uns, was wir durch eine bestimmte Veränderung oder Maßnahme gewinnen könnten, denken aber nicht darüber nach, was wir dadurch vielleicht aufgeben, dabei genügt es, dazu eine kurze Pause einzulegen. Eine richtige Antwort gibt es nicht, sie hängt stets von den Umständen der eigenen Situation ab. Entscheidend ist, innezuhalten und über die Frage nachzudenken. Es geht daher beim »Pausieren« nicht nur darum, zu lernen, im Hier und Jetzt geduldiger zu sein, sondern die Pause soll Ihnen auch helfen, einen längeren und nachdenklicheren Blick in die Zukunft zu werfen.

FAZIT ZUM THEMA GEDULD: WAS BUDDHA ZU ROHITASSA SAGTE

Es gibt noch einen letzten Grund, warum wir dazu neigen, eher schnell zu handeln, statt Geduld zu zeigen. Das schnelle Agieren kann für uns eine Art Abwehrmechanismus sein. Denn unaufhörlich rasch voranzukommen und uns vom Sog des heroischen Individualismus mitreißen zu lassen, um unseren Blick nach außen zu richten, hilft uns dabei, nicht mit den Tatsachen konfrontiert zu werden, die wir am meisten fürchten. Aber kein noch so hektisches Auftreten wird diese Dinge in Luft auflösen. So sehr wir es auch versuchen, wir können unseren Ängsten nicht entfliehen, sie holen uns immer ein. Dazu gehört auch die Angst, die für viele die Grundlage für alle anderen Ängste ist: unsere eigene Sterblichkeit – ein Gedanke, der besonders schwer zu ertragen ist.

In alten buddhistischen Texten gibt es ein Gleichnis über eine streitbare Gottheit namens Rohitassa, die sich selbst als Held sah. Bei einer Gelegenheit fragte Rohitassa den Buddha: »Glaubst du, dass es möglich ist, dieser Welt von Geburt und Tod, von Leiden und Ungleichbehandlung durch Schnelligkeit zu entkommen?«

Der Buddha antwortete: »Nein, Rohitassa. Es ist unmöglich, dieser Welt zu entkommen, indem man reist, auch nicht mit großer Geschwindigkeit.«

Rohitassa sagte: »Du hast recht. In einem früheren Leben bin ich äußerst schnell gereist, so schnell wie das Licht. Ich habe nicht gegessen, nicht geschlafen und nicht getrunken. Ich habe nichts anderes getan, als mich mit großer Geschwindigkeit zu bewegen, und trotzdem ist es mir nicht gelungen, aus dieser Welt herauskommen. Am Ende bin ich gestorben, bevor es mir gelang.«

Sich mit Warpgeschwindigkeit zu bewegen bringt uns weder ans Ziel, noch verleiht es uns Kraft oder Standfestigkeit. Schnellschüsse, Lebenstipps oder Patentlösungen haben nichts Heroisches an sich, zumal sie selten, wenn überhaupt, Wirkung zeigen. Die meisten Durchbrüche beruhen auf einer langjährigen Basis stetiger und konsequenter Bemühungen. Bei so vielen bedeutsamen Vorhaben, die wir in unserem Leben planen, ist es am besten, langsam vorzugehen, mit gemächlicher, aber entschlossener Beharrlichkeit, um schnell voranzukommen. Die moderne Wissenschaft, uralte Weisheiten und das praktische Handeln einiger vor Erfüllung strotzender Spitzenperformer zeigen uns, dass dies stimmt. Wenn wir Geduld haben, ist das, was wir leisten und auf die Beine stellen, auf lange Sicht nachhaltiger. Außerdem werden wir auf unserem Weg von einer wertvolleren Erfahrung begleitet. Wir sind dann weniger verkrampft und offener, weniger gehetzt und präsenter. Der Übergang von schnellem Handeln zu geduldigem Abwarten erfordert zwar, dass wir uns mit unseren Ängsten auseinandersetzen, aber das ist kein Problem.

Wie Sie im nächsten Kapitel sehen, entwickeln wir, wenn wir uns unseren Ängsten stellen, ein tieferes Vertrauen und eine größere Zuversicht in uns selbst und knüpfen auch Kontakte zu anderen. Indem wir uns öffnen und unsere Schwächen erforschen, werden wir standfester. Verletzlichkeit – die Wurzel des Worts ist *vulnus* – bedeutet wörtlich »Wunde« und erfordert Stärke. Und Stärke erfordert Verletzlichkeit.

KAPITEL 5

VERWUNDBARKEIT ZEIGEN, UM ECHTE STÄRKE UND ZUVERSICHT ZU ERLANGEN

Als meine Zwangsstörung zum ersten Mal auftrat, war ich gerade dabei, mir eine Reputation als Experte für das menschliche Leistungsvermögen aufzubauen, mit Artikeln und Zitaten in renommierten Zeitschriften wie der *New York Times*, dem *Wall Street Journal*, *NPR*, *Forbes* und *Wired*. An einem besonders anstrengenden Abend erhielt ich eine E-Mail von einem jungen Mann, der mich fragte, wie ich mit nur 31 Jahren so viel erreicht und ein so interessantes Leben gestaltet hatte. Er ahnte nicht, dass ich den größten Teil des Tages damit verbrachte, mich mit dem Gedanken zu quälen, mein Leben sei völlig sinnlos. Ich befand mich in einem Teufelskreis der Zwangsneurose: Erst ein beunruhigender Gedanke, gefolgt von einem schrecklichen Gefühl; dann der Kampf gegen diesen Gedanken und dieses Gefühl; danach kehrten diese Gedanken und dieses Empfinden heftiger denn je zurück, in einer endlosen Wiederholungsschleife. Als ich die E-Mail dieses jungen Mannes las, brach ich fast zusammen. Ich fühlte mich wie ein Hochstapler, ein Betrüger, als führte ich ein Doppelleben: nach außen hin ein Autor und Fachmann für die Leistungsfähigkeit des

Menschen, aber innerlich ein komplettes Wrack, das in sich zusammenfällt.

Auch wenn meine Erfahrung mit diesem Doppelleben, vielleicht etwas extrem anmutet, ist dieser Eindruck nicht ungewöhnlich. Dieses Gefühl ist so alt wie die Zeit selbst, hat sich aber dank des Internets und der sozialen Medien, in denen sich die Menschen so gerieren, als wäre alles in ihrem Leben perfekt, noch verstärkt. Wissenschaftler der Stanford University fanden heraus, dass die sozialen Medien ein allzu rosiges Bild vermitteln. Die meisten Nutzer, so schreiben die Forscher, filtern und wählen genau aus, was sie im Netz teilen wollen, und bearbeiten diese Vorauswahl an Bildern und Events weiter, um sie noch besser und attraktiver erscheinen zu lassen. Nehmen wir zum Beispiel die frischgebackenen Eltern, die zwar etwas über ihr süßes Baby posten, die schlaflosen Nächte und das Zweifeln, das sich nach der Geburt des Nachwuchses einstellt, die fehlende Intimität mit ihrem Partner und die Belastung ihrer Ehe verschweigen und unter den Tisch kehren. Oder der Geschäftsmann, der auf LinkedIn über den großen Erfolg seines Projekts berichtet, ohne die Ängste, das Burnout und die desaströsen Auswirkungen auf seine Beziehung zu erwähnen, die damit verbunden sind. Infolge eines solchen selektiven Sharings glauben viele, sie stünden mit ihren Schwierigkeiten allein da. Alle anderen, so hat es den Anschein, führen ein fantastisches und glückliches Leben. Diese Fehleinschätzung führt zu noch größerer Verzweiflung bei allen Beteiligten. Denn so entsteht ein Kreislauf, in dem die Nutzer nie das Gefühl haben, ihr Leben sei gut genug, sodass sie immer mehr gefilterte und bearbeitete Updates posten und sich selbst immer mehr gefilterte und bearbeitete Geschichten über sich selbst erzählen – im Wesentlichen, um mit der digitalen Sucht Schritt zu halten. Angesichts der Tatsache, dass so viele Nutzer in den sozialen Medien genau das tun, kann die gesamte erlebte Erfahrung sich spiralförmig so hochschaukeln, dass man zuletzt nur noch ein fassadenmäßiges Dasein führt, sodass sich sowohl der Poster als auch der Betrachter (die meisten Menschen spielen beide Rollen an ein und demselben Tag) schlechter fühlen.

Natürlich ist dieser Kreislauf nicht auf die sozialen Medien beschränkt. Der Versuch, einer aufgeblasenen Persönlichkeit gerecht zu werden – und das gilt nicht nur für Ihr Online-Dasein, sondern auch für Ihr Selbst am Arbeitsplatz; für das »Ich«, das Sie zu öffentlichen Veranstaltungen mitbringen; und manchmal sogar für die perfekte Story, die Sie sich selbst über Ihre eigene Person erzählen –, führt zu dem, was Psychologen als kognitive Dissonanz bezeichnen: zu einem Widerspruch zwischen dem, was Sie von sich selbst behaupten, und dem, was Sie wirklich sind. In seinem 1959 erschienenen Buch *Wir alle spielen Theater. Die Selbstdarstellung im Alltag* hat der Soziologe Erving Goffman unser Selbst als »Vorderbühne« und als »Hinterbühne« beschrieben. Unser Selbst vor der Bühne zeigen wir in gesellschaftlichen Situationen oder wenn wir versuchen, uns etwas vorzumachen. Es neigt dazu, performativ zu sein, als spielten wir eine bestimmte Rolle für ein Publikum. Unser Selbst hinter der Bühne stellt das dar, was wir sind, wenn wir nicht länger schauspielern und uns keine Gedanken darüber machen, wie wir von anderen wahrgenommen werden – oder wir nicht nachhalten, auf welche Art auch immer, wie perfekt wir sind, gemessen an der trügerischen Norm, die den heroischen Individualismus auszeichnet. Unser Selbst vor und hinter der Bühne ist nicht binär; das menschliche Verhalten liegt zum größten Teil auf einer Skala zwischen diesen beiden Extremen. Verbringt jedoch jemand zu viel Zeit damit, sein Ich vor der Bühne zu spielen, insbesondere wenn zwischen seinem vorderen und seinem hinteren Ich eine große Lücke klafft, resultiert das in der Regel in Betrübnis.

Mehr Kummer oder Betrübnis brauchte ich in meinem Leben gewiss nicht ... Kurz nachdem ich die E-Mail von dem jungen Mann erhalten hatte, der mich nach dem Geheimnis meines Erfolgs fragte, beschloss ich, mit meinen Erfahrungen, die ich mit meiner Zwangsstörung erlebt hatte, an die Öffentlichkeit zu gehen. Wollte ich anderen Menschen helfen, die vielleicht im Stillen leiden? Ja, natürlich. Aber mehr als alles andere wollte ich einen Zusammenhang zwischen meiner Identität und meinem Leben herstellen. Ich schrieb einen langen Essay für das Magazin *Outside*, in dem ich mein Herz ausschüttete – ich gab alles über mich preis. Der Artikel wurde zu großen Teilen gekürzt, weil mein Redakteur Bedenken hatte, welchen Einfluss die (gestrichenen) Stellen auf andere Menschen haben könnten, die unter einer psychischen

Krankheit leiden und sich damit alleingelassen fühlen. Hier ein paar Abschnitte, die es in den Druck geschafft haben:

> *Ein besonders erschütternder Moment ereignete sich auf einer langen Autofahrt im vergangenen Oktober. Wie aus dem Nichts überkam mich der Gedanke: »Du solltest einfach die Straße verlassen und dem Ganzen jetzt ein Ende setzen. Deine Familie wird auch ohne dich zurechtkommen.« Es kam mir vor, als wäre ich zu diesem Gedanken geworden, und es gab nichts, was ich tun konnte, um ihm zu entkommen. Irgendwo tief in meinem Innern wusste ich, dass ich mir nicht wirklich das Leben nehmen wollte. Ich besaß gerade genug Eigenwahrnehmung, um zu erkennen, dass diese Gedanken und Gefühle keinen Sinn ergaben. Aber ich hätte alles gegeben, nur nicht mein Leben, um dieses Leiden zu beenden. Es war so schmerzhaft. Diese vier Stunden im Wagen waren die härtesten meines Lebens. Ich hatte tagelang schreckliche Angst – Angst, in ein Auto zu steigen; Angst, in der Nähe scharfer Gegenstände zu sein; Angst, allein zu sein … Meine Ängste nahmen Besitz von meinem Leben. Es war das Einzige, woran ich denken konnte. Manchmal sind sie das immer noch …*
>
> *Es ist schwer, mit einer Krankheit klarzukommen, die meinen Verstand beeinträchtigt. Wenn ich körperliche Verletzungen habe, fällt es mir leicht, zu sagen: »Ich habe eine Zerrung in der Wade«, oder: »Ich habe einen Ermüdungsbruch in der Ferse«. Aber wenn ich meinen Geist nicht kontrollieren kann, muss ich mich fragen, wer »ich« bin. Es ist auch schwer, ein »Experte« auf dem Gebiet des menschlichen Leistungsvermögens zu sein, und das, was ich erlebe, unter einen Hut zu bringen. Manchmal fühle ich mich wie ein Betrüger und ein Hochstapler, zerbrechlich und verängstigt.**

Diesen Essay zu schreiben und zu veröffentlichen fiel mir gewiss nicht leicht. Aber es war wesentlich einfacher, als sich weiterhin wie ein Betrüger zu fühlen. Der Artikel wurde schnell zu meinem meistgelesenen überhaupt. Ich erhielt Hunderte E-Mails von Menschen, die mir

---

* Brad Stulberg: »When a Stress Expert Battles Mental Illness«, *Outside*, March 7, 2018.

ihre Geschichten über psychische Erkrankungen erzählten. Viele von ihnen gehörten in ihrem Beruf zur Weltklasse. (Eines sollten Sie nicht vergessen: Jeder Mensch, und ich meine wirklich jeder, steht vor Herausforderungen und macht dunkle, schwierige Zeiten durch.) Es war nicht meine Absicht, eine Aufmerksamkeit erheischende Geschichte zu schreiben. Ich wollte nur ehrlich sein – ehrlich zu mir selbst und zu anderen. Mein Drang, über meine Zwangsstörung zu schreiben, bestand in erster Linie darin, mich von dem durch meine gespaltene Identität verursachten Leid zu befreien, die kognitive Dissonanz – die Kluft zwischen meinem Ich vor und hinter der Bühne – zu verringern und den Genesungsprozess etwas leichter zu gestalten.

Während dieser Tortur habe ich eine wichtige Lektion gelernt: Ich durfte nicht länger so wahnsinnig hart versuchen, unbesiegbar zu sein oder irgendeiner Vorstellung von heroischem Individualismus gerecht zu werden; stattdessen musste ich einfach ich selbst sein.

Das vierte Prinzip der Bodenständigkeit ist *Verletzlichkeit*. Es geht darum, ehrlich zu sich selbst und zu anderen zu sein, auch und gerade dann, wenn das bedeutet, sich vermeintlichen Schwächen und Ängsten zu stellen. Verletzlichkeit als solche ist seit Langem Teil von religiösen und philosophischen Traditionen wie dem Buddhismus, dem Stoizismus und dem Taoismus. All diesen Lehren ist gemeinsam, dass sie betonen, tief in sich selbst zu graben und die inneren Erfahrungen zu erforschen: sich dem Guten, dem Schlechten, dem Schönen und dem Hässlichen zu öffnen. Diese Traditionen lehren, dass die Konfrontation mit den eigenen Schwächen einem hilft, sich selbst besser kennenzulernen und zu vertrauen und enge und ergiebige Beziehungen zu anderen zu knüpfen. Der Mystiker Meister Eckhart aus dem 13. Jahrhundert lehrte, dass man dort, wo man sich für schwach hält, auch stark ist, und dort, wo man sich für stark hält, auch schwach ist. Auf den nächsten Seiten sehen Sie, dass Sie umso standfester und bodenständiger werden, je mehr Sie sich mit Ihren Schwächen auseinandersetzen, sich ihnen öffnen und sie mit anderen teilen. Es kann hilfreich sein, sich die Schwachstellen als Risse vorzustellen: indem Sie sich ihnen stellen, füllen Sie sie, und wenn es angebracht ist, legen Sie sie offen zutage.

LERNEN SIE, SICH SELBST ZU VERTRAUEN

Sich all den eigenen Erfahrungen zu öffnen ist harte und manchmal sogar erschreckende Arbeit. Es kann erschütternd sein, Teile von sich selbst zu entdecken, die nicht perfekt sind, sondern sich eher durch Zerbrechlichkeit als durch Stärke auszeichnen. »In den über 200 000 Daten, die ich im Rahmen meiner Forschung gesammelt habe, finde ich kein einziges Beispiel für beherztes Handeln, das keine Verletzlichkeit voraussetzt … Fällt Ihnen ein einziger Moment ein, in dem Sie Mut bewiesen haben und der kein Wagnis, keine Ungewissheit und keine emotionale Belastung erforderte?«, schreibt die Forscherin Brené Brown von der University of Houston in ihrem Buch *Entdecke deine innere Stärke*. Brown zufolge fühlen Sie sich umso besser, je vertrauter Sie mit diesen Aspekten Ihres Selbst sind und je mehr Sie lernen, sie zu akzeptieren. Browns Forschungen zeigen: Erkennt man die eigene Verwundbarkeit an – in der Psychologie wird diese Verletzlichkeit fachsprachlich als Vulnerabilität bezeichnet –, so steigert sich das Selbstwertgefühl, wird das gegenseitige Vertrauen in Beziehungen (auch mit sich selbst) gefördert, innovatives Denken begünstigt und Mitgefühl evoziert. Und wenn es darum geht, verletzlich zu sein, haben Sie nicht wirklich eine Wahl, zumindest nicht, wenn Sie sich nach einem erfüllten Leben sehnen.

Vor ein paar Jahren hörte ich mir eine Rede des Dichters und Philosophen David Whyte an. Als ich die Veranstaltung verließ, notierte ich Folgendes in mein Notizbuch: *Die Dinge, die dir wichtig sind, machen dich verletzlich. Die Dinge, die dir am Herzen liegen, brechen dir das Herz.*

Es ist schwer, sich um jemanden oder etwas zu kümmern – und ich meine, sich *wirklich* zu kümmern –, sei es um einen Menschen, ein Ziel oder eine bestimmte Bewegung oder Strömung. Die Dinge laufen nicht immer so, wie Sie es sich wünschen, und nehmen jedes Mal eine andere Richtung. Die Kinder ziehen aus. Ihr Körper altert und Sie müssen zwangsläufig in den Ruhestand gehen. Sie können das Rennen nicht gewinnen, Sie werden Letzter. Das Projekt geht den Bach hinunter. Die Bewegung verfehlt ihr Ziel. Bei Ihrem Lebenspartner wird im Alter von 20 Jahren Krebs diagnostiziert oder Ihre bessere Hälfte, mit der Sie seit 30 Jahren zusammen sind, stirbt. So ist das nun einmal.

Eine normale Abwehrstrategie ist, eine Blockade in sich selbst aufzubauen, damit das Bekümmern ein Ende hat – den Leerlauf einzulegen, statt im höchsten Gang zu fahren; eine Mauer um Ihr Herz zu ziehen, eine Barriere zwischen Ihrem Innersten und der Welt da draußen zu errichten. Vielleicht ist der Schmerz dann nicht so groß, aber die Freuden sind es auch nicht. Ihnen werden viele Reichtümer und Schätze dieser Welt entgehen; ein erfülltes Leben erfordert Verletzlichkeit.

»Verwundbarkeit ist keine Schwäche, keine vorübergehende Unpässlichkeit oder etwas, auf das wir verzichten können«, schreibt Whyte. »Verletzlichkeit ist keine Wahl. Verletzlichkeit ist der grundlegende, allgegenwärtige und andauernde Unterton unseres natürlichen Zustands. Vor der Verletzlichkeit wegzulaufen bedeutet, vor dem Wesenskern unserer Natur zu fliehen.« Wenn Sie aufhören, wegzulaufen, so schwierig es auch sein mag, gibt es keine Aspekte mehr von Ihnen selbst, die Ihnen fremd sind. Sie lernen sich in Ihrer Ganzheit kennen. Und wenn Sie Ihr ganzes Wesen kennen, können Sie sich auch selbst vertrauen. Aus diesem Vertrauen erwächst echte Stärke und Zuversicht. »Ich will mich entfalten«, schreibt der Dichter Rainer Maria Rilke. »Nirgends will ich gebogen bleiben, denn dort bin ich gelogen, wo ich gebogen bin.«

Wo Widerstand, Unterdrückung oder Täuschung herrschen, gibt es Zerbrechlichkeit – die nicht gefüllten Risse in Ihrem Wesenskern. Wie wir in Kapitel 2 gelernt haben, neigen die von uns verdrängten Dinge dazu, stärker zu werden, und sei es nur unter der Oberfläche. Aber wir können sie nicht ewig unterdrücken. Irgendwann tauchen sie auf und erschüttern uns bis ins Mark.

VERLETZLICHKEIT ZU ZEIGEN KOMMT ALLEN ZUGUTE

Am 5. November 2017 traten die Cleveland Cavaliers in der NBA gegen die Atlanta Hawks an. Am Ende der ersten Halbzeit lagen die Cavaliers mit 45 zu 54 Punkten im Rückstand. Kevin Love, der 29-jährige, 1,80 Meter große Forward der Cavaliers, hatte eine relativ ruhige erste Halbzeit. Er erzielte nur vier Punkte und holte vier Rebounds, was weit unter seinem Durchschnitt lag. Love fühlte sich unwohl, er konnte das Problem nicht genau benennen, aber an diesem Abend war er nicht er selbst. Kurz nach Beginn der zweiten Halbzeit, als der Trainer der Cavaliers,

Tyronn Lue, eine Auszeit nahm, kam Love kurzatmig zur Bank. Sein Mund wurde plötzlich trocken und sein Herzschlag fuhr in die Höhe. Ohne zu wissen, was los war, rannte Love von der Bank in die Umkleidekabine. Sein Befinden verschlimmerte sich zusehends. Er landete auf dem Boden im Trainingsraum, lag auf dem Rücken, schnappte nach Luft und dachte, er würde sterben. Es fällt ihm schwer, sich daran zu erinnern, was dann geschah. Die Teamverantwortlichen brachten ihn in die Cleveland Clinic, wo die Ärzte ausführliche medizinische Tests mit ihm durchführten. Alles war in Ordnung. Klar, Love war erleichtert, aber noch mehr war er verwirrt. Was war passiert?

Später erfuhr Love, dass er eine große Panikattacke erlitten hatte. Solche Attacken sind weitverbreitet; Untersuchungen, die in der Fachzeitschrift *Archives of General Psychiatry* veröffentlicht wurden, zeigen, dass 22,7 Prozent der Menschen irgendwann in ihrem Leben einen Panikanfall erleiden. Von denjenigen, die nur ein einziges Mal einen solchen Anfall haben, verbringen die meisten notgedrungen ein paar üble und schwere Tage und machen dann mit ihrem normalen Trott weiter. Einige wenige entwickeln jedoch lang anhaltende Ängste und gehören dann zu den 18 Prozent der amerikanischen Erwachsenen, die eine Angststörung haben, oder zu den 2 bis 4 Prozent, die unter schwereren Angstformen leiden. Love befürchtete, in die letztere Kategorie zu fallen. Auf der Internetplattform *The Players' Tribune* schrieb er: »Ich konnte das, was mir passiert war, nicht vergessen und einfach versuchen, weiterzumachen wie bisher. So sehr ein Teil von mir das auch wollte, konnte ich es nicht zulassen, die Panikattacke und alles, was dahintersteckte, zu verdrängen. Ich wollte mich nicht irgendwann in der Zukunft mit allem auseinandersetzen müssen, wenn es vielleicht noch schlimmer ist. So viel war mir klar.« Also tat Love, was zu dieser Zeit noch nie ein knallharter NBA-Spieler getan hatte: Er stellte sich seinen Schwächen und suchte einen Therapeuten auf. Obwohl er anfangs skeptisch war, sah er schnell ein, wie wertvoll dieser Schritt für ihn war. »Mir ist klar geworden, dass viele Probleme ihren Ursprung an irgendwelchen Stellen haben, die man vielleicht erst erkennt, wenn man sich wirklich mit ihnen auseinandersetzt. Ich denke, es ist für uns ein Leichtes, anzunehmen, dass wir uns selbst kennen, aber wenn man die einzelnen Schichten von unserem Ich abstreift, ist es erstaunlich, wie viel es noch zu entdecken gibt«, schrieb er auf *The Players' Tribune.* Als Love tief in sein Innerstes schaute, wurde ihm klar, wie sehr ihn der Tod seiner Großmutter Carol getroffen und wie vehement er diese Empfindungen verdrängt hatte. Oma Carol hatte eine prägende Rolle in Loves Erziehung gespielt. Als sie 2013 starb, war er gerade auf dem Weg, ein NBA-Star zu werden, und so schnell, wie die Wochen und Monate der Saison dahinrauschten, fand er kaum Zeit, ihren Verlust zu betrauern. Love beschrieb die Phase, in der er sich endlich dem Verlust seiner Großmutter öffnen konnte, als »erschreckend und unangenehm und schwer«. Doch je mehr er sich zu seiner Trauer und zu seinem verworrenen Gefühlsleben bekannte – beides hatte er am meisten gefürchtet –, fühlte sich Love mit der Zeit immer gefestigter. »Ich möchte klarstellen, dass ich mir über all das noch keine Gedanken gemacht habe. Ich fange gerade erst an, die schwierige Aufgabe, nämlich mich selbst kennenzulernen, in Angriff zu nehmen, 29 Jahre lang habe ich es vermieden. Jetzt versuche ich, mir selbst gegenüber ehrlich zu sein, will mich den unangenehmen Seiten des Lebens stellen und gleichzeitig die guten Dinge genießen und dankbar dafür sein. Ich versuche, alles zu erfassen, das Gute, das Schlechte und das Hässliche«, schreibt Love.

Damit ist er nicht allein. Einen Monat, bevor Love auf *The Players' Tribune* über seine Panik- und Angstzustände schrieb, twitterte der damalige Shooting Guard der Toronto Raptors, DeMar DeRozan, kurz nach Mitternacht und zwei Tage bevor er beim All-Star-Game der Liga starten sollte: »Diese Depression macht mich fertig …«. Mit diesen fünf Worten bekannte sich der 28-jährige DeRozan, eher ein scheuer, introvertierter Mensch, sich selbst und der Öffentlichkeit gegenüber zu seinen psychischen Problemen. »Es ist nun einmal so: Egal, wie unverwüstlich wir aussehen, letztendlich sind wir alle Menschen«, sagte er dem *Toronto Star.* »Mich stört das nicht, wenn ich meine Probleme publik mache, und ich schäme mich auch nicht dafür. Heute, in meinem Alter, verstehe ich, wie viele Menschen das durchmachen. Auch wenn jemand nur etwas über mich sagt wie: ›Er macht das jetzt durch und ist trotzdem erfolgreich und macht sein Ding‹, ist das für mich in Ordnung.« DeRozan stellte sich seiner Depression in seiner dunkelsten und einsamsten

Stunde und ermutigte andere, das Gleiche zu tun. Er und Love nahmen ihre Schwächen ins Visier, um stärker zu werden.

ANGSTBEWÄLTIGUNG

In der griechischen Mythologie lebte der Gott Pan in Wäldern und Bergen, in einer Gegend, die für Menschen unsicheres Terrain bedeutete. Drangen sie versehentlich dort ein, wurden sie von Panik, Angst und Schrecken überwältigt. Versuchten sie zu entkommen, lösten selbst die einfachsten Hindernisse – kleine Stöcke und Steine, winzige Löcher im Erdboden oder Windböen – lähmende Angst aus und in ihrer Furcht stürzten Pans Opfer in den Tod. Doch für diejenigen, die sich bewusst an Pan heranwagten und ihm ihre Verehrung erwiesen, war er harmlos. Er beschenkte seine willigen Besucher mit Reichtum, Gesundheit und dem wertvollsten Geschenk überhaupt – Weisheit. In uns allen wohnt unserer eigener Pan. Wenn wir aufhören, ihm aus dem Weg zu gehen und vor ihm wegzulaufen – und stattdessen lernen, uns ihm zu stellen –, erlangen wir Weisheit.

Jemand, der das sehr gut weiß, ist Sara Bareilles. Im Jahr 2014, als sie bereits vier Alben und mehrere Hits veröffentlicht hatte, spürte Bareilles, wie sie ein Burnout ausbremste. Sie beschloss, sich von ihrem Dasein als berühmte Popmusikerin zu verabschieden, ging für Aufnahmen nicht mehr ins Tonstudio und kehrte zu ihren Wurzeln zurück, um sich ganz ohne Ablenkungen auf das Songwriting zu konzentrieren. In dieser Zeit entstand das Musical *Waitress*, für das Bareilles die Musik und die Texte schrieb. Die Show wurde im Frühjahr 2016 am Broadway uraufgeführt. Es war ein durchschlagender Erfolg und brachte Bareilles eine Tony-Nominierung für die beste Filmmusik ein. Sie spricht oft darüber, wie ihre Abkehr vom Stress, vom persönlichen Druck und den Höhen und Tiefen der Popmusikindustrie, um sich auf das Schreiben eines Musicals zu konzentrieren, ihre Liebe zur Kunst des Songwriting neu entfacht hat. All das gab ihr die Freiheit und Möglichkeit, einige ihrer eigenen Schwachstellen zu erkunden. Im Jahr 2019 veröffentlichte Bareilles ihr erstes Studioalbum nach *Waitress*, auf dem sie sich offen und ehrlich zeigte und gleich zur Sache kam. Denn die Songs auf dem Album *Amidst the Chaos* beschreiben, wie man in Zeiten persönlicher Unruhe und chaotischer Zustände ein erfülltes und geerdetes Leben führen kann und wie man inmitten vieler Stürme Kraft und Unerschütterlichkeit zeigt. Kurz nachdem das Album erschienen war, sagte Bareilles gegenüber dem National Public Radio (NPR), die Arbeit an *Amidst the Chaos* habe sie verletzlicher gemacht als je zuvor und sie beim Schreiben, Klavierspielen und Singen auf neue und unbequeme Weise gefordert. Ganz zu schweigen davon, dass viele der Stücke ihren Kampf gegen Angst, Sorgen und Schwermut schildern, und zwar ganz anders als in ihren älteren Werken.

»Im Grunde meines Herzens glaube ich nicht, dass es so etwas wie ›der Dunkelheit zu nahekommen‹ gibt. Ich denke, wir dürfen keine Angst vor dem haben, was ist, und je näher wir der Wahrheit kommen, desto weniger fürchten wir sie«, sagte Bareilles gegenüber NPR. Ihrer Arbeit und ihrem eigenen Selbst fühlt sie sich umso näher, je »mehr sie bereit ist, die tiefsten und dunkelsten Teile ihrer Erfahrungen zu teilen«.

Wenn wir Pan besuchen wollen, so schwierig es auch sein mag, können wir Weisheit und innere Stärke gewinnen.

VOM HOCHSTAPLERSYNDROM ZU DEMUT, ZUVERSICHT UND KRAFT

Die Geschichten von Kevin Love, DeMar DeRozan und Sara Bareilles zeigen uns, dass wir alle vollkommen unvollkommen sind, selbst jene, die uns felsenfest und erfolgreich erscheinen. Wir geben alle unser Bestes und bekommen alles, auf welche Weise auch immer, nach und nach geregelt.

Im Rahmen meiner Tätigkeit als Coach habe ich das Privileg, mit unglaublichen Menschen zu arbeiten, die in ihren verschiedenen Berufen absolute Top-Performer sind. Oft beschleicht mich das Gefühl, nicht auf alles eine Antwort zu haben. Als ich mit dem Coaching begann, war dies eine meiner größten Sorgen. Ich glaubte, am Hochstaplersyndrom zu leiden. [Menschen mit Impostor- oder Hochstaplersyndrom glauben, sie seien nicht sonderlich kompetent und würden in jedem Moment wie ein Hochstapler auffliegen. Anm. d. Red.] Ich erinnere mich, wie ich einen Termin mit einem Klienten hatte und mir auf dem Weg dorthin dachte: *Was könnte ich dieser Person schon beibringen? Warte nur, bis sie dich durchschaut und herausgefunden hat, wer du wirklich bist.* Mit der Zeit habe ich gelernt – und lerne immer noch –, dass niemand alle Antworten parat hat, auch nicht meine Klienten.

Wenn jemand behauptet oder den Eindruck erweckt, er wisse bereits, wie der Hase läuft, ist das in der Regel ein guter Hinweis dafür, lieber die andere Richtung einzuschlagen. Der Anschein felsenfesten Selbstvertrauens und absoluter Gewissheit mag wie ein Zeichen von Stärke erscheinen, ist aber meist eines von Schwäche. Und warum? Die Antwort lautet: Spüren wir, dass jemand oder etwas unser Ideal, unsere Weltanschauung oder unser Selbstverständnis erschüttert, brechen wir oft in uns zusammen. Wenn Sie Ihre Schwächen verdrängen und sich selbst und andere davon zu überzeugen versuchen, dass Sie kompetenter wirken, als Sie eigentlich sind, befinden Sie sich auf dem besten Weg, ein Hochstaplersyndrom zu entwickeln. Denn in Ihrem Innersten ist Ihnen klar, dass Sie nur so tun als ob.

Wenn Sie wissen, dass Sie eben nicht alles wissen und nicht jederzeit alles im Griff haben, werden Sie widerstandsfähiger und bodenständiger – und nicht schwächer oder unsicherer. Sie entwickeln mehr innere Stärke und Selbstbewusstsein. Sozialwissenschaftler bezeichnen dieses Paradoxon bisweilen als »intellektuelle Bescheidenheit«, eine Form des Selbstvertrauens, das man dadurch gewinnt, indem man sich seine Grenzen eingesteht und sich nicht allzu sehr ins Zeug legt, der Beste zu sein oder Macht über andere zu haben. Dazu gehört, dass man herausfinden will, wo die eigenen vermeintlichen Schwächen liegen. Intellektuelle Bescheidenheit geht einher mit größerer Selbsterkenntnis sowie mit besserem Urteilsvermögen und mehr Offenheit für neue Ideen. Ausgehend von Ihrer eigenen Demut entwickeln Sie ein stärkeres, flexibleres und ganzheitlicheres Selbstverständnis.

Wenn Sie verletzlich und bescheiden sind, bauen Sie nicht nur ein stärkeres Selbstbewusstsein auf und werden sich verbundener mit sich selbst, sondern auch mit anderen fühlen. Als Kevin Love und DeMar DeRozan die erdrückende Last des heroischen Individualismus von sich warfen und ihre Geschichten über Panik, Angst und Depression erzählten, erhielten sie Tausende von aufmunternden Briefen von Fans und Bewunderern auf der ganzen Welt. Andere NBA-Spieler begannen, von ihren eigenen Problemen zu berichten, und innerhalb der NBA entstand eine Bewegung für seelische Gesundheit. Die Basketballliga begann im ganzen Land TV-Werbespots auszustrahlen, in denen es darum ging, wie wichtig der Umgang mit psychischen Problemen ist, und führte neue Richtlinien ein, nach denen jede NBA-Organisation einen Fachmann für psychische Angelegenheiten in ihren Reihen haben muss.

Als Sara Bareilles ihre Seele in *Amidst the Chaos* ausschüttete, gewann sie ihren ersten Grammy für den Song mit dem besonders aufschlussreichen Titel »Saint Honesty«. Es ist nicht verwunderlich, dass dieses Lied bei so vielen Zuhörern Anklang fand. In ihrem Buch *Sounds Like Me* schreibt Bareilles: »Mit der Zeit habe ich gelernt, dass das Teilen der Wahrheit meines eigenen Schmerzes und meiner Verletzlichkeit auch ein Weg sein kann, um sich mit anderen zu verbinden.«

Das durchschlagende Thema ist klar. Wenn wir anderen von unserer Verletzlichkeit erzählen, können wir uns zunächst schwach, einsam und isoliert fühlen. Letztendlich gewinnen wir jedoch an Stärke, Vertrauen und Verbundenheit.

VERTRAUEN MIT ANDEREN AUFBAUEN

Die eigene Verletzlichkeit allein ertragen zu müssen ist oft zu viel für uns, und das aus gutem Grund. Es kann tatsächlich zu viel *sein*. Die Spezies Mensch ist anfällig und mit Fehlern behaftet. Vom Tag unserer Geburt bis zu unserem Todestag befinden wir uns in dem Spannungsfeld, einerseits ein eigenständiges Individuum zu sein, sehnen uns aber andererseits danach, geliebt zu werden, Beziehungen zu knüpfen und von etwas gehalten zu werden, das über unser eigenes Selbst hinausgeht. Wir wollen gleichzeitig Individuum und Gemeinschaftswesen sein, und wir brauchen jede Hilfe, die wir bekommen können. Vielleicht ist das der Grund, warum unsere Evolution darauf hinauslief, dass wir unsere Schwächen und Verwundbarkeiten mit anderen unseres Stammes teilen.

Denken Sie an die Theorie vom »verletzlichen Affen«. Sie lautet wie folgt: Vor vielen Jahrtausenden gab es eine Akzentverschiebung im Evolutionsprozess. Innerhalb der natürlichen Auswahl standen bei unserer Spezies Merkmale wie rohe Kraft gewissermaßen ganz oben auf der Liste, dann aber verlagerte sich der Schwerpunkt der Selektion auf Eigenschaften wie Schwäche und Verwundbarkeit, Mitgefühl und die Verbundenheit mit anderen Mitgliedern unserer Spezies. Unsere Vorfahren, die dank dieser »natürlichen Auslese« das Überleben ihrer Art sicherten, waren nicht diejenigen, die am stärksten waren, sondern diejenigen, die am besten ihre Schwächen miteinander teilen und sie gemeinsam überwinden konnten. Man geht davon aus, dass diese »verletzlichen Affen« die Grundlage für den *Homo sapiens*, also für uns, bildeten.

Heute ist dieses Selektionsmerkmal, dass wir verwundbar sind und Schwächen haben, fest in uns verdrahtet und kommt, nachdem wir zur Welt gebracht wurden, gleich zum Vorschein. Bereits eine Stunde nach der Geburt richten Säuglinge ihren Kopf so aus, dass sie Augenkontakt mit ihrer Mutter aufnehmen können. Ab dem zweiten oder dritten Tag reagieren Babys auf die mütterliche Stimme. Als hilflose Säuglinge zeigen wir auf diese Weise unsere Verletzlichkeit und binden uns an unsere Bezugspersonen. Nur so überleben wir.

Verletzlichkeit bietet uns auch im Erwachsenenalter Vorteile, wenn wir uns jemandem verbunden fühlen, und bleibt der Kitt, der enge Beziehungen zusammenhält. Sozialpsychologen der Universität Mannheim führten sieben Teilstudien durch, in denen Erwachsene dazu gebracht wurden, einander Informationen über sich selbst auszutauschen, wobei die Schwächen der einzelnen Teilnehmer entweder geringer oder stärker ausgeprägt waren. Die Forscher stellten immer wieder fest, dass die Person, die etwas von sich preisgab, das Gefühl hatte, ihre Verletzlichkeit werde als Schwäche, als etwas Negatives empfunden. Der Zuhörer jedoch empfand das genaue Gegenteil: Je mehr Schwächen der Mitteilende offenbarte, desto mehr Mut oder Stärke schien er oder sie für den Zuhörer zu zeigen, denn Letzterer betrachtete Verletzlichkeit als eine eindeutig positive Eigenschaft.

»Liebesgefühle einzugestehen, jemanden um Hilfe zu bitten oder die Verantwortung für einen Fehler zu übernehmen sind nur einige Beispiele für Situationen, in denen man seine Verletzlichkeit zeigen muss«, schreiben die Wissenschaftler der Universität Mannheim. »Aus Angst entscheiden sich viele Menschen dagegen.« Aber das, so schlussfolgern die Forscher, sei ein Fehler. »Auch wenn es einem bei einigen Beispielen, bei denen jemand seine Verletzlichkeit offen zutage legt, wie ein Zeichen von innerer Schwäche vorkommen mag, deuten unsere Ergebnisse darauf hin, dass dieses Eingestehen für andere von außen betrachtet eher den Anschein hat, als hätte man damit einen mutigen Schritt getan. In Anbetracht der positiven Folgen [mehr Vertrauen und Verbundenheit, die Bereitschaft, von anderen besser lernen und einen Fehler verzeihen zu können], sich im Hinblick auf das gute oder schlechte Funktionieren einer Beziehung, auf die Gesundheit oder die berufliche Leistung verletzlich zu zeigen, könnte es tatsächlich von Vorteil sein, zu versuchen, die eigenen Ängste zu überwinden und die Schönheit im Chaos der Situationen zu sehen, in denen jemand Schwäche zeigt.« Die Forscher der Universität Mannheim nannten ihr Ergebnis treffend den *Beautiful Mess Effect*.

Tief im Inneren behagt es kaum einem Menschen, so zu tun, als hätte er alles im Griff. Das hat niemand und es ist auf Dauer ermüdend, sich zu verstellen. Wenn Sie Ihren Schutzschild fallen lassen und offen und ehrlich sind, werden andere Sie nicht als schwach einstufen. Im Gegenteil, sie sind erleichtert und denken: *Endlich jemand, der sich nicht verstellt. Jemand, der eher so ist wie ich.* Sie bekommen das nötige Selbstvertrauen und fühlen sich nun selbst befugt, ihre Maske des »perfekten« Menschen, derer sie überdrüssig sind, abzulegen und stattdessen ihre Schwächen zu offenbaren. Wenn eine solche Kettenreaktion immer mehr Menschen involviert – eine Person, die ihre Schwächen zugibt, führt zur nächsten, die ihre Verletzlichkeit offenbart –, werden enge Bande des Vertrauens und der Verbundenheit geknüpft. Wenn Sie also verletzlich sind und zu Ihren Schwächen stehen, entledigen Sie sich nicht nur Ihrer eigenen Fesseln, sondern auch den Menschen in Ihrem Umfeld werden die Ketten abgenommen. Das Ergebnis ist mehr Freiheit und Vertrauen, was wiederum zu besseren, fruchtbareren und tieferen Bindungen führt. Paradoxerweise hindern uns all die Zeit und Energie, die wir in die Gestaltung eines persönlichen Images investieren, und unsere Befürchtungen, mit den anderen in einen Topf geworfen zu werden, daran, die Art von engen Beziehungen aufzubauen, die wir uns am meisten wünschen. Lange vor der experimentellen Wissenschaft und dem *Beautiful Mess Effect* kannten bereits die Taoisten die sozialen Vorteile der Verletzlichkeit. Im 4. Jahrhundert v. Chr. schrieb der taoistische Philosoph Laotse: »Wenn du dich damit begnügst, einfach du selbst zu sein, und dich nicht mit anderen vergleichst oder misst, respektiert dich jeder.«

VERLETZLICHKEIT UND LEISTUNGSVERMÖGEN

Die wegweisende Arbeit der Harvard-Professorin und Forscherin Amy C. Edmondson zeigt: Die leistungsstärksten Teams, ganz gleich, auf welchem Gebiet, leben »psychologische Sicherheit« vor. Was sie »psychologische Sicherheit« nennt, ist dann gegeben, wenn die Teammitglieder den Eindruck haben, ihr ganzes Selbst zeigen und entfalten zu können, ohne negative Auswirkungen zu befürchten. Edmondsons Untersuchung begann in Krankenhäusern, wo sie bemerkte, dass die Teammitglieder, je wohler sie sich untereinander fühlten, umso eher den Mund aufmachten, wenn sie eine Abweichung bei den Patienten entdeckten und so womöglich lebensbedrohliche Fehler verhinderten (wenn beispielsweise eine Krankenschwester oder ein medizinischer Assistent den Chefarzt befragen konnte). Als Edmonson ihre Forschung auf andere Bereiche ausdehnte, stellte sie fest, dass psychologisch sichere Teams besser miteinander auskamen, Hindernisse effizienter überwanden, offener kommunizierten und bei den gängigen Qualitätsindikatoren in den jeweiligen Bereichen besser abschnitten. Psychologische Sicherheit entsteht, wenn die Mitglieder eines Teams sich gegenseitig respektieren und einander vertrauen. Wie Sie sich denken können, ist Verletzlichkeit vielleicht der wichtigste Faktor für beides. »Wir alle haben Schwächen«, sagt Edmonson. »Entscheidend ist, ob man sie zugibt oder nicht. Einen Tipp gefällig? Wenn Sie zu Ihrer Menschlichkeit stehen, schaffen Sie ein sicheres Umfeld für andere, in das Sie sich selbst einbringen können.«

Verletzlichkeit zu zeigen oder einzugestehen fällt nicht leicht. Das gilt besonders dann, wenn Sie in der Regel wohlbehütet waren und einen Großteil Ihres Lebens damit verbracht haben, Ihr Selbst »auf der Bühne« zu präsentieren. Es mag einfacher erscheinen, so zu tun, als wäre man jemand anderes, aber das ist es nicht. Jedes Unbehagen, das aus Schwächen resultiert, wird durch eine nachhaltige Bereicherung an Freiheit, Vertrauen und Verbundenheit aufgewogen, sowohl mit der eigenen Person als auch mit anderen, und das wiederum führt dazu, sich bodenständiger zu fühlen. Die folgenden Übungen sollen Ihnen helfen, Schwächen zeigen zu können. Denken Sie daran, dass Sie nur dann standfester werden, wenn Sie sich Ihren Rissen stellen und sie erforschen.

PRAKTISCHER TEIL: EMOTIONALE FLEXIBILITÄT ENTWICKELN

Achten Sie im Laufe des Tages darauf, ob Sie es sich zur Regelmäßigkeit gemacht haben, vor bestimmten Gedanken, Empfindungen oder Situationen davonzulaufen. Das kann alles Mögliche sein: Vielleicht wollen Sie keine Zeit mit einem Mitglied Ihrer Familie verbringen, das gerade im Sterben liegt. Oder Sie zögern es bei der Arbeit immer und immer wieder hinaus, in wichtigen Meetings das Wort zu ergreifen. Oder Sie wollen partout Situationen vermeiden, in denen Sie sich einsam fühlen könnten. Sobald Sie ein paar Gegebenheiten oder Konstellationen erkannt haben, in die Sie auf keinen Fall geraten wollen, nehmen Sie sich etwas Zeit zum Nachdenken. Stellen Sie sich bei jedem Gedanken, den Sie verdrängen wollen, bei jedem Gefühl, das sie unterdrücken möchten, oder bei jeder Situation, die Sie vermeiden wollen, folgende Fragen:

- Wovor laufe ich weg? Wovor habe ich Angst?
- Was verbirgt sich hinter dieser Angst?
- Was wäre, wenn diese Angst – sei es vor Bedeutungslosigkeit, Versagen, Kontrollverlust, Zeitnot, Peinlichkeit oder Tod – nichts anderes als ein Teil des menschlichen Daseins ist, der sich nicht umgehen lässt?
- Wie sähe es aus, wenn ich dieser Angst etwas Spielraum geben würde, zunächst in mir selbst und dann vielleicht, indem ich sie anderen gegenüber offener zeige?
- Was befindet sich auf der anderen Seite dieser Angst, dieser vermeintlichen Schwäche? Welches sind meine Stärken? Was will ich wirklich? Liebe? Beziehungen und Verbundenheit? Akzeptanz? Sicherheit? Kann ich diesem wahren und tief gehegten Wunsch folgen? Wie wäre es, wenn ich all dies – meine Ängste, meine Stärken und meine wahren Wünsche – auf einmal in mir trüge?

- Wie könnte ich diese Ängste und die Wünsche, die sich dahinter verbergen, als Katalysator nutzen, um zielführend vorzugehen oder um mit meinem Selbst oder möglicherweise mit anderen eine bessere Verbundenheit zu spüren?

Wenn Sie Ihre Ängste auf diese Weise untersuchen, gehen Sie anders mit ihnen um. Auch wenn es Ihnen anfangs schwerfällt, verspüren Sie mit der Zeit nicht mehr den Drang, sie zu unterdrücken oder von sich fortzuschieben. Statt sich zu verschließen oder bewegungslos zu verharren, können Sie sich auf Ihre Ängste einlassen und sich von ihnen zu dem führen lassen, was Sie wirklich wollen. Sie lernen sich selbst besser kennen und gewinnen dadurch mehr Zuversicht und Selbstvertrauen.

Oder Sie entwickeln das, was Psychologen als »emotionale Flexibilität« bezeichnen, das heißt die Fähigkeit, eine breitere Palette an Emotionen zu erleben und leichter zwischen ihnen hin- und herzuwechseln, ohne den Boden unter den Füßen zu verlieren. Emotionale Flexibilität ist unerlässlich, um ein überlegtes, durchdachtes und ganzheitliches Leben zu führen, und die Forschung zeigt, dass sie mit besserem Leistungsvermögen, Wohlbefinden und allgemeiner Zufriedenheit verbunden ist. Das ist nicht weiter überraschend. Die menschliche Natur verlangt von uns, dass wir mehrere Emotionen gleichzeitig empfinden und sie gekonnt steuern. Schließlich gibt es neben der Schwermut auch das Glück, neben dem Tod auch das Leben und neben der Einsamkeit auch Liebe und Verbundenheit.

PRAKTISCHE ÜBUNG: FRAGEN SIE SICH, WAS SIE WIRKLICH SAGEN WOLLEN – UND SAGEN SIE ES AUCH

Ich hatte einmal einen Klienten namens Dale. Er litt unter dem Hochstaplersyndrom, das ihm große Probleme bereitete. Er hatte in seinem Unternehmen eine große neue Aufgabe übernommen und fühlte sich unter Druck gesetzt, wenn er so tun musste, als hätte er alles im Griff, vor allem, wenn er vor großen Gruppen sprach. Er wurde nervös und ängstlich, fühlte sich auf der Bühne allein und kam sich verloren vor. Ich fragte ihn, ob er glaube, dass ich alles im Griff hätte. (Prompt erinnerte ich ihn an meine Zwangsstörung, über die er in den Zeitschriften gelesen hatte.) Dann fragte ich ihn, wie sich meine Schwachstellen auf unsere Beziehung auswirkten. Er zögerte nicht mit der Antwort. »Ich vertraue Ihnen viel mehr, weil ich weiß, dass Sie ein ehrlicher und waschechter Typ sind«, sagte er mir. »Ich fühle mich wohler, wenn ich Ihnen meine eigenen Verunsicherungen anvertraue.«

Ich fragte Dale, ob das auch für all die Menschen in seiner Organisation gilt. Würden sie ihm vielleicht mehr vertrauen, wenn sie wüssten, dass er sich nicht verstellt, er also tatsächlich so ist, wie er sich gibt? Würde er sich vielleicht selbst mehr vertrauen, wenn er so sein könnte, wie er wirklich ist? Als er das nächste Mal vor einer großen Gruppe sprach, sagte er zunächst etwas wie: »Ich weiß nicht genau, wie ich zu dieser Rolle gekommen bin, und manchmal habe ich das Gefühl, überfordert zu sein, aber ich gebe mein Bestes. Lassen Sie mich erzählen, wie ich das mache, und mich dann für all Ihre Ideen öffnen, damit ich – damit wir – es noch besser machen können.« Kurz nach diesem Vortrag hatten Dale und ich eine weitere Sitzung. Er sagte mir, er habe sich noch nie so frei, entspannt und wohl in seiner Haut gefühlt, während er vor einem großen Publikum sprach. Er spürte auch, dass seine Zuhörer sich engagierter und verbundener zeigten als je zuvor.

Wenn Sie sich dabei erwischen, wie Sie sich verstellen oder etwas vorspielen und sich zu sehr anstrengen, um Ihr Selbst vor der Bühne aufrechtzuerhalten, sollten Sie das als Anlass nehmen, innezuhalten und sich zu fragen, was Sie wirklich sagen wollen. Solange es niemanden verletzt oder Schaden zufügt, sagen Sie es dann – oder zumindest etwas, das dem Kern inhaltlich nahekommt. Sie können diese Methode in vielen Situationen anwenden, sei es bei einem Familienessen, einer kurzen Besprechung oder bei einer Rede vor etlichen Menschen. Wie viele praktische Übungen in diesem Buch mag es zunächst eine Herausforderung für Sie sein, insbesondere wenn Sie den Mut aufbringen müssen, zu sagen, was Sie wirklich sagen wollen. Sie können Ihre Schwächen nach und nach aufdecken, indem Sie klein anfangen und schrittweise mehr von sich preisgeben. Mit der Zeit sollten Sie sich stärker und selbstbewusster fühlen und merken, dass es leichter ist, mit anderen in Kontakt oder in Beziehung zu treten.

PRAKTISCHER TEIL: DENKEN SIE DARAN – JEDER MACHT ETWAS DURCH

Der Essay, in dem NBA-Star Kevin Love über seine Panik- und Angstzustände schreibt, hat den Titel: »Jeder macht etwas durch«. DeMar DeRozan hätte ständig von seiner Mutter zu hören bekommen: »Mach dich nie über jemanden lustig, denn du weißt nie, was jemand gerade durchmacht ... Man kann nie wissen.« Love und DeRozan haben recht und ich bin so froh, dass sie diese Botschaft von ihren Plattformen aus verbreiten. Den in diesem Kapitel vorgestellten Untersuchungen zufolge warten die meisten nur auf eine Gelegenheit, sich zu öffnen und preiszugeben, was sie gerade durchmachen. Es ist wesentlich einfacher, unsere Schwächen mit anderen zu teilen, als sie für sich zu behalten. Allein vor jemand anderem auszusprechen, was einen bedrückt – ein Gedanke, eine Gemütsbewegung oder eine bestimmte Lage –, schmälert das Problem erheblich und macht es Ihnen leichter, damit umzugehen, und wenn es nur ein kleines bisschen ist.

Falls Sie das Gefühl haben, ganz allein zu sein, dann denken Sie daran, dass Sie es eben nicht sind. Geben Sie anderen die Chance, verletzlich zu sein, indem Sie selbst Schwächen zeigen. Denn Verletzlichkeit kommt nicht von Vertrauen – Vertrauen kommt von Verletzlichkeit. Falls es bei jemandem nicht gut ankommt, wenn Sie sich öffnen, nehmen Sie es nicht persönlich. Wenden Sie sich an andere, die Sie dort abholen, wo Sie sind. Sollte es Ihnen schwerfallen, mit anderen von Angesicht zu Angesicht über Ihr Problem zu sprechen, beginnen Sie zunächst mit einem Telefonat, einer SMS, einer E-Mail oder einem handgeschriebenen Brief. Wenn Ihre Bemühungen fruchtlos bleiben und Sie von den Menschen in Ihrem Umfeld keine Hilfe erhalten oder Sie Ihre Schwächen als allzu erdrückend empfinden, ziehen Sie einen erfahrenen Therapeuten oder Coach in Betracht. Niemand ist besser für diese Art von Gesprächen gerüstet.

DIE KEHRSEITE DER VERLETZLICHKEIT

Verletzlichkeit bedeutet, dass wir uns stellen – unseren Empfindlichkeiten, unseren vermeintlichen Schwächen und dem, was wir am meisten fürchten. Verletzlichkeit zu zeigen bedeutet harte Arbeit, was erklärt, warum wir Mauern um unsere Herzen errichten und unsere Seelen verhärten. Auch wenn wir glauben, das würde uns stärker machen, irren wir uns, denn es macht uns tatsächlich schwächer und zerbrechlich. Wenn wir uns selbst nicht ganz kennen, können wir uns selbst nicht völlig vertrauen. Und wenn wir uns selbst nicht voll und ganz vertrauen, können wir auch nicht stark, zuversichtlich und geerdet sein, zumindest nicht auf ehrliche Art und Weise.

Verletzlichkeit schafft auch Vertrauen bei anderen, allerdings nur, wenn sie authentisch und echt und nicht nur gespielt ist. Es geht nicht darum, anderen Menschen gegenüber zu sagen, Ihre größte Schwäche bestünde darin, dass Sie sich in Ihrem Job zu sehr anstrengen oder dass Sie manchmal abends zu lange aufbleiben. Vielmehr sollen Sie sagen, was Sie tatsächlich bedrückt: Dass Sie eine Depression hatten, ein Kind verloren oder eine Scheidung hinter sich haben. Dass Sie bei Projekten, die Ihnen sehr am Herzen liegen, versagt haben. Dass Sie Angst davor haben, krank zu werden, oder dass Sie Angst vor dem Tod haben. Natürlich gibt es den passenden Zeitpunkt und den richtigen Ort, die eigenen Schwächen jemand anderem zu offenbaren. Dazu gehören wahrscheinlich nicht das erste Treffen und wohl auch nicht Ihre erste Woche in einem neuen Job. In den meisten Fällen vermeidet man es jedoch, Verletzlichkeit in angemessener Weise auszudrücken, obwohl es gut wäre, sie zu zeigen. Das Leben ist zu kurz, um sich zu verstellen. Je authentischer Sie sich selbst und anderen gegenüber werden können, auch wenn dies nur schrittweise geschieht, umso besser. Die Kehrseiten von Unsicherheiten und Ängsten sind nicht nur Vertrauen, Stärke und Zuversicht, sondern auch Liebe und Verbundenheit.

Verletzlichkeit ist ein Verbindungsglied zur Gemeinschaft und die Gemeinschaft erträgt es, wenn jemand Schwächen zeigt. Das Zusammensein mit anderen sorgt auch für Akzeptanz, Präsenz und Geduld. Sie sorgt für das Fundament, auf dem sich ein bodenständiges Leben entfaltet, durch Höhen und Tiefen hindurch. Das ist das Prinzip der Bodenständigkeit, dem wir uns nun zuwenden.

KAPITEL 6

GEMEINSCHAFTEN BILDEN – EIN WIR-GEFÜHL SCHAFFEN

Die alten Mammutbäume in Felton, Kalifornien, sind fantastisch. Diese Bäume ragen 60 Meter über dem Boden in die Höhe und haben Stämme mit einem Durchmesser von mehr als 3 Metern. Faszinierend ist, dass die Wurzeln dieser riesigen Bäume nur 2 bis 3,5 Meter tief in die Erde reichen. Sie wachsen nicht nach unten, sondern erstrecken sich Hunderte von Metern seitwärts und wickeln sich um die Wurzeln ihrer Nachbarn. Wenn raues Wetter aufkommt, sorgt dieses ausgedehnte Netzwerk eng verflochtener Wurzeln dafür, dass jeder einzelne Baum stark und aufrecht steht. Wir können viel von den Mammutbäumen lernen, denn wir sind ebenfalls dazu bestimmt, Teil eines Netzwerks zu sein, das größer ist als wir selbst. Auch wir gedeihen in Gemeinden oder Communities und sind dann am stärksten geerdet, wenn wir in eng vernetzte Gemeinschaften eingebunden sind.

Ich habe diese Lektion aus erster Hand gelernt, als ich mich in meinen Zwanzigern begann, professionell als Autor und die meiste Zeit von zu Hause aus zu arbeiten. Obwohl ich glücklich darüber war, den Beruf auszuüben, den ich liebte, hatte ich irgendwie das Gefühl, dass etwas nicht stimmte, dass etwas fehlte. Ich fühlte mich einsam. Zu dieser Zeit ergab das keinen Sinn. Dank der weitverbreiteten digitalen Technologie war es einfacher und günstiger denn je, Familie, Freunde und Kollegen jederzeit und überall zu erreichen. Ich schrieb regelmäßig Nachrichten über Facebook an einen Freund, der in den Bergen Nepals lebt; ich nutzte Twitter, um die Themen, über die ich schreibe, mit Experten auf der ganzen Welt zu diskutieren; ich nahm an einem laufenden Gruppen-E-Mail-Chat mit Freunden teil, die ich liebe und bewundere, und ich schrieb meinen Familienangehörigen eine SMS, wenn ich auf dem Weg zu meinem Lieblingscafé war. Viele der Menschen, die mir am meisten bedeuten, waren stets erreichbar. Allem Anschein nach, so glaubte ich jedenfalls, war ich mehr denn je mit anderen Menschen verbunden. Doch manchmal hatte ich immer noch das Gefühl, allein zu sein. Ich fühlte mich nicht niedergeschlagen oder besonders schlecht, aber irgendetwas schien nicht zu stimmen.

Leider ist dieser Eindruck gang und gäbe. Laut den Forschungen des verstorbenen John T. Cacioppo, eines Psychologen, der Pionierarbeit bei der wissenschaftlichen Erforschung der Einsamkeit geleistet und das Center for Cognitive and Social Neuroscience an der University of Chicago geleitet hat, verdreifachte sich die Einsamkeitsrate in Amerika in den vergangenen Jahrzehnten, von 11 Prozent in den 1980er-Jahren auf rund 40 Prozent im Jahr 2010. Andere Untersuchungen, die von AARP (American Association of Retired Persons) und dem Marktforschungsunternehmen Harris Poll durchgeführt wurden, beziffern die Rate für regelmäßige Einsamkeit auf 30 bis 35 Prozent und für gelegentliche Einsamkeit auf bis zu 72 Prozent. Eine Umfrage des Krankenversicherers Cigna aus dem Jahr 2018 ergab, dass 50 Prozent der Amerikaner angeben, sich einsam zu fühlen.

Einsamkeit ist ein subjektives Gefühl. Ein introvertierter Typ braucht vielleicht nicht das gleiche Maß gesellschaftlichen Miteinanders, um sich wohlzufühlen, wie ein extrovertierter Mensch. Daher definieren Cacioppo und andere Experten Einsamkeit im weitesten Sinne als ein Verlangen nach Bindungen, die man nicht hat. Das Paradox besteht darin, dass die Einsamkeitsrate in einer Zeit, in der wir zumindest digital stärker vernetzt sind als je zuvor, sprunghaft angestiegen ist – ein Thema, das wir später in diesem Kapitel untersuchen. Aber lassen Sie mich zunächst kurz darauf eingehen, warum die zunehmende Einsamkeit so besorgniserregend ist.

Einsamkeit wird mit mehreren Faktoren in Verbindung gebracht: mit einem erhöhten Spiegel des Stresshormons Cortisol, schlechtem Schlaf, einem erhöhten Risiko für Herzkrankheiten und Schlaganfälle, einem beschleunigten Abbau kognitiver Fähigkeiten, einer erhöhten systemischen Entzündung, einer verminderten Immunfunktion sowie mit Angst und Depressionen. Forscher der Brigham Young University haben all dies in einer umfassenden Studie zusammengetragen, in der mehr als 300 000 Menschen durchschnittlich 7,5 Jahre lang beobachtet wurden. Sie fanden heraus, dass das mit Einsamkeit verbundene Sterblichkeitsrisiko höher ist als das Risiko, an Fettleibigkeit und körperlicher Inaktivität zu sterben, und dass es mit dem des Rauchens vergleichbar ist.

Die abträglichen Folgen der Einsamkeit gehen über unsere individuellen Erfahrungen hinaus und wirken sich zudem auf unser Beziehungsleben aus. Die Beziehungstherapeutin Esther Perel ist der Ansicht, ein Grund für viele unbefriedigende Partnerschaften liege darin, dass den Beteiligten die Zugehörigkeit zu einer breiteren Gemeinschaft fehlt. »Wir verlangen von einer Person, dass sie uns das gibt, was früher ein ganzes Dorf geboten hat«, sagt sie. »Das erdrückt uns. Es stellt viel zu viele Erwartungen [an die Beziehung].« Ja, wir haben uns entwickelt, um Beziehungen mit vertrauten Menschen einzugehen, aber zu dem Plan unseres Entwicklungsprozesses gehörte auch, dass wir Gemeinschaften angehören. Unsere Fähigkeit, zu überleben – und erst recht zu gedeihen –, beruht darauf, dass wir Mitglieder ein und desselben Stammes sind. Von uns selbst oder einer einzigen anderen Person zu verlangen, dass sie alle unsere Bedürfnisse erfüllt, ist so gut wie unmöglich und darüber hinaus unklug.

Das fünfte Prinzip der Bodenständigkeit ist die *Gemeinschaft mit Wir-Gefühl*. Der unaufhörliche Drang des heroischen Individualismus, dass Menschen unbedingt »produktiv«, »optimiert« und »effizient« sein müssen, verdrängt oft die Zeit und die Energie, die wir sonst dafür aufwenden würden, enge Bindungen sowohl zu anderen Menschen als auch zu Traditionen, Handwerken und Nachfahren aufzubauen, die uns eine gewisse Zugehörigkeit vermitteln. Das Kuriose dabei ist, dass diese engen Bindungen nicht nur dazu führen, dass wir uns besser fühlen und die Welt zu einem besseren Ort machen, sondern dass sie uns auch helfen, besser zu funktionieren.

WIR-GEFÜHL IST EIN MENSCHLICHES GRUNDBEDÜRFNIS

Bei der Recherche zu seinem Buch *Tribe* stellte der investigative Reporter Sebastian Junger fest, dass viele Soldaten in einem Krieg zufriedener sind als zu Hause. Das mag zunächst irritieren, doch wie Junger herausfand, empfinden Soldaten im Krieg ein viel stärkeres Wir-Gefühl. »Menschen machen Entbehrungen nichts aus, sie gehen sogar darin auf«, schreibt er. »Was sie stört, ist der Eindruck, dass es für sie nichts zu tun gibt. Die moderne Gesellschaft hat die Kunst perfektioniert, den Menschen das Gefühl zu geben, nicht gebraucht zu werden.«

Jungers Beobachtung der Soldaten deckt sich mit der jahrzehntelangen Forschung über die grundlegenden Elemente, die die menschliche Motivation, Zufriedenheit und Erfüllung bestimmen; diese Arbeiten ergeben zusammen die sogenannte »Selbstbestimmungstheorie« (engl. *Self-Determination Theory*, kurz SDT). Die SDT zeigt, dass Individuen erfolgreich sind, wenn drei Grundbedürfnisse erfüllt werden:

1. ***Autonomie*** oder zumindest etwas Kontrolle darüber haben, wie wir unsere Zeit verbringen und in was wir unsere Energie stecken.
2. ***Kompetenz*** oder Wege zu finden, sich in den von uns gewählten Bereichen spürbar zu verbessern.
3. ***Verbundenheit*** oder das Gefühl der Zugehörigkeit zu haben und Beziehungen mit anderen zu pflegen.

Werden eines oder mehrere dieser Grundbedürfnisse nicht erfüllt, geht es mit der Gesundheit und dem Wohlbefinden bergab und die Quote der unter Burnout leidenden Menschen steigt. Ganz gleich, wie sehr wir glauben, wir könnten es allein schaffen: Die Forschung zeigt, dass wir es nicht können – zumindest nicht gut oder längerfristig.

Wir sind soziale Tiere. Unsere Fähigkeit, zu kommunizieren, zusammenzuarbeiten und an einem Strang zu ziehen, war einer der größten Wettbewerbsvorteile unserer Spezies. Vor Jahrtausenden, damals in der Savanne, hatten Gruppen von Primaten und frühen Menschen, die eng miteinander verbunden waren, einen erheblichen Vorteil gegenüber Gruppen, die es nicht waren. Folglich begünstigte die Evolution im Laufe der Zeit gut funktionierende Gruppen sowie Individuen, die ein Geschick dafür hatten, sich zu integrieren und am sozialen Leben ihrer Gruppe teilzunehmen. In der Wissenschaft bezeichnet man diesen Prozess als »Gruppenselektion«.

Der Evolutionspsychologe Jonathan Haidt glaubt, dass wir durch die Gruppenselektion das entwickelt haben, was er unsere »sozialen Instinkte« nennt. Für einen Menschen der Vorzeit, der allein auf sich gestellt war, war es zum Beispiel viel wahrscheinlicher, von einem Raubtier angegriffen zu werden oder während einer Hungersnot zu verhungern. Nicht so bei jemandem, der in einer Gruppe lebt, deren Mitglieder sich gegenseitig beschützen, Mut zusprechen und ihre (Nahrungs-)mittel teilen.

Noch heute zeigt die Forschung, dass die Zugehörigkeit zu einer Gemeinschaft für unsere Primatenvorfahren große Vorteile mit sich brachte. Eine Studie der University of California, Los Angeles, aus dem Jahr 2003 ergab, dass der Grad der sozialen Einbindung und Zugehörigkeit eines Pavianweibchens die Überlebenschancen ihrer Kinder vorhersagen konnte. Spätere Untersuchungen, die zwischen 2010 und 2014 publiziert wurden, zeigten, dass enge soziale Bindungen nicht nur den Säuglingen ein längeres Leben bescherten, sondern auch ihren Müttern. Paviane, die sozial isoliert waren, erkrankten hingegen häufiger und zeigten oft Verhaltensweisen, die menschlichem Leid nicht unähnlich waren.

Nimmt man all dies zusammen, wird deutlich, dass Gemeinschaft und Zugehörigkeit kein *Nice-to-have* oder ein zusätzliches Element unseres menschlichen Daseins sind. Vielmehr sind sie von zentraler Bedeutung für unser Wesen, für unser Vermögen, gesund zu sein und zu gedeihen. Sie sind in unserer DNA.

Der Psychologe, Soziologe und Philosoph Erich Fromm schrieb 1941 in seinem Buch *Die Flucht vor der Freiheit*: »Sich völlig allein und isoliert zu fühlen führt zum geistigen Zerfall, so wie körperlicher Hunger zum

Tod führt.« Er erklärt jedoch, dass Verbundenheit zwar oft körperlicher Natur ist, dies aber nicht immer der Fall sein muss. »Verbundenheit mit anderen ist nicht identisch mit körperlichem Kontakt. Ein Mensch kann im physischen Sinne viele Jahre lang allein sein und sich dennoch mit Ideen, Werten oder zumindest sozialen Mustern identifizieren, die ihm ein Gefühl der Gemeinschaft und der ›Zugehörigkeit‹ vermitteln. Andererseits kann er unter Menschen leben und ist dennoch von dem Gefühl überwältigt, völlig isoliert zu sein.« Im weiteren Verlauf dieses Kapitels wird erörtert, dass wir am zufriedensten sind, wenn wir diese beiden wesentlichen Triebe befriedigen: eine innere Zugehörigkeit und einen adäquaten äußeren Kontakt zu anderen Menschen zu haben. Meine Behauptung ist, dass diese beiden Triebe, die ich zusammengenommen als »Gemeinschaft mit Wir-Gefühl« bezeichne, sich gegenseitig ergänzen und verstärken und somit zu einer fundierteren und konsequenteren Bodenständigkeit führen.

VEREINSAMUNG UND GEMEINSCHAFT KOMMEN VON SELBST

John Cacioppos Forschungen zeigen: Fühlen sich Menschen einander verbunden, fühlen sie sich nicht nur gut, sondern auch sicher. Gleichermaßen geht es ihnen nicht nur schlecht, wenn Sie allein sind, sondern sind auch unsicher. Auch wenn man allein ist und sich nicht einer physischen Bedrohung ausgesetzt fühlt, so sendet das Zusammenspiel von Körper und Geist, das durch die Evolution jahrtausendelang programmiert wurde, Warnsignale aus. Das ist der Grund, warum Einsamkeit mit einer erhöhten Konzentration von Stresshormonen, hohem Blutdruck und schlechtem Schlaf in Zusammenhang gebracht wird. In vielerlei Hinsicht kann Einsamkeit der Angst sehr ähnlich sein.

Das physiologische Unbehagen, das mit Vereinsamung einhergeht, dient heute demselben Zweck wie vor Tausenden von Jahren. Sie sind ein instinktives Signal zur Kontaktaufnahme. In der heutigen Zeit bedeutet das, zum Telefon zu greifen und einen Freund anzurufen, sich zu verabreden oder zumindest das Haus zu verlassen und am öffentlichen Leben teilzunehmen. Wird jemand jedoch chronisch einsam, können sich die gleichen physiologischen Stresssymptome verschlimmern und einen gegenteiligen Effekt verursachen, sodass der Betroffene sich noch darin bestärkt fühlt, sich abzuschotten und sich weiterhin zu isolieren.

Und das funktioniert folgendermaßen: Wenn Sie anfangen, sich chronisch einsam zu fühlen, nehmen Sie Bedrohungen mit erhöhter Aufmerksamkeit wahr. Denken Sie an die Evolution: Wären Sie nicht von einer Gruppe mit Artgenossen umgeben, würde der Druck, sich in Sicherheit zu bringen, allein auf Ihren Schultern lasten. Sie würden ununterbrochen nach Gefahren Ausschau halten und vielleicht sogar auf Schlaf verzichten. Leider fällt es jemandem, der sich ständig bedroht fühlt und um sich selbst besorgt ist, erheblich schwerer, sich in andere einzufühlen und mit ihnen in Kontakt zu treten, was einen Teufelskreis in Gang setzt, der zu noch größerer Einsamkeit führt. Um dies zu beweisen, hat Cacioppo in einer seiner Studien Collegestudenten hypnotisiert, damit sie den Eindruck bekämen, sie seien einsam. Er und seine Kollegen versetzten die Teilnehmer in Zeiten ihres Lebens zurück, in denen sie sowohl Einsamkeit als auch Zusammengehörigkeit in einer Gemeinschaft erlebten. Anschließend führten sie Tests zur Sozialkompetenz durch, deren Ergebnis zeigte: Sobald die Studenten unter Hypnose glaubten, sie seien einsam, schnitten sie bei den Tests deutlich schlechter ab; das war auch bei den kontaktfreudigsten Studenten zu beobachten. Statt nach Zusammengehörigkeit zu suchen, waren die hypnotisierten »einsamen« Studenten allzu sehr damit beschäftigt, ihre Umgebung sowohl innerlich als auch äußerlich nach Anzeichen einer Bedrohung abzusuchen. Wurde den Probanden jedoch im hypnotischen Zustand eingeredet, dass sie gute Kontakte und Beziehungen geknüpft hätten, schnitten sie bei den Tests zu ihrer Sozialkompetenz besser ab.

Mit dem Ziel, die neurologischen Korrelate für dieses Verhalten aufzuspüren, setzte Cacioppo die funktionelle Magnetresonanztomografie (fMRI) ein, um einsamen Menschen in den Kopf zu schauen. Es stellte sich heraus, dass ihre Gehirne wesentlich schneller Aktivitäten zeigten, wenn sie mit negativen Auslösereizen konfrontiert wurden, und sie bewerteten neutrale Reize eher als gefährlich. Mit anderen Worten: Die Gehirne der einsamen Menschen hielten ununterbrochen Ausschau nach Bedrohungen und waren darauf vorbereitet, sie zu erkennen; im

Grunde waren sie immer in Alarmbereitschaft. Das ist kein guter Geisteszustand, um Beziehungen zu knüpfen.

Glücklicherweise gibt es Grund zu der Annahme, dass auch der gegenteilige Effekt zutrifft. So wie Vereinsamung sich von selbst ergibt, so gilt das Gleiche für die Gemeinschaft und das Wir-Gefühl. Wenn Sie eine größere Zahl von Menschen treffen und auf authentische Art und Weise Kontakte knüpfen, erweitern Sie Ihre soziale Kompetenz und Ihr Selbstvertrauen. Sie fühlen sich nicht mehr einsam und bedroht, sondern als Teil einer Gruppe. Je mehr Wir-Gefühl Sie entwickeln, desto sicherer fühlen Sie sich. Statt sich mit sich selbst zu beschäftigen, setzen Sie Kapazitäten frei, um auf andere zuzugehen – erst mit weiteren Freunden, dann mit den Freunden von Freunden und so weiter.

Lange vor dem heroischen Individualismus, der so charakteristisch für unsere heutige Zeit ist, und der damit zusammenhängenden Einsamkeit, die mittlerweile in unserer Gesellschaft fast epidemische Ausmaße angenommen hat, wies bereits der Kirchenvater Augustinus im 4. Jahrhundert darauf hin, welch zentrale Bedeutung eine tief empfundene Gemeinschaft hat. Im 8. Buch seiner *Bekenntnisse* beschreibt er seine Bekehrung nicht nur als einen Weg zu einem spirituelleren Leben, sondern auch als eine Verpflichtung gegenüber einer Gemeinschaft von Menschen, die er braucht und liebt. Obwohl viele Augustinus' Spiritualität mit innerer Stärke und Individualismus in Verbindung bringen, ist für ihn ein Selbst nur dann stark, wenn es in einer Gemeinschaft verankert ist. Sein ganzes Leben lang sagte er: »Ohne Freunde könnte ich nicht glücklich sein.« Die Freundschaft gab dem Leben des heiligen Augustinus einen Sinn. In einer berühmten Predigt, die er im 4. Jahrhundert hielt, sagte er, dass »in dieser Welt zwei Dinge wesentlich sind: ein gesundes Leben und Freundschaft«.

Bereits die frühesten buddhistischen Lehren der östlichen Welt erklärten, dass es drei Juwelen gibt – drei grundlegende Aspekte des Lebens, die immer Vorrang haben sollten: der Buddha, der das tiefe innere Bewusstsein in uns allen repräsentiert, Dharma oder die Lehren des spirituellen Pfads und Sangha oder die Gemeinschaft, die auf dem Weg zur Erleuchtung entstehen soll.

In einem Abschnitt im *Pali-Kanon*, einem der ältesten erhaltenen buddhistischen Texte, wendet sich der treue Begleiter Ananda an Buddha und fragt: »Ehrwürdiger Herr, ist das die Hälfte des spirituellen Lebens, nämlich gute Freundschaft, gute Gemeinschaft und gute Kameradschaft?«

Der Buddha antwortet hocherfreut und doch streng: »So nicht, Ananda! So nicht! Es ist das gesamte spirituelle Leben, nämlich gute Freundschaft, gute Gemeinschaft und gute Kameradschaft.«

TECHNOLOGIE, GEMEINSCHAFT UND WIR-GEFÜHL

Ein immer wiederkehrendes Thema in diesem Buch ist, wie sehr die Digitalisierung unser Leben durchdringt – ein Zurück in die analoge Welt wird es wohl nicht mehr geben. Insbesondere im Hinblick auf das Gemeinschaftswesen stellt die Digitaltechnik zwei miteinander verbundene Dilemmata dar:

1. Die Digitalisierung hat uns die Befähigung – aber auch den daraus resultierenden Druck – gegeben, stets alles »optimieren« zu können und produktiv zu sein, was oft auf Kosten der Zeit und Energie geht, die wir für die Bildung eines Gemeinschaftswesens aufwenden. In ihrem Buch *The Lonely American: Drifting Apart in the Twenty-first Century* beschreiben Jacqueline Olds und Richard Schwartz, beides Professoren für Psychiatrie in Harvard, die zunehmende Vereinsamung von Menschen und das Dahinschwinden bedeutsamer Beziehungen. Einer der treibenden Faktoren dafür, so schreiben sie, sei die vermehrte Konzentration auf »Produktivität und den Kult des Geschäftigseins«. Olds und Schwartz erklären, ein zu großer Tunnelblick und allzu viel investierte Arbeitszeit hätten dazu geführt, dass es wesentlich weniger Gemeinschaften mit Wir-Gefühl gibt, wodurch es in der Folge zu mehr sozialer Isolation und den damit verbundenen Gemütsstörungen gekommen sei.

Olds' und Schwartz' Forschungsergebnisse erinnern an die Schriften des Dichters und Philosophen David Whyte. In seinem Buch *Crossing the Unknown Sea: Work as a Pilgrimage of Identity* aus dem Jahr 2001, erschienen also in einer Zeit, bevor wir alle Smartphones in unseren Taschen hatten, warnt Whyte vor den großen Gefahren, wenn das Wir-Gefühl von Gemeinschaften vernachlässigt wird, weil unser Berufsleben alles verschlingt: »Die Dynamik der Freundschaft wird als konstante Kraft im menschlichen Leben fast immer unterschätzt«, schreibt er. »Ein schrumpfender Freundeskreis ist die erste schreckliche Diagnose für ein Leben, das in tiefen Schwierigkeiten steckt, und die Gründe sind: Man ist überarbeitet, legt zu sehr Wert auf die berufliche Identität und vergisst, wer für uns da ist, wenn unsere gepanzerten Persönlichkeiten auf die unvermeidlichen und natürlichen misslichen Umstände und Schwächen stoßen, die selbst bei einem Durchschnittsmenschen vorhanden sind.«

Schon lange zuvor hatte der französische Soziologe Émile Durkheim in seinem Werk *Der Selbstmord* aus dem Jahr 1897 festgestellt: »Die Gesellschaft kann nicht auseinanderfallen, ohne dass sich das Individuum vom sozialen Leben abkoppelt, ohne dass seine eigenen Ziele gegenüber denen der Gemeinschaft in den Vordergrund treten, kurz gesagt, ohne dass seine Persönlichkeit dazu neigt, die kollektive Persönlichkeit zu überwinden. Je geschwächter die Gruppen sind, denen es angehört, desto weniger ist es von ihnen abhängig, desto mehr ist es folglich nur auf sich selbst angewiesen und erkennt keine anderen Verhaltensregeln an als die, die auf seinen privaten Interessen beruhen. Wenn wir uns darauf einigen, diesen Zustand als Egoismus zu bezeichnen, bei dem sich das individuelle Ego gegenüber dem sozialen Ego und auf dessen Kosten bis zum Exzess durchsetzt«, so Durkheim weiter, »dann können wir ... [das] auch als eine besondere Art von Selbstmord bezeichnen, der dem exzessiven Individualismus entspringt.« Ich kann mir vorstellen, was Durkheim über den heutigen heroischen Individualismus, seine Folgen und die Bedeutung der Bodenständigkeit als Alternative zu sagen hätte.

2. Viele digitale Technologien werden genutzt, um uns ein Leben in virtuellen Communities vorzugaukeln, während sie das physische Zusammensein untergraben. Wir glauben, wir knüpfen Kontakte oder bauen Beziehungen auf, wenn wir tweeten, posten, simsen oder eine E-Mail schreiben, und dass wir dies auf *effiziente* Weise tun. Aber das ist Wunschdenken. Wie Sie auf den nächsten Seiten sehen, können Gemeinschaften im digitalen Raum, auch wenn sie in bestimmten Situationen zielführend sind, nicht die Kraft des gesellschaftlichen Umgangs im wirklichen Leben ersetzen.

Viele von uns fallen diesen beiden miteinander verknüpften Problemen zum Opfer. Es ist ein wesentliches Merkmal des heroischen Individualismus, dass wir zunehmend unter Druck geraten und uns unsicher fühlen, wenn wir nicht rund um die Uhr online sind. Darüber hinaus haben wir extrem leistungsstarke Computer zu Hause und sogar in unseren Taschen. Die Folge ist, dass wir ohne Unterlass arbeiten und dabei weniger Zeit und Energie für die Bildung von Gemeinschaften aufwenden. Manchmal wird das auf so subtile Weise verdrängt, dass wir es nicht einmal bemerken. Hier sind ein paar persönliche Beispiele, von denen keines an sich problematisch ist, die aber alle ein Problem darstellen, wenn sie erst einmal zur Gewohnheit werden, was nur allzu leicht passieren kann:*

- Ich bin oft versucht, allein ins Fitnessstudio zu gehen, statt mit meinen Trainingspartnern. Ich weiß zwar, dass ich mich mit meinen Kollegen besser fühle, aber allein kann ich nach meinem eigenen Zeitplan und so effizient wie möglich trainieren, sodass mein Training seltener unterbrochen wird und ich mehr schaffe.
- Ich habe mich oft dafür entschieden, zum Arbeiten in meiner Wohnung zu bleiben und nicht in ein Café zu gehen, weil ich befürchtete, meinen Schreibfluss zu unterbrechen oder Zeit mit dem Hin- und Herpendeln zu verschwenden.
- Ich habe mich in die sozialen Medien gestürzt, obwohl ich mit einem guten Freund hätte telefonieren oder etwas Sinnvolles (und zwar persönlich) mit anderen Menschen hätte unternehmen können.

* Bei all diesen Beispielen wird davon ausgegangen, dass es keinerlei Gesundheitsrisiko mit sich bringt, wenn man weiterhin diesen Beschäftigungen nachgeht. Zum Zeitpunkt des Verfassens dieser Zeilen steckt ein Großteil der Welt immer noch tief in der COVID-19-Pandemie. Dennoch wird diese Pandemie irgendwann vorübergehen. Infolgedessen werden die Menschen wahrscheinlich zunehmend weniger Lust haben, sich persönlich zu treffen, selbst wenn es ungefährlich – und wohl wichtiger denn je – ist, dies zu tun.

Das letzte Beispiel ist besonders interessant, wenn man bedenkt, wie neu und allgegenwärtig die sozialen Medien sind, was eine weitere Betrachtung verdient.

VIRTUELLES KONTRA PHYSISCHES BEISAMMENSEIN

Das Pew Research Center, ein unabhängiges Meinungsforschungsinstitut und ein Think Tank, begann 2005, die Nutzung sozialer Medien zu beobachten. Damals waren etwa fünf Prozent der Amerikaner in den sogenannten *Social Media* aktiv; im Jahr 2020 lag diese Zahl bei fast 70 Prozent und es deutet fast alles darauf hin, dass sie weiter steigen wird. Ob es Ihnen gefällt oder nicht, aber Facebook, Instagram und Co. sind heutzutage ein zentraler Bestandteil des Lebens. In den vergangenen Jahren war es angesagt, die sozialen Medien schlechtzumachen, sah man in ihnen doch eine Macht am Werk, die alles kaputt macht, was gut ist, einschließlich des Gemeinschaftswesens. Aber die Wahrheit ist viel komplexer. In ihrem 2020 erschienenen Buch *Friendship: The Evolution, Biology, and Extraordinary Power of Life's Fundamental Bond* schreibt die Autorin und Sozialwissenschaftlerin Lydia Denworth, dass »die bisherigen Studienergebnisse zu sozialen Medien und dem Gemeinschaftswesen so uneinheitlich sind, dass sie auf eine wissenschaftliche Version von ›der eine sagt dies, der andere sagt jenes‹ hinauslaufen. Für jede Studie, die eine zunehmende Vereinsamung bei Nutzung der sozialen Medien feststellt, gibt es eine andere, die zeigt, dass immer mehr Kontakte geknüpft und Communities gebildet werden.«

Schauen wir uns ein paar Beispiele an: Für eine umfassende Metaanalyse hat der Psychologe Jeff Hancock, Direktor des Social Media Lab an der Stanford University, Daten aus 226 zwischen 2006 und 2018 veröffentlichten Studien gebündelt. Insgesamt umfassten diese Untersuchungen mehr als 275 000 Menschen. Er wollte ein für alle Mal die Frage klären, ob sich soziale Medien positiv oder negativ auf das Gemeinschafts- und Beziehungswesen auswirken. Das Ergebnis? Es kommt darauf an. Hancock kam zu dem Schluss, dass *Social Media* ein Konglomerat aus Nutzen und Kosten mit sich bringt. Insgesamt zeigten die sozialen Medien, wenn es um die Bildung von Beziehungen geht, weder für das eine noch für das andere nennenswerte Auswirkungen, denn: »Die Nutzung sozialer Medien ist im Wesentlichen ein Kompromiss«, sagt er. »Das eigene Wohlbefinden wird gefördert durch winzige Vorteile, die mit sehr geringen Kosten verbunden sind.«

Hancocks Ergebnisse decken sich mit einem anderen Forschungsprojekt, das 2019 publiziert wurde und von Andrew Przybylski und Amy Orben von der University of Oxford durchgeführt wurde. Sie untersuchten die Daten von mehr als 350 000 Jugendlichen und stellten fest, dass die Nutzung sozialer Medien so gut wie keinen Einfluss auf ihr Wohlbefinden hat. Ungefähr zu der Zeit, als ihre Ergebnisse veröffentlicht wurden, sorgten Przybylski und Orben in vielen führenden Zeitschriften für Schlagzeilen, weil sie darauf hinwiesen, dass der Zusammenhang zwischen dem Gebrauch sozialer Medien und dem Wohlergehen von Jugendlichen in etwa dem Zusammenhang zwischen Wohlbefinden und dem »Essen von Kartoffeln« ähnelt.

Eine an der University of Pittsburgh durchgeführte Studie kam jedoch zu einem anderen Schluss. Untersucht wurde eine landesweit repräsentative Stichprobe von 2000 Personen und das Fazit der Forscher lautete: Eine vermehrte Nutzung sozialer Medien – sowohl im Hinblick auf die Häufigkeit der Besuche auf den Seiten dieser Medien als auch auf die Dauer der einzelnen Besuche – stand im Zusammenhang mit einer höheren Zahl von Menschen, die unter Einsamkeit leiden.

Zum Zeitpunkt der Veröffentlichung dieses Buchs stecken die sozialen Medien noch in den Kinderschuhen, zumindest in wissenschaftlicher Hinsicht. Im Laufe der Jahre werden wir durch weitere Forschungen mehr über ihre kurz- und langfristigen Auswirkungen erfahren. Derzeit sind die Experten der Ansicht, dass die uneinheitlichen Ergebnisse der Studien einen kleinen, aber wesentlichen Unterschied widerspiegeln, wenn es um *Social Media* geht: Werden sie genutzt, um die persönlichen Kreise zu erweitern – um Menschen im Netz kennenzulernen und sich dann im echten Leben zu treffen; um Gruppen mit ähnlichen Interessen zu finden; um mit Menschen in anderen Regionen in Kontakt zu bleiben oder wenn man sich nicht persönlich treffen kann –, dann mag das von Vorteil sein. Dienen soziale Medien jedoch als Ersatz für persönliche Begegnungen und für andere, tiefergehende

Formen des Beziehungsaufbaus, kann dies schädlich sein.* Soweit wir wissen, kann nichts eine Beziehung ersetzen, in der man persönlich präsent ist. Wie Studien zeigen, sind physische Anwesenheit und körperliche Berührung entscheidend für Empathie, Beziehungen und Zugehörigkeit. Jeder, der schon einmal in einer schwierigen Situation war und von jemandem getröstet wurde, der ihm die Hand auf die Schulter gelegt oder ihm einfühlsam in die Augen geschaut hat, weiß das aus erster Hand.**

»Nutzt man diese [digitalen] Zusammenkünfte als Zwischenstation – Kinder machen das oft; sie chatten über Facebook, um sich dann irgendwo zu treffen –, ist die Quote, dass man sich einsam fühlt, eher gering«, sagt Cacioppo. »Sind diese digitalen Treffen eher das eigentliche *Ziel*«, schreibt er, dann gilt das weniger. »Merkwürdigerweise neigen einsame Menschen dazu, sich vom gesellschaftlichen Leben zu distanzieren, weil sie es als anstrengend empfinden. Wenn sie hingegen online unterwegs sind und mit anderen virtuell in Kontakt treten, vielleicht in Form eines Ichs, das in Wirklichkeit gar nicht existiert und daher nicht authentisch ist, gibt es ihnen das Gefühl, akzeptiert zu werden. Aber sie fühlen sich dadurch nicht wirklich weniger einsam.«

Ein weiterer Vorbehalt gegenüber der hier erwähnten Forschung ist, dass sie lediglich untersucht, wie soziale Medien sich auf die Bildung von Gemeinschaften auswirken. Es ist zunehmend zu beobachten, wie *Social Media* durch die Verbreitung von Verschwörungstheorien und anderen Fake News mitunter die Abschaffung demokratischer Werte

---

* Darüber hinaus kann eine digitale Zusammenkunft von Vorteil sein, wenn Sie sich nicht persönlich mit anderen treffen können. Während der COVID-19-Pandemie im Jahr 2020 wurde beispielsweise in einem großen Teil der Welt die »Ausgangssperre« verhängt, und es war verboten, sich mit anderen außerhalb der eigenen Familie zu treffen. In dieser schwierigen Zeit boten digitale Hilfsmittel die beste Option, um sich gegenseitig zu unterstützen und die Gemeinschaft zu erhalten. Schon damals hatte man den Eindruck, dass die Technologie umso besser war, je näher sie dem persönlichen Kontakt kam. Ein Telefonanruf war besser als eine Textnachricht, ein Videochat besser als ein Telefonanruf und ein Treffen im Freien mit Abstandhalten besser als ein Videochat.

** Das ist es, was COVID-19 für so viele Menschen so schwer gemacht hat. In einer Zeit, in der wir persönliche Hilfe und Verbundenheit mit anderen mehr denn je brauchten, war das für uns alle ein Gesundheitsrisiko. Um die Ausbreitung des Virus zu stoppen, mussten wir auf das verzichten, was wir in schwierigen Zeiten instinktiv tun: uns gegenseitig die Hände auf die Schultern legen.

zur Folge haben. Wir sehen auch, wie Instagram, Telegram und Co. zu einem verstärkten politischen Tribalismus führen können. Das gilt insbesondere, wenn sie als Plattform genutzt werden, um (im besten Fall) anonym Ideen auszutauschen und (im schlimmsten Fall, und leider viel häufiger) andere Menschen anzugreifen, und nicht als Mittel, um Zusammenkünfte mit Menschen zu ermöglichen, die verschiedene Ansichten haben, bei denen Meinungsverschiedenheiten mit weniger boshaften Bemerkungen diskutiert werden können. Nutzt man die sozialen Medien außerdem dazu, sich immerfort mit anderen zu vergleichen, nach Bestätigung in Form von Retweets, Likes oder Kommentaren zu suchen oder über jede sogenannte Eilmeldung auf dem Laufenden zu bleiben, dann trägt dies wahrscheinlich nicht zu dauerhafter Zufriedenheit oder zum Wohlbefinden bei. Soziale Medien werden auch dann zu einem Problem, wenn man sich nur schwer von ihnen ausklinken kann. Die Forschung zeigt zum Beispiel, dass Babys keine gute Bindung zu ihren Eltern aufbauen, wenn diese ständig telefonieren. Und telefoniert man genau in dem Moment mit seinem Handy, wenn man sich mit anderen Menschen trifft, egal welchen Alters, verschlechtern sich die Stimmung und das Wir-Gefühl in beträchtlichem Maße.

Soziale Medien sind zwar grundsätzlich nichts Schlechtes, aber Sie sollten ihre Tücken kennen und sie nur als Hilfsmittel und mit äußerster Vorsicht einsetzen. Was mir in letzter Zeit aufgefallen ist, sind Menschen, die eine riesige Online-Community haben und auf Plattformen wie Facebook, Twitter, Instagram, LinkedIn und TikTok mit etlichen Freunden, Followern und Likes prahlen. Diese Menschen neigen dazu, ein – verzeihen Sie mir die Ironie – »leuchtendes Vorbild« für den heroischen Individualismus zu sein, immer auf der Höhe der Zeit und umwerfend in ihrer Art. Und doch scheint es, dass gerade sie sich oft verzweifelt nach einer tieferen Verbundenheit mit anderen in ihrem Leben sehnen. Das liegt wahrscheinlich an vielen der Gründe, die ich hier bereits erörtert habe. Weil sie zum Beispiel so viel Zeit und Energie in ihre Online-Communities investieren, dass sie keine Zeit mehr für die echte Gemeinschaft in ihrem Umfeld haben. Ihnen fehlen die Annehmlichkeiten, die eine körperliche Berührung und das Gefühl der Zusammengehörigkeit bieten, und in einigen Fällen verbringen sie zu viel Zeit damit, im Sumpf der Foren und Feeds mit ihren wütenden und krakeelenden Nutzern zu schwimmen. »Wenn die einzige Akzeptanz, die Sie von sich selbst bekommen können, eine verfälschte Darstellung Ihres eigenen Ichs im Internet ist, werden Sie sich nicht verbunden fühlen«, sagt Cacioppo.

Jahrzehnte vor der Erfindung der sozialen Medien und Cacioppos Studien über ihre schädlichen Auswirkungen warnte Erich Fromm in seinem 1955 erschienenen Buch *Wege aus einer kranken Gesellschaft* davor, eine »Marktorientierung« zu entwickeln: »[Der Körper, der Geist und die Seele eines Menschen] sind sein Kapital, und seine Aufgabe im Leben ist es, es vorteilhaft zu investieren, um einen Gewinn aus sich zu machen. Menschliche Eigenschaften wie Wohlwollen, Höflichkeit, Freundlichkeit werden zu Waren, zu Vermögenswerten des ›Persönlichkeitspakets‹, die auf dem Persönlichkeitsmarkt einen höheren Preis erzielen. Wenn der Einzelne bei einer gewinnbringenden Investition in sich selbst scheitert, fühlt *er* sich als Versager; wenn er Erfolg hat, ist *er* ein Erfolg.« Eine Marktorientierung klingt gewiss vereinzelnd und deprimierend. Doch mehr denn je verkaufen so viele Menschen ihre Seele für eine Chance, im Internet Berühmtheit zu erlangen, ermöglicht durch die übelsten Plattformen in der digitalen Welt der sozialen Medien. Aber zu welchem Zweck?

Denken Sie daran, dass wir in mehr als 70 000 Jahren der Evolution nicht darauf programmiert wurden, in einer digitalen Gemeinschaft mit virtueller Zugehörigkeit zu leben, sondern in der wahren Welt. Soweit ich das beurteilen kann, ist es exponentiell erfüllender, eine Berühmtheit in Ihrer örtlichen Gemeinschaft zu sein – und sich mit dieser tief verbunden zu fühlen –, als eine Berühmtheit im Internet, so süchtig machend Letzteres auch sein mag.

DIE MENSCHEN IN IHREM UMFELD PRÄGEN SIE

Wie die riesigen Mammutbäume, die ich am Anfang dieses Kapitels erwähnt habe, werden wir tief mit der Gemeinschaft verwoben, wenn wir uns in ihr verwurzeln. Studien zeigen: Müssen Sie unfreiwillig mitansehen, wie jemand anderes leidet – sei es ein Freund, der sich den Zeh an einem Bücherregal stößt, ein Obdachloser an einer feuchtkalten

Straßenecke oder ein bedrückt dreinblickender Patient im Wartezimmer eines Krankenhauses –, werden Sie wahrscheinlich selbst etwas »mitleiden«. Die Association for Psychological Science (APS) nennt das den Ich fühle-deinen-Schmerz-Effekt, und fast jeder erlebt ihn von Zeit zu Zeit. Je verbundener Sie sich der Person fühlen, die gerade leidet, desto stärker ist dieser Effekt. Auch dies ist Teil unserer evolutionären Programmierung, die uns dazu veranlasst, anderen in unserer Gruppe zu helfen, wenn sie in Not sind.

»Wenn wir sehen, was anderen passiert, aktivieren wir nicht nur den visuellen Kortex, wie wir noch vor einigen Jahrzehnten dachten«, erklärte der niederländische Neurowissenschaftler Christian Keysers gegenüber APS. »Wir setzen auch unser eigenes Tun in Gang, als würden wir ähnlich handeln. Wir lösen unsere eigenen Emotionen und Empfindungen aus, als fühlten wir das Gleiche.«

Schmerz oder Leid ist nicht die einzige ansteckende Empfindung. Forscher der Yale University haben fast 5000 Menschen in Framingham, einer Kleinstadt in Massachusetts, mehr als 30 Jahre lang eingehend beobachtet. War jemand glücklich oder traurig, sprang dieses Gefühl, so bemerkten die Wissenschaftler, auf die gesamte Stadt über. Die Emotionen verbreiteten sich sogar virtuell. Eine andere Untersuchung mit dem treffenden Titel »Ich bin traurig, dass du traurig bist« ergab: Ist eine Person beim Schreiben einer SMS an ihren Partner betrübt, färbt das wahrscheinlich auf diesen ab, sodass sich auch seine oder ihre Stimmung trübt. Das Gleiche gilt für Facebook-Posts, wie eine in den *Proceedings of the National Academy of Sciences* veröffentlichte Studie ergab. Gefühlsregungen wie Freude, Schwermut und Wut verbreiten sich auf der Plattform wie ein Lauffeuer. (Nicht dass man extra eine Untersuchung gebraucht hätte, um dies zu belegen.)

Eine weitere Studie, publiziert in der Zeitschrift *Motivation and Emotion*, hat gezeigt, dass auch unter der Oberfläche liegende Emotionen, etwa Motivation, ansteckend sind. Arbeitet jemand im selben Raum mit anderen intrinsisch motivierten Personen, verbessert sich seine Arbeitseinstellung. Im Umkehrschluss gilt das Gleiche: Arbeitet jemand in einem Raum mit Menschen zusammen, die nicht allzu begeistert von ihren Aufgaben sind, dann sinkt auch seine Motivation. Und eine

Untersuchung der Northwestern University aus dem Jahr 2017 hat ergeben, dass sich die Leistung eines Mitarbeiters um 15 Prozent verbesserte, wenn er circa 8 Meter von einem fleißig arbeitenden Kollegen entfernt saß. Arbeitete jemand jedoch rund 8 Meter von einem Kollegen entfernt, der nur schleppend und unmotiviert seine Aufgaben erledigte, verschlechterte sich seine Leistung um 30 Prozent: eine gewaltige Auswirkung!

Meine gute Freundin Shalane Flanagan, die beste Langstreckenläuferin der USA, weiß, wie positiv sich der Eindruck, einer Gemeinschaft mit Wir-Gefühl anzugehören, auf das Leistungsvermögen und das Wohlbefinden auswirkt.* Als Flanagan sich entschied, nicht mehr allein, sondern gemeinsam mit mehreren Sportlerinnen zu trainieren, stiegen ihre Leistungen und die aller anderen Frauen in der Gruppe sprunghaft an. Jede einzelne ihrer Trainingspartnerinnen – insgesamt waren es elf Frauen – schaffte es während des gemeinsamen Trainings mit Flanagan zu den Olympischen Spielen – eine erstaunliche Leistung. Lindsay Crouse, die für die *New York Times* schreibt, nannte dies den »Shalane-Flanagan-Effekt: Sie [Flanagan] dienen als Raketenantrieb für die Karrieren jener, die mit Ihnen arbeiten, während Sie sich selbst nach vorn katapultieren.«

Flanagan und alle anderen liefen nicht nur besser, sondern fühlten sich auch besser. Emily Infeld, eine US-amerikanische Langstreckenläuferin der Spitzenklasse, erzählte der *Times*, dass ihr kurz nach ihrem College-Abschluss Ermüdungsbrüche zu schaffen machten und sie 2014 in Erwägung zog, den Sport an den Nagel zu hängen. Im Dezember desselben Jahres nahm Flanagan sie auf ein Glas Wein und ein Wort zur Seite. Infeld erinnert sich: »Ich hatte wirklich mit mir zu kämpfen – ich weinte und sagte ihr: ›Ich kann das nicht, mein Körper ist dafür nicht gemacht‹. Aber es gelang ihr, dass ich meine Einstellung völlig änderte. Natürlich sei das schlimm, sagte sie, glaubte aber auch,

---

* Ich mag aufgrund unserer Freundschaft voreingenommen sein, aber die Zahlen sprechen für sich. Flanagan war Mitglied von vier olympischen Teams und gewann bei den Spielen 2008 eine Silbermedaille. Außerdem gewann sie 2017 den New York City Marathon und war damit die erste Amerikanerin seit 40 Jahren, die das geschafft hat.

dass ich mich verbessern könnte. Ich wurde besser, wir trainierten zusammen, und sie nahm mich in die Pflicht. Das hat meine Karriere total verändert.« Nur wenige Monate später, im August 2015, gewann Infeld bei der IAAF-Leichtathletikweltmeisterschaft eine Medaille im 10 000-Meter-Lauf.

Flanagan profitierte ebenso von dem nach ihr benannten Shalane-Flanagan-Effekt wie alle anderen. »Selbst in einem so zermürbenden Einzelsport erkannte ich, dass ich mich in der Gemeinschaft geerdet fühle«, sagte sie mir. »Wenn man an der Spitze angelangt ist und sich dort oben einsam fühlt, macht man etwas falsch. Leistungsträger konzentrieren sich darauf, andere mitzuziehen. Sie zeigen ein großes Herz, wenn sie auf ihrem Weg nach oben sind und einen Stamm gründen.« Es ist nicht verwunderlich, dass Flanagan nach ihrem Rücktritt vom Profilaufsport Ende 2019 nicht lange zögerte und bekannt gab, dass sie dem Sport als Trainerin erhalten bleibt. Wir haben uns oft darüber unterhalten, warum sie diese Entscheidung getroffen hat. »Das sind meine Leute«, sagte sie mir. »Diese Gemeinschaft gibt meinem Leben so viel Sinn. Ich kann mir im Moment nicht vorstellen, etwas anderes zu tun.«

Die Erkenntnisse der Wissenschaft und die Erfahrungen von so erfüllten Spitzensportlern wie Shalane Flanagan stützen sich alle auf ein und dieselbe Wahrheit: Wir sind Spiegel, die einander reflektieren. Die Menschen, mit denen wir uns umgeben, prägen uns, und ebenso formen wir die Menschen um uns herum. Daraus ergeben sich wichtige, für die Praxis umsetzbare Folgen.

Zunächst einmal wäre es klug, sich mit Menschen zu umgeben, die wir bewundern und denen wir nacheifern wollen. Es ist weniger das angelernte und einstudierte Wissen und Können, das sich auf andere Menschen überträgt, sondern es sind vielmehr die Motivation, die Empfindungen und die Werte, von denen sich die anderen anstecken lassen. Wenn einem klar ist, wie leicht Emotionen überspringen und sich verbreiten, kann man sich selbst verändern und damit wiederum die Menschen um einen herum. Wenn Sie beispielsweise eine Textnachricht erhalten, die Sie von dem einen auf den anderen Moment traurig macht, oder wenn Sie einen Beitrag in den sozialen Medien lesen, der Wut und Ärger in Ihnen aufkommen lässt, können Sie, statt sofort darauf zu reagieren, einen Moment innehalten und dann umsichtig und besonnen antworten. Statt Trauer mit Trauer zu begegnen, können Sie versuchen, Mitgefühl und Unterstützung zu signalisieren. Sie müssen auf Wut nicht mit Wut reagieren, sondern können Verständnis zeigen (oder sie einfach völlig ignorieren, was leider viel zu selten der Fall ist). Die Kehrseite ist ebenfalls wahr. Wenn Sie sich gut fühlen, stecken Sie auch andere damit an, allerdings geschieht das wohl auf ganz natürliche Weise, ohne dass Sie sich bewusst Mühe geben müssen.

Diese Erkenntnisse sind schon lange bekannt. Vor mehr als zehn Jahren fragte ich auf einer Expedition in den Ausläufern der Khumbu-Region im Himalaja einen nepalesischen Sherpa namens Indra nach der Bedeutung der Gebetsfahnen, die überall flatterten. »Es ist ganz einfach«, erklärte er mir. »Wenn Sie sich von einem starken Gefühl ergriffen fühlen, stellen Sie eine Fahne auf. Seit Anbeginn der Zeit glaubt meine Kultur [der tibetische Buddhismus], dass der Wind diese Energie verbreiten und das Universum sie aufnehmen wird.«

PRAKTISCHER TEIL: SCHLIESSEN SIE SICH EINER GRUPPE AN, DIE ETWAS SINNVOLLES TUT

Eine der ersten von Cacioppos Regeln, um etwas gegen Vereinsamung zu unternehmen, ist die Suche nach Gemeinschaften. Wir neigen dazu, Menschen zu mögen, die so sind wie wir, Menschen, mit denen wir Interessen, Aktivitäten und unsere Einstellungen und Werte teilen. Außerdem verspürt man weniger Druck, wenn man sich einer Gruppe anschließt, als wollte man sich mit jemandem allein treffen. Ein Vorteil des Internets ist, dass es einfacher denn je ist, Gruppen zu finden, die sich mit etwas Sinnvollem beschäftigen, und ihnen beizutreten; und die Mitglieder vieler dieser Communities treffen sich auch persönlich. Im Folgenden stelle ich Ihnen ein paar besonders überzeugende Beispiele vor.

FREIWILLIGE UND EHRENAMTLICHE TÄTIGKEITEN

Wenn Menschen etwas für andere tun, fällt es ihnen meist leichter, ihre Ängste und Unsicherheiten zu bezwingen und Kontakte zu knüpfen. Hilft man anderen, entspannt sich der Teil des Gehirns, der normalerweise auf die Bremse tritt, um das eigene Ego zu schützen – das buchstäbliche Ich –, und ermöglicht es einem, Neues zu wagen und Selbstzweifel zu überwinden. Wie die Forschungen der UCLA-Psychologieprofessorin Shelley Taylor zeigen, sind Kampf oder Flucht nicht die einzigen Reaktionen, wenn einem Leid und Kummer zu schaffen machen. Wir können auch mit der *Tend-and-befriend*-Reaktion, wie sie es nennt, reagieren – ein im deutschsprachigen Raum recht unbekannter Ausdruck, der hierzulande gleichwohl mit »Kümmern und Anschließen« übersetzt wird. »Sich um andere zu kümmern ist so natürlich, so biologisch begründet wie die Suche nach Nahrung oder das Schlafen und seine Ursprünge liegen tief in unserer sozialen Natur«, schreibt Taylor in ihrem Buch *The Tending Instinct*. Wenn wir uns um andere kümmern, freunden wir uns meist auch mit den Menschen um uns herum an.

Ehrenamtliche oder freiwillige Tätigkeiten kommen nicht nur Ihrer Gemeinschaft und den Menschen, denen Sie helfen, zugute, sondern auch Ihnen selbst. Studien zeigen, dass Freiwilligen- oder ehrenamtliche Arbeit mit einer besseren körperlichen und geistigen Gesundheit sowie einer höheren Lebenserwartung im Zusammenhang steht. Obwohl es schwierig ist, die genauen Wirkmechanismen zu bestimmen, die diesen positiven Effekten zugrunde liegen, hängen sie wahrscheinlich damit zusammen, dass sich Vorteile auf breiter Front ergeben, wenn man in einer Gemeinschaft aktiv mitwirkt und sich selbst als Teil dieser Gruppe begreift. Für Menschen, die kurz vor dem Ruhestand stehen oder vor Kurzem in Rente oder Pension gegangen sind, kann es besonders ergiebig sein, wenn sie sich freiwillig oder ehrenamtlich engagieren. In diesem Lebensabschnitt geht uns vielleicht ein entscheidendes Element unserer beruflichen Persönlichkeit verloren, nämlich unsere Kolleginnen und Kollegen auf der Arbeit, sowie die Art und Weise, wie wir unsere Zeit verbringen. Freiwilligenarbeit hilft, diese Lücken zu füllen. Genau aus diesem Grund hat die American Association of Retired Persons (AARP) in ein Programm namens Create the Good investiert, das unlängst in den Ruhestand getretene Personen mit Freiwilligenorganisationen in ihren örtlichen Gemeinden zusammenbringt.

WIE WÄRE ES MIT EINER GLAUBENSGEMEINSCHAFT?

Organisierte Religionsgemeinschaften sind in den USA auf dem Rückzug, insbesondere bei jüngeren Menschen. Der von *Deseret News* in Utah durchgeführte American Family Survey 2018 hat ergeben, dass für Millennials und Angehörige der Generation X die häufigste Religion ist, überhaupt keiner Religion anzugehören. Das mag an sich nicht problematisch sein, aber jahrhundertelang diente die Religion als treibende Kraft der Gemeinschaft – und nichts hat diese Lücke adäquat gefüllt. Eine 2016 in *JAMA Internal Medicine* veröffentlichte Studie hat 75 000 Frauen zehn Jahre lang beobachtet und festgestellt: Jene, die mindestens einmal pro Woche einen Gottesdienst besuchten, hatten ein um 33 Prozent geringeres Risiko, während des Studienzeitraums zu sterben, als ihre Altersgenossen, die nicht regelmäßig an Gottesdiensten teilnahmen. Eine 2017 in der Zeitschrift *PLOS One* publizierte Untersuchung beobachtete 5550 Erwachsene 18 Jahre lang und kam zu dem Ergebnis, dass die Sterblichkeitsrate bei jenen, die regelmäßig religiösen Veranstaltungen beiwohnten, um 55 Prozent geringer war. Die Autoren dieser Studien vermuten, dass ein großer Teil der Vorteile, die die Gesundheit und Langlebigkeit begünstigen, dem gemeinschaftlichen Aspekt des Gottesdienstes zu verdanken ist. Diese Studien untersuchten eine Vielzahl von kirchlichen und religiösen Veranstaltungen. Mit anderen Worten: Nicht ein bestimmtes Glaubenssystem oder eine bestimmte Gottheit wird Sie retten. Es ist viel wahrscheinlicher, dass Sie und die Menschen in Ihrer Gemeinschaft, Gemeinde oder Gruppe sich gegenseitig retten. Denken Sie an den Rat Buddhas an seinen treuen Diener Ananda: »Gute Freundschaft, gute Gemeinschaft und gute Kameradschaft machen nicht das halbe spirituelle Leben, sondern das gesamte spirituelle Leben aus.« Buddha hatte recht.

Wie andere Forschungen belegen, hat sich das menschliche Gehirn so entwickelt, dass es von Gesang, Gesängen, Tänzen und anderen Ausdrucksformen des Unaussprechlichen ergriffen wird, und zwar zu dem einzigen Zweck, ansonsten vereinzelte Menschen zusammenzubringen. Peter Sterling, Professor für Neurowissenschaften an der University of Pennsylvania, bezeichnet diese Praktiken als »heilig«. Eine Spezies, »bei der alle kooperieren müssen, führt zu jeder erdenklichen

Art von zwischenmenschlichen Konflikten: Gier, Paranoia et cetera! Der Bauplan des Menschen erfordert daher weitere angeborene Verhaltensweisen, um psychologische Spannungen abzubauen und den sozialen Zusammenhalt zu bewahren. Solche Verhaltensweisen könnte man als »heilige Praktiken« bezeichnen, wobei »heilig« so viel wie »Ehrfurcht vor dem Unaussprechlichen« bedeutet – eben das, was Sprache nicht auszudrücken vermag«, sagt er. In Anbetracht der Tatsache, dass die Evolution im Rahmen der natürlichen Auslese nur Qualitäten auswählt, die für das Überleben einer Spezies von zentraler Bedeutung sind, ist unsere Fähigkeit, uns über spirituelle – oder, wie Sterling es nennt – heilige Praktiken gemeinschaftlich zu verbinden, von großer Bedeutung.

Wenn Sie den Drang verspüren, sich einer Glaubensgemeinschaft anzuschließen, ganz gleich, wie Sie erzogen wurden oder aufgewachsen sind, dann nur zu. Es ist eine großartige Möglichkeit, Menschen mit ähnlichen Wertorientierungen kennenzulernen. Und wenn Sie dachten, in Ihrer von Wissenschaft und Rationalität geprägten Weltanschauung sei kein Platz für Spiritualität, hat Ihnen die Lektüre dieses Buchs hoffentlich geholfen zu erkennen, dass spirituelle Weisheit und Wissenschaft sich nicht widersprechen müssen, sie können sich sogar sehr gut ergänzen. Denken Sie daran: Spiritualität kann so einfach – und so schön – sein, indem man sich mit Freunden trifft, um in Ehrfurcht vor dem weiten Universum, das wir auf wundersame Weise bewohnen, den Sonnenuntergang zu beobachten – und zwar ohne jegliches religiöses Dogma.

SELBSTHILFEGRUPPEN AUFSUCHEN

Ob es um psychische Gesundheit, Studium, Fitness oder Kindererziehung geht – es ist einfach, das Internet zu nutzen, um Selbsthilfegruppen für fast alles zu finden. Wie im vorangegangenen Kapitel beschrieben, zeigt die Forschung: Je mehr man zu seinen Schwächen steht, desto stärker ist der Halt durch zwischenmenschliche Bindungen. In einer Selbsthilfegruppe können Sie sich leichter von dem Drang befreien, eine Rolle »vor der Bühne« spielen zu müssen, und direkt zur Sache kommen, da jeder »es versteht«, was auch immer »es« sein mag.

Selbsthilfegruppen sind nicht nur ein schöner Ort, um mit anderen Menschen zusammen zu sein, sondern helfen Ihnen auch, Herausforderungen zu meistern und Ihre Ziele zu erreichen. Nicht nur die Motivation wird durch die Gemeinschaft gefördert, sondern auch Verantwortlichkeit, oder anders ausgedrückt: Haben Sie sich gegenüber einer anderen Person oder Gruppe zu etwas verpflichtet, werden Sie sich eher daran halten. Wenn alle außer Ihnen zu den verabredeten Treffen erscheinen, sei es im Fitnessstudio, zum Gruppentraining der Angstbewältigung oder bei den Anonymen Alkoholikern, bekommen Sie vermutlich ein schlechtes Gewissen. Deshalb werden Sie wohl doch eher zu diesen Treffen gehen. Aber ein noch größerer Vorteil solcher Communities wird Ihnen bewusst, wenn Sie nicht dort auftauchen. Es mag Ihnen peinlich sein oder Sie schämen sich dafür, aber wahrscheinlich wird Ihnen jemand auf die Schulter klopfen und Verständnis zeigen, weil alle anderen in Ihrer Gruppe die gleichen Herausforderungen durchmachen und wissen, wie schwer das ist. Noch einmal: Die Menschen in Ihrem Kreis verstehen es. Sie sind alle gemeinsam verletzlich. Sie alle erleben Versionen der gleichen, aber anderen Geschichte.

Das Ganze kombiniert Zweierlei: Die Gemeinschaft bewahrt Sie davor, zu fallen, und falls Sie es doch tun, fängt sie Sie wieder auf. Deswegen sind Selbsthilfegruppen für Menschen, die mit Drogenmissbrauch oder anderen Suchtkrankheiten zu kämpfen haben, so effektiv. Es gibt nicht allzu viele Fälle, in denen ein Alleingang sinnvoller ist als ein gemeinsamer Weg.

EINEN GESPRÄCHSKREIS GRÜNDEN

Zur Zeit der Aufklärung trafen sich Künstler, Philosophen, Dichter und Wissenschaftler regelmäßig in sogenannten Salons, kleinen privaten Zusammenkünften, in denen ein bestimmtes Thema debattiert wurde. Auch wenn diese Salons inzwischen in Vergessenheit geraten sind, gibt es keinen Grund, sie nicht wieder auferstehen zu lassen. Es ist ganz einfach, einen Kreis von Personen mit ähnlichen Interessen zusammenzustellen und zu vereinbaren, sich regelmäßig zu treffen, vielleicht einmal im Monat. Dies kann in Form eines Buchklubs, eines Zeitschriften- oder Debattierklubs oder einer Gruppe geschehen, in der Menschen mit gleicher intellektueller Neigung schöngeistige Gespräche führen.

PRAKTISCHER TEIL: QUALITÄT VOR QUANTITÄT

Vor mehr als 2000 Jahren beschrieb der griechische Philosoph Aristoteles in seinem Meisterwerk *Die Nikomachische Ethik* drei verschiedene Arten von Freundschaft:

1. ***Freundschaft des Nutzens***, bei der eine oder beide Parteien durch die Freundschaft etwas gewinnen. Dies ist vergleichbar mit dem modernen *Networking*, das heißt, Sie freunden sich mit jemandem an, weil Sie glauben, dass er Ihnen helfen kann.
2. ***Freundschaft der Lust***, die sich um angenehme Erfahrungen dreht. Sie freunden sich mit Menschen an, mit denen Sie eine angenehme und unbeschwerte Zeit verbringen.
3. ***Vollkommene Freundschaft***, in der beide Personen die gleichen Werte teilen. Das sind Beziehungen zu Menschen, die Sie bewundern und respektieren und mit denen Sie in den für Sie wichtigsten Dingen des Lebens übereinstimmen.

Es ist faszinierend, dass Aristoteles schon vor Jahrhunderten feststellte, dass »viele Menschen, die jung oder in der Blüte ihrer Jahre sind«, allzu oft Freundschaften eingehen, die vor allem auf Nutzen ausgerichtet, oder wie man heute sagt, zweckorientiert sind, und dass sie dann nur noch mehr wollen. Verbringen Sie einige Zeit auf einem Universitätscampus oder in einem Unternehmen und Sie werden schnell feststellen, dass sich manche Dinge nie ändern.

Aristoteles schrieb auch: »Diejenigen, die um des Nutzens willen lieben, lieben das, was für sie selbst gut ist, und diejenigen, die um der Lust willen lieben, tun dies, weil es ihnen selbst angenehm ist.« Doch was man als zweckdienlich oder genüsslich empfindet, so Aristoteles, »ist nicht von Dauer, sondern unterliegt ständigen Änderungen. Wenn also der Grund für die Freundschaft wegfällt, löst sich die Freundschaft auf.« Hier scheint Aristoteles zu beschreiben, was wir heute als gesellschaftliche Emporkömmlinge oder Partylöwen bezeichnen würden: eine Person, die sich von Gruppe zu Gruppe treiben lässt, ohne sich jemals fest in einer sinnvollen Community zu verwurzeln.

Obwohl alle drei von Aristoteles genannten Freundschaften unter bestimmten Umständen von Vorteil sein können, ist nur die vollkommene Freundschaft, die auf Tugendhaftigkeit beruht und durch gemeinsame Werte zusammengehalten wird, etwas Beständiges und wirklich bedeutsam. »Die vollkommene Freundschaft ist die Freundschaft derer, die in ihrer Tugendhaftigkeit gleich sind«, schrieb er. »Denn diese [Individuen] wünschen einander [unter allen Umständen] das Beste und daher sind [diese Freundschaften] in sich selbst gut.« Beziehungen, die auf Tugendhaftigkeit beruhen, erfordern viel Mühe und sind schwer zu knüpfen. »Große Freundschaften kann man nur gegenüber wenigen Menschen empfinden«, sagte Aristoteles, doch stiften sie ein wunderbares Gefühl der Zufriedenheit und der Genügsamkeit. Es ist eine seltene Wohltat, sich mit jemandem auf dieser tieferen Ebene zu verbinden, ein Band mit einem freundlichen, gleichartigen Geist zu knüpfen.

Aristoteles' Schema lässt nicht nur weit blicken, sondern ist auch in die Praxis umsetzbar – es ist eine nützliche Übung, sich zu fragen, in welche Kategorien Ihre Beziehungen fallen. Es ist in Ordnung, wenn Sie einige, vielleicht sogar die meisten Freundschaften hauptsächlich aus Eigennutz sowie Lust und Vergnügen pflegen. Sie sollten sich jedoch darüber im Klaren sein, dass solche Freundschaften einen anderen Zweck erfüllen und wahrscheinlich von kürzerer Dauer sind als die höchste Form der Freundschaft – nämlich die, welche auf gemeinsamer Tugendhaftigkeit beruht. Sie entsteht nicht von heute auf morgen und es erfordert viel Kraft und Energie, sie zu erhalten. Wie Aristoteles wusste, »ein Mangel an Konversation hat schon so manche Freundschaft zerbrochen«. Die Vorteile dieser Art von Freundschaft übersteigt im Allgemeinen das, was man in sie investiert.

Man täte gut daran, das Modell von Aristoteles auch für Kontakte und Freundschaften in der digitalen Welt zu übernehmen. Insbesondere wenn man bedenkt, wie sich Kommentare und Emotionen in virtuellen Netzwerken verbreiten. Hier ist die Logik klar und einfach: Wenn Menschen Sie regelmäßig ärgern, verärgern oder trollen, sollten Sie sie schnell entfolgen, entfreunden, stumm schalten, als Spam markieren oder blockieren und dabei kein schlechtes Gewissen haben.

Aristoteles war nicht der einzige Denker der Antike, der uns diesen Rat für unsere heutige Situation gegeben hätte. »Wenn man mit jemandem verkehrt, der mit Schmutz bedeckt ist, lässt sich kaum vermeiden, selbst ein wenig schmutzig zu werden«, warnte der Philosoph Epiktet als Vertreter der Stoa vor 2000 Jahren davor, sich mit Hundesöhnen zu umgeben. Und 500 Jahre früher lehrte Buddha, eines der acht Elemente auf dem *Edlen Achtfachen Pfad* zur Erleuchtung sei die »richtige Rede«, was bedeutet, auf geschwätzige, hasserfüllte, ungesittete und verwegene Gespräche zu verzichten. Das Beste wäre wohl, die Prinzipien der richtigen Rede nicht nur in der realen, sondern auch in der virtuellen Welt zu beherzigen.

PRAKTISCHER TEIL: EIN EXPERTENGREMIUM BILDEN

Ed Catmull war Mitbegründer der Pixar Animation Studios und während des Aufstiegs und der Übernahme durch die Walt Disney Company im Jahr 2006 ihr Präsident. Catmull, der 2019 in den Ruhestand ging, gilt als eine der erfolgreichsten Führungskräfte in der Kreativbranche. Der Schlüssel zum Erfolg von Pixar ist, wie er es nennt, die Entwicklung eines Braintrusts: eines Gremiums von Menschen, mit denen man sich regelmäßig trifft, um Probleme zu erkennen, und die einem aufrichtiges Feedback geben. Dieser Braintrust ist »eine enorm nützliche und effiziente Körperschaft«, schreibt Catmull in seinem Buch *Die Kreativitäts-AG*. »Schon bei den ersten Treffen war ich erstaunt, wie konstruktiv das Feedback war. Jeder der Teilnehmer konzentrierte sich auf den bevorstehenden Film und nicht auf eine versteckte persönliche Agenda … Die Mitglieder betrachteten sich gegenseitig als Gleichgesinnte.«

Wir alle können von einem Braintrust profitieren. Je tiefer wir uns in unsere eigenen großen Pläne versenken – sei es die Gründung eines Unternehmens, das Training für einen Marathon oder die Erziehung eines Kindes –, desto schwerer fällt es uns, sie objektiv zu bewerten. Es mag zwar hilfreich sein, so zu tun, als erteilten Sie einem Freund in einer ähnlichen Situation Ratschläge (siehe »Selbstdistanzierung« in Kapitel 2), aber es ist vielleicht noch hilfreicher, sich tatsächlich von vertrauten Freunden beraten zu lassen. »Menschen, die sich an komplizierte Vorhaben wagen, die viel Kreativität erfordern, verlieren sich irgendwann darin. Das liegt in der Natur der Sache: Um etwas auf die Beine zu stellen, müssen Sie das Projekt verinnerlichen und eine Zeit lang fast zu diesem Projekt *werden*«, schreibt Catmull. Mit dem eigenen Projekt zu verschmelzen mag zwar nützlich sein, kann aber auch zu Schwachpunkten führen. Ein Braintrust hilft Ihnen, solche Schwachstellen zu erkennen, bevor sie zu erheblichen Problemen führen.

In einem Unternehmen ist die Entwicklung eines Braintrusts umso wichtiger, je höher Sie auf der Leiter stehen. Oben an der Spitze ist es einsam, daher ist es wichtig, andere Menschen um sich herum zu haben, die mit Ihnen zusammenarbeiten und Sie unterstützen. Noch wichtiger ist es, ehrliches Feedback zu erhalten. Unterstellte Mitarbeiter zögern oft, ihrem Vorgesetzten gegenüber Bedenken zu äußern oder ihm ein negatives Feedback zu geben, da sie vermeintlich oder tatsächlich befürchten, es könnte ihn verärgern. Die wichtigsten Personen im Umfeld einer Führungskraft tun genau das Gegenteil – sie fordern ihre Vorgesetzten heraus und weisen sie auf Probleme hin, bevor sie ihnen um die Ohren fliegen.

Catmull schlägt einige Leitlinien für die Bildung eines Braintrusts vor. Sie gelten sowohl für den beruflichen als auch den privaten Bereich:

- Beziehen Sie nur Personen ein, denen Sie vertrauen und von denen Sie sicher sind, dass sie absolut ehrlich zu Ihnen sind – auch und vielleicht insbesondere, wenn sie Ihnen etwas sagen müssen, das Sie nicht hören wollen.
- Umgeben Sie sich mit lösungsorientierten Menschen. Es geht nicht nur darum, auf Probleme hinzuweisen, sondern auch darum, Lösungen und einen gangbaren Weg nach vorne zu finden.
- Tauschen Sie sich mit Menschen aus, die aufgrund ihrer Erfahrung bereits Bescheid wissen, die Erfahrung mit dem haben, was Sie gerade durchmachen. Daraus erwächst Wissen und – ebenso wichtig – Einfühlungsvermögen.

GEMEINSCHAFT IST STÄNDIGE ÜBUNG

Der Zen-Meister Thich Nhat Hanh lehrt, dass wir alle einer Welle im Wasser gleichen. Es ist zwar leicht, sich in eine Welle zu versetzen – wie wir aufsteigen, unseren höchsten Punkt erreichen, wieder abfallen und uns mit den Gezeiten bewegen –, aber es ist auch wichtig, sich daran zu erinnern, woher eine Welle kommt, wohin sie zurückkehrt und was eine Welle eigentlich ist: Wasser. Wenn wir zu sehr in unserem eigenen Auf und Ab gefangen sind – zu sehr auf Optimierung, Produktivität und Effizienz versessen sind –, vernachlässigen wir das Wasser, aus dem wir kommen, und daraus resultiert, dass wir uns schnell einsam fühlen und leiden. Wenn es kein Wasser gibt, löst eine Welle sich buchstäblich auf. Unsere sozialen Beziehungen und unser Zugehörigkeitsgefühl – unser Wir-Gefühl – beeinflussen alles: von unserer körperlichen und geistigen Gesundheit über unser Leistungsvermögen bis hin zu unserer Lebenszufriedenheit und -erfüllung. Wir haben uns entwickelt, um in Gemeinschaften zu leben; sie halten uns, wenn wir aufsteigen und fallen. Wenn wir sie vernachlässigen, tun wir das zu einem hohen Preis.

Wie alle anderen Prinzipien der Bodenständigkeit ist auch die Bildung einer Gemeinschaft mit Wir-Gefühl eine ständige Übung. Es braucht Zeit und Mühe, sie aufzubauen und zu erhalten. Akzeptanz, Präsenz, Geduld und vor allem Verletzlichkeit helfen dabei, sie zu schaffen und zu bewahren. Eine solche Gemeinschaft wiederum bereitet den unterstützenden Boden, auf dem alle anderen Prinzipien gedeihen können.

»In meiner Tradition lernen wir, dass wir als Einzelne nicht viel tun können. Deshalb ist es eine sehr wichtige und nachhaltige Praxis, Zuflucht in der Gemeinschaft zu suchen«, sagt Hanh. »Ohne in einer [Gemeinschaft] zu sein, ohne von einer Gruppe von Freunden unterstützt zu werden, die von demselben Ideal und derselben Praxis motiviert sind, können wir nicht weit kommen.«

KAPITEL 7

DEN KÖRPER IN BEWEGUNG HALTEN, UM DEN GEIST ZU ERDEN

Der Name Andrea Barber sagt Ihnen vielleicht nichts, aber wenn Sie in den 1990er-Jahren aufgewachsen sind, haben Sie wahrscheinlich den Namen Kimmy Gibbler schon einmal gehört. Barber verkörperte Gibbler – die exzentrische, freche und selbstbewusste Nachbarin – in der Fernsehserie *Full House*. Im wirklichen Leben war Barber jedoch alles andere als selbstbewusst und frech. Sie wurde von chronischen Angstzuständen und kräftezehrenden Depressionsschüben gequält, die sich in ihrem frühen Erwachsenenalter verschlimmerten. Nach außen hin war sie zwar eine Art Celebrity, die in der Öffentlichkeit durch die kecke Fernsehfigur, die sie spielte, auch erkannt wurde, doch innerlich hatte sie viele Jahre mit sich zu kämpfen.

Nachdem sie jahrelang im Stillen gelitten hatte, fasste Barber mit 32 Jahren den Mut, sich professionelle Hilfe zu suchen. Sie bekam Medikamente verschrieben und suchte fortan regelmäßig einen Therapeuten auf. Barber und ich lernten uns kennen, nachdem ich den Essay über meine eigenen Erfahrungen mit Zwangsstörungen geschrieben hatte. Wir hatten viel gemeinsam: die Erfahrung mit schweren Angstzuständen, die Zusammenarbeit mit einem Therapeuten, die Einnahme von Medikamenten, obwohl wir beide noch immer stigmatisiert waren (was nur zeigt, welch große Auswirkungen ein Stigma haben kann). Wir hatten beide eine Rolle im Rampenlicht der Öffentlichkeit (meine wesentlich kleiner als ihre), wobei diese Rollen eine Zeit lang einen Unterschied zu unserer inneren Erfahrung darstellten. Aber noch begeisterter war Barber über die Tatsache, dass der Essay in der Zeitschrift *Outside* erschienen war und sie mit mir darüber sprechen wollte, wie viel körperliche Bewegung doch bewirken kann.

»Ich begann mit dem Laufen, als alles in meinem Leben im Fluss war«, erzählte sie mir. »Zusätzlich zu meinen Ängsten machte ich gerade eine Trennung durch. Mein Gefühlsleben lief völlig aus dem Ruder. Es kam mir vor, als schwanke der Boden unter meinen Füßen. Ich fing mit dem Joggen an, weil ich Gesellschaft suchte, als eine Möglichkeit, mich zu zwingen, in die Welt hinauszugehen und mit Freunden zusammen zu sein. Aber je mehr ich mich dem Laufen verschrieb, desto mehr ging es mir darum, jeden Tag aus dem Haus zu gehen und zu joggen. Ich weiß nicht, wie ich es ausdrücken soll. Beim Laufen geht es mir nicht nur darum, mit meinen Gedanken allein zu sein, sondern auch um die körperliche Bewegung und den Rhythmus, die Trittfrequenz und das Tempo zu finden. Wenn ich dann nach Hause kam, hatte ich das Gefühl, dass das Leben nicht mehr so schlimm und chaotisch war wie vor 45 Minuten, als ich zum Laufen rausging.«

Schließlich meldete sich Barber 2016 für einen Marathon an. Das war ein hehres Ziel, vor allem für jemanden, der neu in diesem Sport war und kaum sportliche Erfahrung besaß. Doch sie merkte schnell, dass es nicht um das Rennen allein ging (auch wenn sie bis zum Ende durchhielt). Es ging um das Training – den sportlichen Rahmen, die Beharrlichkeit und darum, sich selbst in die Pflicht zu nehmen, jeden Tag zu laufen. »Es hat mich gerettet«, sagt sie. »Davon bin ich überzeugt. Das Laufen hat mich gerettet.«

Obwohl Barber zum Zeitpunkt unseres Gesprächs im Jahr 2020 mit dem Laufen kein bestimmtes Ziel verfolgte, fand sie es dennoch wichtig, sich jeden Tag etwas zu bewegen. Selbst ein zügiger 30-minütiger Spaziergang bewirke Wunder, sagte sie mir. Als ich sie fragte, ob sie glaube, dass nur die Routine, jeden Tag das Gleiche zu tun, hilfreich sei, widersprach sie mir entschieden. »Nein. Ich habe alle möglichen anderen festen Abläufe, aber keiner gibt mir so viel wie körperliche Bewegung, es ist irgendwie etwas Besonderes.«

Zahlreiche Studien haben bewiesen, dass Bewegung nicht nur die körperliche, sondern auch die geistige Gesundheit verbessert; dies gilt für alle soziokulturellen Kontexte. In einer Analyse des King's College London aus dem Jahr 2019 wurden mehr als 40 Studien unter die Lupe genommen, bei denen insgesamt 267 000 Menschen beobachtet wurden, um dem Zusammenhang zwischen Bewegung und Depression auf den Grund zu gehen. Das Fazit der Forscher lautete, dass regelmäßige körperliche Bewegung die Wahrscheinlichkeit, an einer Depression zu erkranken, um 17 bis 41 Prozent senkt. Diese erhebliche Auswirkung wurde unabhängig von Alter und Geschlecht beobachtet und galt für verschiedene Arten der Bewegung, vom Laufen bis zum Gewichtheben. Andere Studien stellten ähnliche Effekte im Zusammenhang mit Angstzuständen fest.

Bewegung hilft nicht nur dabei, psychischen Erkrankungen vorzubeugen, sondern kann sie auch behandeln. Zusätzlich zu ihrer großen Untersuchung zur Vorbeugung depressiver Erkrankungen haben die Forscher des King's College 25 Studien ausgewertet, in denen insgesamt 1487 Menschen befragt wurden, die seinerzeit an einer Depression litten. Wie sich herausstellte, reagierten zwischen 40 und 50 Prozent der unter Depressionen leidenden Menschen positiv auf Bewegung, und zwar mit einer Wirkung, die auf einer Skala mit den Markierungen »klein«, »mittel« oder »groß« als groß angesehen wird. Forscher der University of Limerick in Irland führten ihre eigene Analyse mit 922 Teilnehmern durch und fanden eine ähnliche Reaktionsrate bezogen auf die Angstzustände der Befragten. Diese Quoten sind mit denen von Psychotherapie und Medikamenten vergleichbar.*

---

* Es ist wichtig, zu wissen, dass Sport kein Allheilmittel für psychische Probleme ist. Bewegung kann zwar helfen und tut es oft auch, aber das ist bei allen psychisch Kranken nicht immer der Fall. Ich kenne viele Menschen, die an seelischen Störungen leiden (oder gelitten haben) und die zu Recht die Nase voll haben, wenn man ihnen sagt: »Machen Sie halt mehr Sport.« Wenn es so einfach wäre, würde es jeder tun. Man sollte auch wissen, dass

Bewegung mag sich von den anderen in diesem Buch bisher besprochenen Prinzipien unterscheiden. Leider hat der heroische Individualismus mit seiner Vernarrtheit in kräftezehrende Workouts, in das körperliche Erscheinungsbild (»Muskelmonster«) und in seiner Auffassung des »Trainings« als körperliche Quälerei die Art und Weise vernebelt, wie wir über unseren Körper denken und wie wir ihn nutzen sollten. Aber wie Sie bald sehen, ist echte Bewegung eine wesentliche Komponente, um ein bodenständiges Leben zu führen.

KÖRPER UND GEIST – EIN GANZHEITLICHES SYSTEM

In den 1640er-Jahren formulierte der französische Philosoph René Descartes eine Theorie, die später als sogenannter cartesischer Dualismus bekannt wurde. Gemeint ist damit das Theorem, dass Geist und Körper, obwohl sie materiell miteinander verbunden sind, separate Entitäten sind. Dieser Gedanke herrschte mehr als 350 Jahre lang vor. Erst zu Beginn des 21. Jahrhunderts begannen Wissenschaftler zu beweisen, dass Descartes sich geirrt hatte. Geist und Körper sind beim Menschen nicht getrennt. Vielmehr sind wir ein holistisches, das heißt ganzheitliches »Geist-Körper-System«.

Die Bakterien in unseren Gedärmen und die von unseren Muskeln abgesonderten Proteine haben Einfluss auf unsere Gemütsverfassung. Die biochemischen Botenstoffe in unseren Gehirnen, die sogenannten Neurotransmitter, beeinflussen, wie stark unsere Rückenschmerzen sind und wie schnell unser Herz schlägt. Wenn wir unseren Körper regelmäßig bewegen, können wir unsere Emotionen besser kontrollieren, wir denken kreativer und speichern mehr Informationen ab. Die Wissenschaft, die das ganzheitliche Wirken von Körper und Geist untersucht, ist zwar relativ neu, nicht aber der Gedanke dahinter. Lange bevor Descartes die beiden trennte, behandelten die alten Griechen Geist und Körper ganzheitlicher. So wurde im antiken Griechenland beispielswei-

---

sich diverse andere Behandlungsmethoden für Psychoneurosen und Sporttreiben nicht gegenseitig ausschließen, sondern dass sie zusammen von großem Nutzen sein können. Viele der erfolgreichsten Behandlungsmethoden für psychische Erkrankungen sehen eine Kombination aus Bewegung, Therapie und Medikamenten vor.

se die körperliche Erziehung nicht von der Ausbildung der geistigen Fähigkeiten getrennt, wie wir es heute tun. Vielmehr wurden die beiden oft gemeinsam gelehrt, als Teil einer Philosophie, die in den lateinischen Worten *Mens sana in corpore sano* kulminiert: ein gesunder Geist in einem gesunden Körper.

Das sechste Prinzip der Bodenständigkeit ist *Bewegung*. Bewegung fördert allgemeines Wohlbefinden, verleiht Kraft und Standfestigkeit – nicht nur körperlich, sondern auch mental. Wie und weshalb? Zunächst untersuchen wir kurz, wie körperliche Bewegung jedem der anderen Prinzipien – Akzeptanz, Präsenz, Geduld, Verletzlichkeit und Gemeinschaft mit Wir-Gefühl – als Unterstützung dient. Sodann beschäftigen wir uns mit konkreten Übungen, die Ihnen helfen, eine regelmäßige Trainingsroutine zu entwickeln. Wir werden sehen, dass Körpertraining weder kompliziert sein muss noch mit heroischen Kraftakten zu tun hat und dass fast jeder – unabhängig von Alter, Geschlecht oder Körpertyp – von den etlichen Vorteilen profitieren kann.

BEWEGUNG UND AKZEPTANZ

Als ich mit dem Training für Marathonläufe begann, gab mir ein erfahrener Läufer einige weise Worte mit auf den Weg: Ich müsse lernen, mich damit abzufinden, mich unwohl zu fühlen. Diese Kunst ist abseits der Laufstrecke genauso hilfreich wie auf der Strecke.

Es geht nicht nur um mich und es geht nicht nur um das Laufen. Fragen Sie irgendjemanden, der sich regelmäßig körperlich anstrengt, und er wird Ihnen wahrscheinlich dasselbe sagen: Ein schwieriges Gespräch erscheint nicht mehr so schwierig, eine knappe Deadline setzt einen nicht mehr so unter Druck, Beziehungsprobleme sind nicht mehr so problematisch. Die weitverbreitete Vorstellung, Sport mache einfach zu müde, um sich noch mit anderen Sachen zu beschäftigen, mag einem zwar plausibel erscheinen, ist aber nicht wahr. Wie die Forschung zeigt, bewirkt körperliche Aktivität eher das Gegenteil und in der Folge verbessert sich die Gehirnfunktion und erhöht sich das Energiepotenzial. Wahrscheinlicher ist, dass Sie durch körperliche Anstrengungen lernen, Schmerzen, Beschwerden und Erschöpfung bewusst wahrzunehmen und zu ertragen, statt sofort darauf zu reagieren oder etwas dagegen zu unternehmen.

Evelyn Stevens, die bei den Frauen den Rekord für die meisten mit dem Fahrrad zurückgelegten Kilometer (47,97) in einer Stunde hält, denkt laut eigener Aussage während ihrer härtesten Trainingsintervalle nicht »Ich will, dass es vorbei ist«, sondern: »Ich versuche, den Schmerz bewusst zu spüren und auszuhalten. Verdammt, ich versuche sogar, ihn mir zu eigen zu machen.« Wenn Sie sich wehren oder versuchen, das Unwohlsein zu unterdrücken, das mit Ihrer körperlichen Anstrengung einhergeht, verstärken sich die Beschwerden in der Regel noch. Körperliche Aktivitäten lehren Sie, etwas so zu akzeptieren, wie es ist, es klar zu sehen und dann zu entscheiden, was Sie als Nächstes tun. Und dies wird bei einem anspruchsvollen Training in den Momenten verstärkt, in denen Sie entscheiden müssen, ob Sie aufhören oder weitermachen wollen.

Eine im *British Journal of Health Psychology* publizierte Studie ergab Folgendes: College-Studenten, die zuvor grundsätzlich gar keinen Sport betrieben hatten und dann zu einem moderaten Trainingsprogramm übergingen, das wöchentlich zwei bis drei Besuche im Fitnessstudio vorsah, waren weniger gestresst, schränkten das Rauchen sowie den Alkohol- und Koffeinkonsum ein und ernährten sich gesünder. Darüber hinaus verbesserten sie ihre Lerngewohnheiten und gaben weniger Geld aus. Zusätzlich zu diesen Verbesserungen im echten Leben schnitten die Studenten nach zwei Monaten regelmäßigen Trainings auch bei Labortests zu ihrer Selbstbeherrschung besser ab. Dies legte bei den Forschern die Vermutung nahe, das Training habe einen starken Einfluss auf die »Fähigkeit zur Selbstkontrolle« der Studenten. Oder anders ausgedrückt: Durchhaltevermögen zu zeigen und somit Ja zu sagen, obwohl Körper und Verstand Nein sagten –, führte dazu, dass die Studenten lernten, angesichts der schwierigen Trainingssituation cool, ruhig und gelassen zu bleiben. Sie akzeptierten, in welcher Lage sie sich befanden, und agierten auf kluge Weise in Übereinstimmung mit ihren inneren Werten und Einstellungen. Im Fitnessstudio bedeutete das oft: dranbleiben und weitermachen. Außerhalb des Studios war es mit einer besseren Stressbewältigung verbunden und damit, weniger zu trinken oder mehr zu lernen.

Eine andere Studie, die im *European Journal of Applied Physiology* erschien, untersuchte, wie Sport unsere physiologische Reaktion auf Stress verändert. Forscher am Karlsruher Institut für Technologie (KIT) teilten die Studenten zu Beginn des Semesters in zwei Gruppen ein und wiesen die eine Hälfte an, 20 Wochen lang zweimal pro Woche zu laufen. Am Ende der 20 Wochen, die mit einer besonders stressigen Zeit für die Studenten zusammenfielen – den Prüfungen –, ließen die Forscher sie während ihrer Alltagsaktivitäten Monitore tragen, um ihre Herzfrequenzvariabilität zu messen, die ein gängiger Indikator für physiologischen Stress ist. Wie zu erwarten, wiesen die Studenten, die an dem Laufprogramm teilnahmen, eine vorteilhaftere Herzfrequenzvariabilität auf. Ihre Körper waren während der Prüfungen buchstäblich nicht so gestresst. Sie kämpften vielleicht nicht gegen den Prüfungsdruck an, sondern fanden sich eher damit ab und waren deshalb weniger nervös.

Der aufmunternde Aspekt dieser Studien ist: Die Probanden absolvierten weder übermäßige Trainingsintensitäten oder -umfänge. Sie taten einfach etwas, das für sie eine körperliche Herausforderung darstellte – und wechselten von gar keinem zu etwas Training.

In diesem Kapitel kam wiederholt zur Sprache, dass man kein Spitzensportler oder Fitnessfanatiker sein muss, um von den weitreichenden Vorteilen körperlicher Bewegung zu profitieren. Wenn Sie ein leichtes Trainingsprogramm für sich erstellen, wird es Ihnen während Ihrer Übungen vermutlich hin und wieder nicht wirklich gut gehen. Solche Phasen geben Ihrem Körper nicht nur mehr Kraft, sondern Ihrer Psyche auch die Gelegenheit, sich in Akzeptanz zu üben, um in schweren Zeiten geerdet zu bleiben. Für einige mag das bedeuten, viel Gewicht zu heben oder sehr schnell laufen zu müssen, für andere vielleicht: von absolut keiner Bewegung zu einem zügigen Spaziergang von 30 Minuten überzugehen.

BEWEGUNG UND PRÄSENZ

Mit einem regelmäßigen Trainingsprogramm für Ihren Körper machen Sie folgende Erfahrung: Je mehr jede Wiederholung im Kraftraum oder jeder Schritt beim Laufen zu einem Automatismus wird, das heißt, je weniger Sie darüber nachdenken, desto besser. Das erfordert anfangs viel Konzentration, aber schließlich geht es Ihnen in Fleisch und Blut über. Mit zunehmender Präsenz verbessert sich nicht nur Ihre Trainingserfahrung, sondern auch Ihre Leistung. Was auch immer bei der letzten Wiederholung passiert ist, spielt keine Rolle. Was auch immer bei der nächsten Wiederholung geschieht, spielt keine Rolle. Es kommt allein auf den Trainingssatz an, den Sie im Moment absolvieren.

Eine gängige Methode, um in einen Flow zu kommen, ist körperliche Aktivität. Die Empfindungen in Ihrem Körper, die Sie verstärkt wahrnehmen, bieten einen Fixpunkt für Ihr Bewusstsein und die erhöhte Erregung hilft, Ihren Geist zu lenken. Dazu müssen Sie allerdings Ihre digitalen Geräte beiseitelegen (oder sie zumindest auf Flugmodus stellen, wenn Sie sie für Musik verwenden). Damit Sie in einen Flow kommen, müssen Sie »mit Ihren Gedanken bei dem sein, was Sie tun«, schreibt Pirkko Markula, Professor für Körperaktivität an der University of Alberta in Kanada.

Wenn ich mit meinen Coaching-Klienten daran arbeite, dass sie etwas (Körper-)Bewegung in ihr Leben bringen sollen, nutzen wir das ausdrücklich als Gelegenheit, um eine Zeit frei von jeglichen Ablenkungen zu erleben. Viele stellen fest, dass sie gerade deshalb so gerne Sport treiben, weil sie dann nicht permanent von Anrufen, E-Mails oder SMS genervt werden. Je öfter sie sich diese ablenkungsfreie Zeit gönnen, desto öfter priorisieren und bewahren sie Ihre Präsenz in anderen Lebensbereichen. Dies deckt sich mit einer Theorie des Autors Charles Duhigg, der zugleich ein ausgewiesener Experte für das Erforschen unserer Gewohnheiten ist: Körperliche Bewegung ist eine »Schlüsselgewohnheit« oder eine positive Praxis in einem Lebensbereich, die positive Veränderungen in anderen Bereichen bewirkt. Körperliches Training ist auch förderlich für die eigene Präsenz, denn es verlangt, dass man genau auf die Signale des Körpers achtet. *Werde ich schneller oder langsamer? Ist dies lediglich der Schmerz einer schweißtreibenden Anstrengung oder der Vorbote einer drohenden Verletzung?* Da Sie ein recht eindeutiges Feedback von Ihrem Körper erhalten, können Sie Ihren weiteren Trainingsverlauf kontinuierlich verfeinern. Wenn Sie so weitermachen, werden Sie Ihre Aufmerksamkeit insgesamt schärfen – nicht nur für Ihren Körper, sondern für das ganze Leben.

BEWEGUNG UND GEDULD

Ich hatte das Privileg, einige der besten Sportler der Welt kennenzulernen. Interessant ist, dass sie sich alle anderer Strategien bedienen, um richtig fit zu werden. Einige trainieren mit hoher Intensität und geringem Pensum, andere machen genau das Gegenteil. Manche richten sich bei ihrem Training nach ihrer Herzfrequenz, andere nach ihrer subjektiven Einschätzung, welche Anstrengung die Trainingslast erfordert. Und doch haben sie mir alle gesagt, dass der Schlüssel zum Erfolg nicht so sehr der jeweilige Trainingsplan ist, sondern vielmehr, ob sie ihn einhalten oder nicht. Solange das Training auf vernünftigen Prinzipien beruht, ist die jeweilige Methode nicht annähernd so wichtig wie die Geduld und die Beharrlichkeit des Sportlers. Viele Wege führen nach Rom, aber Sie kommen nur an, wenn Sie nicht andauernd von Ihrer Route abkommen.

Entscheidend für die Verbesserung der körperlichen Fitness ist, sich an das Prinzip der sogenannten progressiven Überlastung zu halten: Man trainiert einen bestimmten Muskel oder eine Muskelfunktion in besonderer Weise, wobei mit der Zeit Intensität und Dauer gesteigert werden. Auf harte Trainingstage folgen leichte; auf längere, intensive Trainingsabschnitte folgen ausgiebigere Erholungsphasen. Regelmäßiges Wiederholen und Beständigkeit sind der Schlüssel zum Erfolg. Ergebnisse stellen sich nicht über Nacht ein, sondern erst nach Monaten oder gar Jahren. Wie in Kapitel 4 erwähnt, erhöht sich das Risiko für Verletzungen und Übertraining, wenn Sie alles überstürzen oder sich allzu früh zu viel zumuten. Dem kann man nicht entkommen und man kann es auch nicht leugnen. Ihr Körper lässt es Sie einfach wissen. Sie lernen, sich in Geduld zu üben, in Ihren Sehnen und Ihren Knochen.

»Heutzutage sehnt sich jeder nach etwas Neuem und nach endloser Stimulation«, sagt mein Freund Vern Gambetta, ein weltbekannter »Oldtimer« unter den Sporttrainern, der Hunderte von Spitzensportlern trainiert hat, darunter Spieler der New York Mets und der Chicago Bulls sowie zahlreiche Olympioniken. »Stets das Programm zu wechseln, heute dies und morgen das, liegt im Trend.« Wenn es jedoch um Muskelwachstum und -entwicklung auf Dauer geht, so sagt er, sind Schnelligkeit und ein laufender Wechsel der Trainingspläne der völlig falsche Weg. Der weitere Aufbau des Körpers durch Sport erfordert viel Zeit.

Ein regelmäßig absolviertes Trainingsprogramm lehrt Sie, dass ein Durchbruch nicht über Nacht passiert. Er resultiert vielmehr aus einer gleichmäßigen Anstrengung, die über einen langen Zeitraum beibehalten wird: aus dem allmählichen, klugen und kontrollierten Einschlagen auf den Stein, bis er eines Tages bricht. Um Ihre Fitness zu verbessern, müssen Sie geduldig und präsent sein und heute mit einer Wiederholung im Kraftraum aufhören, damit Sie morgen dort weitermachen können, wo Sie aufgehört haben.

BEWEGUNG UND VERLETZLICHKEIT

Wenn Sie sich einer körperlichen Herausforderung stellen, werden Sie hin und wieder scheitern; das liegt in der Natur der Sache. Schneller laufen oder gehen zu wollen, mehr Gewicht zu heben oder mit dem Fahrrad weiter zu fahren als je zuvor, kann einen zumindest etwas unter Druck setzen. Sie stehen vor allen möglichen unbekannten Variablen. Mit welchen Beschwerden muss ich rechnen? Werde ich durchhalten oder zu früh aufgeben? Erfolg haben oder versagen?

»Brave New World«, sagt mein Trainingspartner Justin, dem nicht entgeht, wie ich das Gewicht nur zögernd in die Hände nehme, wenn ich im Fitnessstudio versuche, schwere Gewichte zu stemmen. »Tapfer bleiben«, meint er. Wie immer mein Versuch auch ausgehen mag: Ich übe mich in der Kunst, Schwachstellen beherzt anzugehen und zu lernen, mir selbst in schwierigen Situationen zu vertrauen. Und wenn ich versage, manchmal vor anderen, lerne ich, auch damit zurechtzukommen. Eine regelmäßige Bewegungspraxis deckt Ihre Schwachstellen auf und lehrt Sie, nicht vor ihnen wegzulaufen, sondern sich ihnen zu stellen und an ihnen zu arbeiten. Je mehr Sie sich zu Ihren Schwächen bekennen und ihnen entgegentreten, desto stärker werden Sie – im wahrsten Sinne des Wortes – und desto mehr bekommen Sie das Gefühl, ein ganzheitliches Wesen zu sein.

Im Kraftraum gibt es nur Sie und die Hantel. Entweder Sie schaffen es, sie zu heben, oder Sie schaffen es nicht. Wenn es Ihnen gelingt – super! Wenn nicht, trainieren Sie mehr und versuchen es erneut. An manchen Tagen läuft es gut, an anderen Tagen nicht, aber mit der Zeit wird Ihnen klar: Das, was Sie aus sich herausholen, steht im Verhältnis zu Ihren Bemühungen und zu Ihrer Bereitschaft, sich immer härteren Prüfungen zu unterziehen und sie manchmal nicht zu bestehen. Das gilt auch auf der Leichtathletikbahn, dem Spielfeld oder im Schwimmbad. So einfach und so schwierig ist das. Sie entwickeln eine Art von Verletzlichkeit, Geradlinigkeit und Selbstvertrauen angesichts von Herausforderungen, die Ihnen letztendlich ein gelassenes und sicheres Selbstvertrauen geben. Sie lernen, an sich selbst zu glauben und, wenn sie von anderen Menschen umgeben sind, Risiken einzugehen. Und genau dadurch knüpfen Sie in Ihrer Trainingsgemeinschaft engere Bande.

BEWEGUNG UND GEMEINSCHAFT

Immer mehr Forschungen zeigen, dass das Training mit anderen Menschen (oder in Gruppen) die Verbundenheit und Zugehörigkeit fördert oder das, was wir hier als Gemeinschaft mit Wir-Gefühl bezeichnen. In ihrem Buch *The Joy of Movement* erläutert die Gesundheitspsychologin und Stanford-Dozentin Kelly McGonigal die vielen Gründe, warum das so ist. Da ist zum einen die gemeinsame Freude, die unsere Spezies empfindet, wenn wir uns synchron mit anderen bewegen – ein Phänomen, das ursprünglich ein Vorteil unserer evolutionären Entwicklung war, weil er die Zusammenarbeit bei der Jagd begünstigte. Dann wäre da die Ausschüttung von Neurotransmittern wie Endorphinen und Oxytocin, die unsere Zuneigung zu und Verbundenheit mit anderen Menschen fördern. Darüber hinaus liegt es in der Natur der Sache vieler Trainingsprogramme, ein Gefühl hervorzurufen, das Wissenschaftler als *identity fusion* (»Identitätsverschmelzung«) bezeichnen, den Eindruck, mit etwas Größerem als sich selbst verbunden und ein Teil davon zu sein. Schließlich gibt es da noch die verbindende Zuversicht und die gemeinsamen Schwächen sowie das sich herauskristallisierende Vertrauen, wenn man sich gemeinsam mit anderen körperlichen Herausforderungen stellt. Sportwissenschaftler bezeichnen das als *muscular bonding* (»verbindendes Muskeltraining«), wahrscheinlich weil es in Stammeskulturen und in jüngerer Zeit auch beim Militär seit Langem als Initiation oder im weitesten Sinne auch als eine Art des Erwachsenwerdens verstanden wird.

»Wir sehnen uns nach diesem Gefühl der Verbundenheit«, sagt McGonigal, »und synchron ablaufende Bewegungen sind eine der besten Möglichkeiten, es zu erleben.« Sie schreibt, dass Außenstehende oft nicht nachvollziehen können, welche sozialen Auswirkungen mit einem Training oder körperlicher Bewegung einhergehen. »Wie bei jedem natürlichen Phänomen ergibt es keinen Sinn, bis man sich mitten im Geschehen befindet. Wenn plötzlich Endorphine ausgeschüttet werden und das Herzklopfen zunimmt, empfinden Sie [die Art von Zugehörigkeitsgefühl, das durch Training oder körperliche Bewegung entsteht] es als die vernünftigste Sache der Welt.«

Ich habe das aus erster Hand erfahren. Selten bereue ich den Mehraufwand, den ich bereitwillig in Kauf nehme, um meine Termine abzusprechen, damit ich mit anderen laufen, wandern oder Gewichte stemmen kann. Der kurzzeitige Effekt ist, dass ich mich nach dem Training stets besser fühle. Und die Langzeitwirkung des Ganzen ist, dass einige meiner besten Freunde Menschen sind, die ich erst im Fitnessstudio oder beim Wandern kennengelernt habe.

Nachdem wir nun gesehen haben, wie vorteilhaft Körperbewegung ist, wenden wir uns nun dem praktischen Training zu. Leider gibt es in dieser Hinsicht eine Flut von Fehlinformationen oder das, was ich als »Kumpel-Wissenschaft« bezeichne: kompliziert klingendes Kauderwelsch, das meist, aber nicht immer, von Leuten verbreitet wird, die einen schnellen Euro machen wollen und dem es an Substanz und Wirksamkeit fehlt. Im Grunde ist es nichts anderes als heroischer Individualismus in Gestalt körperlicher Fitness. Ich kann das nicht ausstehen. Ich biete Ihnen etwas anderes an, darauf können Sie sich verlassen. Ich stelle Ihnen einfache und konkrete Übungen vor, die tatsächlich Wirkung zeigen. Alle sind durch jahrelange Praxis im echten Leben bewährt und erprobt und lassen sich an Ihre eigenen Bedürfnisse und Lebenssituationen anpassen. Darüber hinaus sind alle gratis. Doch zuvor möchte ich Sie mit einer der wichtigsten und vorteilhaftesten Änderungen bekannt machen, die Sie hinsichtlich Ihrer Gesinnung und in Bezug auf Ihre Gesundheit, Ihr Wohlbefinden und Ihr Streben nach echtem Erfolg vornehmen können.

Für viele ist diese Einstellung die Grundlage für jede lang anhaltende Trainingspraxis.

MACHEN SIE KÖRPERLICHE BEWEGUNG ZU EINEM TEIL IHRER ARBEIT – WIE AUCH IMMER IHR JOB (UND IHR FITNESSZUSTAND) AUSSIEHT

Aber ich habe keine Zeit. Das ist die häufigste Ausrede, die ich höre, wenn man nicht regelmäßig Sport treibt. Das mag zwar stimmen, wenn jemand mehrere Jobs hat und hart dafür arbeiten muss, seine Grundbedürfnisse zu stillen, aber für die meisten Menschen trifft es nicht zu. In einer Studie aus dem Jahr 2019 haben die Centers for Disease Control and Prevention (CDC) in Zusammenarbeit mit der Denkfabrik RAND eine repräsentative Stichprobe durchgeführt und 32 000 US-Bürger befragt, wie sie ihre Zeit nutzen. Wie sich herausstellte, haben Amerikaner im Durchschnitt mehr als 4,5 Stunden pro Tag Freizeit, und verbringen den größten Anteil dieser Zeit vor Bildschirmen. Dieses Ergebnis gilt unabhängig von Einkommen, Alter, Geschlecht und ethnischer Zugehörigkeit. Auch wenn Sie darauf bestehen, dass Sie zu beschäftigt sind, um noch körperlich aktiv zu werden, weil Sie einen wichtigen und anstrengenden Beruf haben, würde ich dringend darüber nachdenken, Bewegung nicht als etwas zu betrachten, das Sie getrennt von Ihrer Arbeit tun, sondern als einen integralen Bestandteil Ihres Jobs. Das gilt für Ärzte, Krankenschwestern, Anwälte, Geldanleger, Lehrer, Schriftsteller, Forscher, Eltern gleichermaßen – also für so ziemlich jeden.

Die Forschung zeigt: Regelmäßige Bewegung fördert das kreative Denken, hilft beim Lösen von Problemen, und man hat seine Launen und Gefühle besser im Griff. Zudem steigert sie die Konzentrationsfähigkeit, fördert den Energiehaushalt und sorgt für einen besseren Schlaf. Es gibt keinen Berufszweig, der nicht von diesen Eigenschaften profitiert. Drei Neurotransmitter – Serotonin, Noradrenalin und Dopamin – sind für die Gehirnfunktion von entscheidender Bedeutung. Serotonin hebt die Stimmung, Noradrenalin schärft die Wahrnehmung und Dopamin reguliert den Aufmerksamkeitsfokus und die allgemeine Zufriedenheit. Befinden sich diese Neurotransmitter im Gleichgewicht, funktioniert das Gehirn optimal. Geraten sie jedoch aus dem Gleichgewicht, werden die kognitiven und emotionalen Fähigkeiten beeinträchtigt und in schweren Fällen kann es zu psychischen Störungen kommen. Der körperlichen Bewegung kommt daher eine besondere Rolle zu, denn sie scheint ein zentraler Faktor dafür zu sein, dass diese drei Botenstoffe sich im Gleichgewicht befinden. Kurzum: Wenn Sie Ihren Körper bewegen, bewegen Sie auch Ihren Geist.

Betrachten wir eine Studie der Stanford University. Unter dem treffenden Titel *Give Your Ideas Some Legs* (»Verleihen Sie Ihren Ideen Beine«) wurden die Teilnehmer gebeten, sich mit geistig anspruchsvollen Aufgaben zu beschäftigen. Eine Gruppe legte eine Pause ein, in der die Teilnehmer herumsaßen und eine Wand anstarrten, eine andere Gruppe ging derweil sechs bis 15 Minuten spazieren. Nach der Pause wurden beide Gruppen auf ihr gestalterisches Verständnis hin getestet. Die Teilnehmer, die den Spaziergang unternommen hatten, wiesen eine um 40 Prozent höhere kreative Kenntnis auf als die Probanden aus der anderen Gruppe. Dieser Effekt ist nicht nur bei Erwachsenen zu beobachten. Andere Studien haben ergeben, dass sich die schulischen Leistungen von Jugendlichen verbessern, wenn sie sich regelmäßig körperlich betätigen. Paradoxerweise kürzen viele Schulen den Sportunterricht zugunsten von Mathematik, Naturwissenschaften und normgerechter Prüfungsvorbereitungen, obwohl Sport genau das ist, was den Schülern helfen könnte, ihre Leistungen in Mathematik, Naturwissenschaften und bei Prüfungen zu verbessern, die wirtschaftlich verheerenden Gesundheitskosten und mangelnde Volksgesundheit mal ganz außer Acht gelassen.

Sportliche Betätigung fördert nicht nur hier und heute die Hirnleistung, sondern hilft der Schaltzentrale in Ihrem Kopf, auch morgen besser zu funktionieren. Bewegung unterstützt die langfristige Entwicklung des Gehirns, indem sie die Freisetzung einer Substanz namens Wachstumsfaktor BDNF *(Brain-Derived Neurotrophic Factor)* auslöst. BDNF ist Dünger für das Gehirn. Er kurbelt die sogenannte Neurogenese an, einen Prozess, der neue Gehirnzellen hervorbringt und Verbindungen zwischen ihnen herstellt. Der Zusammenhang zwischen körperlicher Bewegung und BDNF erklärt die anwachsende Beweislage dafür, dass regelmäßiges Training den kognitiven Verfall verhindert und herauszögert. Die Wirkung ist so stark, dass es bis heute keine bessere Vorbeugung gegen neurodegenerative Krankheiten wie Alzheimer und Parkinson gibt als regelmäßige körperliche Aktivität. Könnte man Bewegung in Pillenform abfüllen und vermarkten, sie wäre unter den Medikamenten ein Kassenschlager im Wert von etlichen Billionen Euro – nützlich für alles: von der Leistungssteigerung über die Verbesserung des Wohlbefindens bis hin zur Prävention und Behandlung von Krankheiten.

Aus all diesen Gründen lege ich bei meiner Tätigkeit als Coach großen Wert auf Bewegung. Sobald meine Klienten anfangen, körperliches Training als einen wesentlichen Teil ihrer Arbeit zu betrachten, ist es wahrscheinlicher, dass sie sie zu einem festen Bestandteil ihres Lebens machen. Dieses Umdenken gibt vielen von ihnen die Motivation, physisch aktiv zu werden. Sie betrachten Bewegung nicht mehr als Selbstzweck oder als etwas Irrelevantes, sondern als unverzichtbar.

Eine solche Veränderung an der Stellschraube der persönlichen Einstellung findet selbst auf den höchsten Wettkampfebenen im Denksport statt. Im Jahr 2019 veröffentlichte ESPN.com einen Bericht darüber, dass absolute Topschachspieler während eines einwöchigen Turniers oft 10 bis 15 Pfund abnehmen. Wissenschaftlern zufolge hängt das mit der menschlichen Stressreaktion zusammen. Während der Turniere, die mitunter fünf bis zehn Tage dauern, ist es nicht ungewöhnlich, dass die Teilnehmer unter erhöhter Herzfrequenz, hohem Blutdruck, Zwangsdenken, emotionaler und physiologischer Angst, Appetitlosigkeit, lähmenden Selbstzweifeln und Schlaflosigkeit leiden. Infolgedessen fangen die Schachspieler an, ihren Körper zu trainieren, als wären sie Weltklassesportler. Sie absolvieren intensive Fitnessprogramme, um klarer denken zu können und während der anhaltenden Belastung eines Turniers stark zu bleiben und durchzuhalten. »Körperliche Fitness und Gehirnleistung sind miteinander verbunden und es sollte niemanden überraschen, dass Großmeister versuchen, wie Fußballer auszusehen«, sagt der Schachsuperstar Maurice Ashley.

Wenn Sie Ihre Einstellung dahingehend ändern, dass Sie Bewegung als einen Teil Ihrer Arbeit betrachten, ist das ein guter Anfang, aber Sie müssen es auch umsetzen. Es gibt vor allem zwei Möglichkeiten, körperliche Bewegung in Ihr Leben zu integrieren:

- Sie können sich Zeit für körperliche Aktivitäten wie Spazierengehen, Laufen, Radfahren, Schwimmen, Gartenarbeit, Klettern, Tanzen, Gewichtstraining oder Yoga nehmen.
- Sie bauen Bewegung in Ihren Tagesablauf ein.

Zumindest sollten Sie bei einer dieser Methoden konsequent sein, idealerweise nutzen Sie eine Kombination aus beidem. Vielleicht gehen Sie zum Beispiel an drei Tagen in der Woche ins Fitnessstudio oder trainieren in Ihrem Keller, machen am Wochenende einen längeren Spaziergang oder eine Wanderung und versuchen dann, an allen anderen Tagen allgemein aktiv zu bleiben. Eine Zauberformel gibt es leider nicht. Wenn es um Bewegung geht, lautet meine goldene Regel: *Bewegen Sie Ihren Körper oft, manchmal kraftvoll; jedes bisschen zählt.*

Die folgenden Übungen werden Ihnen helfen, Bewegung in Ihren Tag zu integrieren und dabei zu lernen, wie Sie das Beste aus den Trainingsphasen herausholen können. Wir räumen mit weitverbreiteten Mythen auf, zum Beispiel damit, man müsse sportlich veranlagt sein, um Sport zu treiben. Oder Gewichtstraining sei nur etwas für junge Leute oder eine höhere Intensität sei immer besser und ein gutes Training erfordere viel Zeit und Equipment. Wir stellen Ihnen auch die auf Fakten basierenden Informationen vor, mit deren Hilfe Sie Ihr eigenes maßgeschneidertes Bewegungstraining entwickeln können.

PRAKTISCHER TEIL: TAGSÜBER IN BEWEGUNG BLEIBEN

Dass wir überhaupt »trainieren« müssen, ist ein recht junges Phänomen. Vor der Industriellen Revolution arbeiteten wir auf Bauernhöfen, und davor waren wir Jäger und Sammler. Der Mensch hatte nur während 0,1 Prozent seines Daseins die Möglichkeit, sesshaft zu sein, oder anders ausgedrückt: Betrachtet man die menschliche Spezies bis zu diesem Zeitpunkt als einen 24-Stunden-Tag, haben wir erst um 23:58 Uhr aufgehört, uns regelmäßig zu bewegen. Wir wurden geboren, um uns zu bewegen, und so haben wir uns sicherlich auch entwickelt. Es ist daher nicht überraschend, dass es ungesund ist, über längere Zeit körperlich nicht aktiv zu sein. Laut einer Metaanalyse, bei der 13 Studien ausgewertet wurden, haben Menschen, die mehr als acht Stunden pro Tag sitzen und sich nicht bewegen, ein ähnliches Sterberisiko wie Menschen, die fettleibig sind oder rauchen. Mehr als acht Stunden sitzen pro Tag wird mit höherem Blutdruck, erhöhtem Blutzuckerspiegel, überschüssigem Körperfett, Depressionen, Herzerkrankungen und Krebs in Zusammenhang gebracht. Diese gesundheitlichen Beeinträchtigungen weisen darauf hin, dass Sie Ihre Zeit wahrscheinlich hauptsächlich sitzend verbringen. Es gibt allerdings auch Anzeichen dafür, dass das Sitzen die Wahrscheinlichkeit erhöht, dass Sie eben diese für Ihre Gesundheit nachteiligen Auffälligkeiten entwickeln. Mit anderen Worten: Sitzen ist nicht nur ein Symptom für so viele gesundheitliche Probleme, sondern auch eine zugrundeliegende Ursache. Andere Studien ergaben: Selbst wenn Sie zu festgelegten Zeiten physisch aktiv werden (z. B. bei Ihrem 30-minütigen Lauf oder während der Yogastunde), schadet langes Verweilen auf den eigenen vier Buchstaben immer noch Ihrer körperlichen Gesundheit.

Wie bereits erwähnt, beeinträchtigt langes Sitzen auch die geistige Leistungsfähigkeit. Regelmäßige Bewegung erhöht die Durchblutung des Gehirns, außerdem gibt sie den denkenden Bereichen Ihres Gehirns die Möglichkeit, sich auszuruhen, während die Areale, die für die Bewegungskoordination zuständig sind, sozusagen online gehen. In Kombination erklären diese beiden Mechanismen, warum Bewegung so förderlich für Kognition und Kreativität ist.

Glücklicherweise braucht es nicht viel, um die negativen Auswirkungen des Sitzens auszugleichen. Eine Studie, publiziert im *Journal of the American Heart Association*, kam zu dem Schluss, dass bereits zwei Minuten Gehen pro Stunde die meisten der schädlichen Folgen des Sitzens kompensieren. Das Gleiche gilt für drei zehnminütige Spaziergänge pro Tag; der ideale Zeitraum liegt irgendwo dazwischen. In einer Untersuchung aus dem Jahr 2016, die im *International Journal of Behavioral Nutrition and Physical Activity* veröffentlicht wurde, untersuchten Forscher der University of Colorado und des Johnson & Johnson Human Performance Institute, wie sich unterschiedliche Bewegungsprogramme auf Büroangestellte auswirkten. Die Testpersonen kamen in ein Labor, in dem sie einen sechsstündigen Arbeitstag jeweils unter drei verschiedenen Bedingungen simulierten: Beim ersten Mal saßen die Teilnehmer die gesamten sechs Stunden, außer für die Toilettenpausen. Bei ihrem zweiten Besuch gingen die Probanden zu Beginn des Tages 30 Minuten lang spazieren und saßen dann fünfeinhalb Stunden am Stück (auch hier standen sie nur für den Gang zur Toilette auf). Beim dritten Mal unternahmen die Teilnehmer jede Stunde einen Fünf-Minuten-Spaziergang. Im Wesentlichen wiederholten sie den Zyklus, in dem sie 55 Minuten sitzend arbeiteten und dann fünf Minuten lang spazieren gingen.

Die Ergebnisse zeigten, dass die Teilnehmer bei fast allen studienrelevanten Kontrollen, bei denen ihr Grad des Wohlbefindens und des Leistungsvermögens gemessen wurde, besser abschnitten, wenn sie etwas Bewegung in ihren Tag integriert hatten, egal ob es sich um einen einzigen 30-minütigen Spaziergang oder sechs fünfminütige Spaziergänge handelte. Die Probanden gaben an, dass sie in besserer Gemütsstimmung waren und sich energiegeladener fühlten, und auch ihre biologischen Gesundheitsmarker zeigten eine Verbesserung. Es gab jedoch einige Unterschiede zwischen den beiden Bewegungsphasen. Während des simulierten Arbeitstags, der wiederholte fünfminütige Spaziergänge beinhaltete, berichteten die Testpersonen, sie fühlten sich im Allgemeinen zufriedener und verspürten mehr Energie. Sie hätten sich auch den ganzen Tag über besser gelaunt gefühlt, während sie an dem Tag, an dem sie einen einzigen 30-minütigen Spaziergang unternahmen, ihren hohen Energiepegel früher erreichten. Die Forscher schlussfolgerten: Jede Art der Bewegung sei zwar eine gute Bewegung, dass es aber für die allgemeine Performance und das eigene Wohlgefühl am besten sei, wenn Sie Ihren Tag mit fünfminütigen Spaziergängen pro Stunde oder Ähnlichem unterbrechen. Kreative und geistig tätige Menschen und solche, die einer eher traditionellen Arbeit nachgehen, sollten darüber nachdenken, in Intervallen zu arbeiten: Konzentrieren Sie sich eine Zeitlang auf Ihre Arbeit, legen Sie eine kurze Pause ein, in der Sie sich körperlich betätigen, und wiederholen Sie das Ganze. Auf diese Weise holen Sie nicht nur das Beste aus Ihrem Körper, sondern auch aus Ihrem Geist heraus.

Die oben erwähnten Studien legten den Fokus auf das Gehen, aber es scheint keinen Grund zu geben, dass die gleichen Vorteile nicht auch für andere Formen der Bewegung wie Liegestütze, Kniebeugen oder

Yoga gelten sollen. Ob in zwei-, fünf- oder zehnminütigen Intervallen, die Message ist klar: Kleine Bewegungsintervalle, verteilt über den Tag, summieren sich. Die goldene Regel der körperlichen Aktivität lautet: *Bewegen Sie Ihren Körper oft und manchmal kräftig; jedes bisschen zählt.* Hier einige Möglichkeiten, wie Sie Bewegung in Ihren Tagesablauf einbauen können:

- Ziehen Sie Ihre Schuhe im Stehen an und aus.
- Nehmen Sie die Treppe statt Aufzüge oder Rolltreppen.
- Ziehen Sie, wenn möglich, einen unmotorisierten Weg zur Arbeit in Betracht (z. B. zu Fuß oder mit dem Fahrrad).
- Wenn Sie mit dem Auto zur Arbeit fahren, parken Sie absichtlich weit vom Eingang Ihres Gebäudes entfernt.
- Halten Sie immer eine Wasserflasche bereit. Sie werden mehr trinken, was bedeutet, dass Sie mehr urinieren müssen, was wiederum bedeutet, dass Sie aufstehen und sich zwangsläufig mehr bewegen, um zur Toilette zu gehen.
- Statt Meetings für 30 oder 60 Minuten zu planen, reduzieren Sie sie auf 25 oder 50 Minuten. Nutzen Sie die so gewonnene Zeit für kurze Bewegungspausen.

Planen Sie Besprechungen im Gehen ein. Denken Sie daran: Untersuchungen zeigen, dass Gehen die Kreativität und die Fähigkeit zur Problemlösung fördert. Falls Sie befürchten, dass Sie wichtige Punkte vergessen könnten, nehmen Sie einfach ein kleines Notizbuch mit.

Wenn Sie meinen, dass Sie bei einem Problem oder einem Gedanken nicht weiterkommen, nutzen Sie diese Blockade als Ansporn, um eine kurze Pause einzulegen, in der Sie sich bewegen. Das wird nicht nur von der Forschung unterstützt, sondern ich denke, auch Ihre persönliche Erfahrung bestätigt das. Denken Sie darüber nach, in welchen Momenten Ihnen am häufigsten ein Licht aufgeht. Geschieht es, wenn Sie aktiv an dem Problem arbeiten, das Sie zu lösen versuchen? Oder eher während einer Pause, wenn Sie etwas anderes tun?

Sollten Sie sich mit diesen Vorschlägen schwertun und jemand sein, der gerne feste Regeln und Gewohnheiten verfolgt, stellen Sie Ihren Timer so ein, dass er Sie zu jeder vollen Stunde darauf hinweist, eine

Bewegungspause einzulegen. Entscheidend ist natürlich, dass Sie diese Meldungen nicht ignorieren oder Ihre »aktive« Pause aufschieben. Es geht nicht darum, etwas Außergewöhnliches oder Extremes zu leisten, sondern das Ziel ist es, Bewegung nahtlos in Ihren Tag einzubauen und daran zu denken, dass sie nicht nur Ihrem Körper, sondern auch Ihrem Geist Kraft, Ausgewogenheit und Gesundheit verleiht.

PRAKTISCHER TEIL: AEROBES TRAINING

Als ich in Oakland, Kalifornien, lebte, verbrachte ich viel Zeit am Lake Merritt, der etwa eine Viertelmeile von meiner Wohnung entfernt an der Grand Avenue lag. Ein angrenzender Fußweg umrundet den See und ist genau 5 Kilometer lang. Wenn ich dienstags, donnerstags oder samstags morgens dort unterwegs war, traf ich unweigerlich auf Ken. Es war unmöglich, ihn nicht zu treffen. Ken, ein älterer Herr mit dünnem weißen, schulterlangen Haar, trug stets graue Baumwollshorts, ein verblichenes Sweatshirt und New-Balance-Schuhe, die fast auseinanderfielen. An jedem dieser Tage ging er drei Runden um den See spazieren – oder 15 Kilometer. Eines Tages unterbrach ich meinen Lauf, um Ken nach seinem Alter zu fragen. »Irgendwas über 90«, sagte er. Als ich ihn nach seinem Geheimnis fragte, warum er es schaffte, immer noch regelmäßig spazieren zu gehen, erwiderte er, das habe er schon immer getan. »Ich gehe schon seit Jahren hier draußen spazieren«, sagte er. »Man muss einfach in Bewegung bleiben.« Ken gab mir einige wichtige Erkenntnisse in Sachen Fitness mit auf den Weg.

Aerobe Fitness bezieht sich auf die Fähigkeit Ihres Körpers, Sauerstoff effizient zu nutzen. Ein höheres Maß an aerober Fitness steht im Zusammenhang mit so gut wie allen positiven Auswirkungen auf die körperliche und geistige Gesundheit, die man sich vorstellen kann. Es ist zwar leicht, sich für die neuesten und tollsten Trends zu begeistern, vom hochintensiven Intervalltraining (HIIT) über Ultramarathons bis hin zu Triathlons, aber letztendlich bringt Sie regelmäßiges zügiges Gehen fast, wenn nicht sogar ganz, ans Ziel. »Ans Ziel« bedeutet: fit zu sein für ein langes, gesundes und zufriedenes Leben. Zu diesem Schluss kommt eine Sonderausgabe des *British Journal of Sports Medicine (BJSM)* im Jahr 2019, die ausschließlich dem Laufen gewidmet ist.

»Ob es sich um einen Spaziergang an einem sonnigen Tag, den Weg zur und von der Arbeit oder den Gang zum Geschäft in Ihrer Stadt handelt – der Akt, rhythmisch einen Fuß vor den anderen zu setzen, gehört ebenso zur menschlichen Natur wie das Atmen, Denken und Lieben«, schreiben Emmanuel Stamatakis, Mark Hamer und Marie Murphy in einem Leitartikel zu ihrer ursprünglichen Forschungsarbeit.

Im Rahmen der Hauptstudie in der *BJSM*-Sonderausgabe wurden in Großbritannien mehr als 50 000 Spaziergänger aus verschiedenen Altersgruppen befragt. Die Umfrage ergab, dass regelmäßiges Gehen in mittlerem, zügigem oder schnellem Tempo mit einer 20-prozentigen Verringerung der allgemeinen Sterblichkeit und einer 24-prozentigen Verringerung des Risikos verbunden war, an einer Herz-Kreislauf-Erkrankung zu sterben. »Eine einfache Methode, um nachzuvollziehen, was unter ›zügiges‹ Tempo zu verstehen ist, besteht darin, es sich als ein Tempo vorzustellen, bei dem man außer Atem kommt, wenn man es länger als ein paar Minuten beibehält«, sagt Stamatakis, Hauptautor der Studie und Professor für körperliche Aktivität, Lebensstil und Bevölkerungsgesundheit an der University of Sydney in Australien.

Eine andere Untersuchung aus dem Jahr 2019, publiziert im *American Journal of Preventive Medicine*, umfasste fast 140 000 Männer und Frauen in den USA und kam zu dem gleichen Ergebnis. Mindestens 150 Minuten zügiges Gehen pro Woche war mit einem 20-prozentigen Rückgang der Gesamtsterblichkeit verbunden. Ein häufiges Problem bei diesen großen, bevölkerungsweiten Studien ist, dass sie keine Kausalität messen. Regelmäßiges Gehen ist zwar gut für die Gesundheit, aber es wäre ja möglich, dass Sie nicht regelmäßig spazieren oder stramm gehen können, wenn Sie nicht gesund sind. In beiden Studien waren die Forscher jedoch sehr bemüht, den gesundheitlichen Ausgangszustand der Teilnehmer zu berücksichtigen. Derweil zeigen viele kleinere Untersuchungen, die als randomisierte kontrollierte Studien angelegt sind – das heißt, einige Probanden werden zum Gehen eingeteilt und andere nicht: Das Gehen sorgt im Allgemeinen für eine bessere Gesundheit. Nimmt man all diese Forschungsergebnisse zusammen, können Sie ziemlich sicher sein, dass Gehen zu einer guten gesunden Befindlichkeit führt und nicht umgekehrt.

Das Gehen wurde auch mit intensiveren Formen der Bewegung wie Laufen verglichen. Experten sind zwar der Meinung, dass Joggen geringfügig besser sein könnte, aber nur, wenn man sich keine Verletzungen zuzieht und es schafft, regelmäßig zu laufen, womit mehr als 50 Prozent der Läufer (mich eingeschlossen) Probleme haben. Wenn Sie Spaß an aerobem Sport haben, der mehr Anstrengung erfordert und den Sie auch durchhalten, dann sollten Sie das auf jeden Fall tun. Regelmäßiges Laufen, Radfahren, Schwimmen und Tanzen sind allesamt äußerst förderlich. Aber ärgern Sie sich nicht, wenn Ihnen oft Verletzungen zu schaffen machen oder Sie nicht die Zeit, das Equipment, den Zugang oder die Motivation für intensivere Aktivitäten haben. Die meisten Menschen sind in der Lage, 30 bis 45 Minuten pro Tag stramm zu gehen und dabei von jeder Menge gesundheitlicher Vorteile zu profitieren. Wenn Sie das im Rahmen Ihres Lebens regelmäßig tun, gibt es hinreichende Beweise dafür, dass dies die einzige aerobe Übung sein könnte, die Sie brauchen.

Die Wissenschaft, die sich mit aerober Fitness beschäftigt, ist zwar relativ neu, aber ihre Erkenntnisse sind schon länger bekannt. Anfang des 19. Jahrhunderts schrieb der dänische Philosoph Søren Kierkegaard in einem Brief an seine Schwester, deren körperliche und geistige Gesundheit sie stark belastete: »Verlieren Sie vor allem nicht die Lust, zu gehen: Ich laufe mir jeden Tag das tägliche Wohlbefinden an und entlaufe so jeder Krankheit; ich habe mir meine besten Gedanken angelaufen und ich kenne keinen Gedanken, der so schwer wäre, dass man ihn nicht beim Gehen loswürde.«

Ganz gleich, ob Sie sich für das Gehen oder eine andere Form der aeroben Bewegung entscheiden, ein paar Grundregeln können helfen. Viele dieser Regeln gelten auch für das Krafttraining, das wir als Nächstes behandeln.

- Planen Sie regelmäßige Trainingseinheiten ein.* Wenn Sie ihnen keine Priorität einräumen und sich keine Zeit dafür nehmen, finden

* Im Rahmen meines Workouts steht auch zügiges Gehen auf dem Programm.

sie nicht statt. Betrachten Sie Ihr Training wie ein wichtiges Treffen mit sich selbst – denn genau das ist es auch. Abgesehen von familiären Notfällen kommt mir nichts in die Quere, wenn ich trainieren muss. Ich glaube nicht, dass das daran liegt, dass ich verrückt bin, sondern eher daran, dass mein Training mir hilft, geistig fit zu bleiben.

- Die beste Zeit zum Trainieren ist die, die Sie konsequent einhalten. Manche ziehen es vor, morgens zu trainieren, andere in der Mittagspause und wieder andere am Abend. Nichts weist darauf hin, dass eine dieser Zeiten besser ist als die anderen.
- Fangen Sie klein an und steigern Sie nach und nach die Häufigkeit, Dauer und Intensität des Trainings. So schützen Sie sich vor körperlichen und emotionalen Beeinträchtigungen, wenn Sie sich allzu früh zu viel abverlangen. Ein vernünftiger Ausgangspunkt für die meisten Menschen ist es, zwei bis drei aerobe Trainingseinheiten pro Woche für jeweils 30 bis 60 Minuten einzulegen – das ist lang genug, um in großem Maße davon zu profitieren, und kurz genug, um in Ihren Tag zu passen.
- Wenn Sie an einem Ort mit strengen Wintern leben und dennoch das ganze Jahr über spazieren gehen oder laufen möchten, sollten Sie ein Laufband in Betracht ziehen. Sollte das nicht möglich sein oder Ihnen nicht interessant erscheinen, können Sie in Ihr Einkaufszentrum in der Nähe gehen und es vielleicht als Indoor-Track nutzen. Ein Versuch ist es wert.
- Wann immer es möglich ist, sollten Sie versuchen, mit anderen Menschen zu trainieren, und zwar aus all den Gründen, die bereits im Abschnitt über die Gemeinschaft und das Wir-Gefühl in diesem Kapitel genannt wurden.

Es gibt noch einen weiteren wichtigen Aspekt, wenn es um aerobe Aktivitäten geht. Jede Bewegung ist eine gute Bewegung, aber wenn möglich, sollten Sie dafür zumindest teilweise im Freien sein. Es gibt immer mehr Beweise, dass der Aufenthalt in der Natur sowohl die physischen als auch die psychischen Vorteile vermehrt, wenn man sich körperlich bewegt. Führt man sich die lange Geschichte unserer Spezies vor Augen, ist das nur logisch. Ebenso wie das Sitzen ist auch das Leben in urbanen Innenräumen ein relativ neues Phänomen für den Menschen. Die Biophilie-Hypothese, die von dem Harvard-Entomologen E. O. Wilson populär gemacht wurde, besagt, dass wir eine angeborene Tendenz haben, Verbindungen mit der Natur und anderen Lebensformen zu suchen. Wilson glaubt, unsere Spezies habe sich draußen in der Natur entwickelt und wir seien biologisch darauf programmiert, von ihr angezogen zu werden. Mit anderen Worten, die Sehnsucht nach der Natur könnte buchstäblich in unserer DNA stecken – wir sind darauf gepolt, uns nicht in der Stadt oder in der Vorstadt, sondern in der Natur zu Hause und wohlzufühlen.

Forschungen aus Japan untermauern Wilsons Hypothese. Dort haben Wissenschaftler Hunderte von Menschen auf »Waldspaziergänge« oder zum Bummeln durch üppige Grünflächen geschickt. Vor und nach diesen Spaziergängen haben die Forscher eine Reihe von Bioindikatoren bei den Teilnehmern gemessen, die mit Stress im Zusammenhang stehen. Wie sie feststellten, wirken sich Spaziergänge im Wald im Vergleich zu solchen in der Stadt deutlich positiver aus: Sie reduzieren das Stressniveau, verringern die Aktivität des Sympathikus und senken sowohl den Blutdruck als auch die Herzfrequenz. Eine andere Studie, diesmal von der Stanford University, ergab: Nach einem 90-minütigen Spaziergang in der Natur gaben die Testpersonen im Vergleich zu einem Stadtspaziergang derselben Dauer nicht nur selbst an, weniger ins Nachsinnen zu kommen, sondern wiesen auch eine geringere neuronale Aktivität in dem Teil des Gehirns auf, der mit Angst und Depression in Verbindung gebracht wird. Dank der Kontrollgruppen, die in der Stadt spazieren gingen, konnten die Forscher die positiven Folgen der aeroben Bewegung erfassen und die einzigartigen und zusätzlichen Vorteile der Natur herauskristallisieren.

All dies führt mich zu der Überzeugung, dass der über 90-jährige Ken es wirklich begriffen hat. Er ging regelmäßig spazieren; in einem Tempo, das für ihn eine Herausforderung darstellte – er ging in seiner Gemeinde spazieren und er ging draußen an einem See spazieren. Obwohl es ihm selbst vielleicht gar nicht bewusst war, absolvierte Ken eines der besten Aerobic-Fitnessprogramme, die es gibt.

PRAKTISCHER TEIL: KRAFTTRAINING

Anders, als Sie vielleicht meinen, ist Krafttraining nicht nur etwas für die Muskelprotze in Ihrem Fitnessstudio – nein, es ist für jeden geeignet. Einige der größten Forschungskonsortien, zum Beispiel die American Heart Association, empfehlen, mindestens zweimal pro Woche Krafttraining zu absolvieren, unabhängig von Alter oder Geschlecht. Denn die Forschung hat nachgewiesen, dass das Training mit Gewichten, ebenso wie aerobe Bewegung, nicht nur zu mehr Muskelmasse, weniger Körperfett und einem größeren Bewegungsradius (ROM, *Range of Motion*) führt, sondern auch die geistige Gesundheit und die kognitive Leistungsfähigkeit nachhaltig auf Trab bringt. Nun kann Krafttraining zwar in einem Fitnessstudio mithilfe aller möglichen Geräte und Maschinen betrieben werden, aber für viele Menschen ist diese Umgebung zumindest anfangs einschüchternd. Studios sind zudem beitragspflichtig und mit einem gewissen Zeitaufwand für die Hin- und Rückfahrt verbunden. Ich spreche mich keineswegs gegen das Training in einem öffentlichen Kraftraum aus. Ich liebe mein örtliches Studio, die Trainingsgemeinschaft, die ich dort aufgebaut habe, sowie die zusätzliche Verantwortung, die es mit sich bringt. Der Mitgliedsbeitrag ist wahrscheinlich die sinnvollste Art und Weise, mein Geld zu investieren. Sollten Sie Interesse haben, in ein Fitnessstudio zu gehen, kann ich Ihnen das nur empfehlen. Ich will damit nur sagen, dass Sie nicht unbedingt Mitglied in einem Fitnesscenter werden müssen, um Krafttraining zu betreiben. Viele Menschen haben während der COVID-19-Pandemie diese Erfahrung gemacht, da Fitnessstudios weltweit geschlossen wurden. Es gibt viele Kraftübungen, die Sie mit einer preiswerten Kettlebell (Kugelhantel) oder nur mit Ihrem eigenen Körpergewicht ausführen können.

Zusammengenommen trainieren diese Übungen alle wichtigen Muskelgruppen, nutzen Ihren gesamten Bewegungsradius und lassen sich leicht an unterschiedliche Bedingungen sowie Fitness- und Leistungsniveaus anpassen. Während der Corona-Pandemie habe ich (und viele meiner Coaching-Klienten taten es mir gleich) mehrere Monate lang Varianten dieser Übungen bei mir zu Hause oder im Freien durchgeführt.

Es bleibt Ihnen überlassen, jeweils ein paar Sätze einzeln zu absolvieren oder sie zu einem Trainingszyklus zu kombinieren. Wenn Sie eine Kettlebell oder Freihanteln parat haben, können Sie diese zusätzlich einsetzen, sollten Sie größere Herausforderungen wünschen.

- Kniebeuge
- Liegestütz
- Step-up
- Ausfallschritt
- Hängendes Beinbeugen
- Wandsitzen
- Unterarmstütz
- Sit-up
- Dip/Beugestütz
- Curl (wenn Sie keine Hantel haben, können Sie einen gefüllten Rucksack verwenden)
- Burpee (Kombination aus Kniebeuge, Liegestütz und Strecksprung)*

BEWEGUNG UND KÖRPERTRAINING

Körperliche Bewegung war von jeher ein wesentlicher Bestandteil der Geschichte unserer Spezies. Erst in jüngster Zeit hat sich das Sitzen auf unseren vier Buchstaben als Lebensweise im Namen der sogenannten Effizienz durchgesetzt, deren Ausweitung parallel zur Zunahme von chronischen Krankheiten, psychischen Erkrankungen und Burnout verläuft. Bewegung ist zwar kein Allheilmittel für all unsere Beschwerden, aber sie kann sicherlich helfen. Sportliche Aktivität, auch auf moderatem Niveau, fördert nicht nur die körperliche und geistige Gesundheit und das Wohlbefinden, sondern zugleich alle anderen Prinzipien der Bodenständigkeit. Sie lehrt uns, Unwohlsein zu akzeptieren, in unserem Körper präsent zu sein, auf dem langsamen Weg in Richtung Wei-

---

* Dies ist nicht als medizinischer Rat gedacht. Sprechen Sie stets mit Ihrem Arzt, bevor Sie ein neues Trainingsprogramm beginnen. Weitere Informationen zu einfachen, aber effektiven Krafttrainings finden Sie in »The Minimalist's Strength Workout«, einem Artikel, den ich für die Zeitschrift *Outside* geschrieben habe und der im Oktober 2017 veröffentlicht wurde.

terentwicklung geduldig und beständig, aber auch verletzlich zu sein, wenn wir uns selbst herausfordern und Gefahr laufen, zu versagen. Darüber hinaus sind Training und körperliche Aktivität ein vielversprechender Weg, eine tiefe Community aufzubauen und Kontakte zu anderen zu knüpfen. Wenn Sie Ihren Körper regelmäßig bewegen, sind Sie ein besserer Bewohner Ihrer physischen Hülle, egal wo Sie sind. Aus all diesen Gründen ist es wichtig, sich zu bewegen, um geerdet zu sein.

TEIL II

EIN BODENSTÄNDIGES LEBEN FÜHREN

KAPITEL 8

VON DEN THEORETISCHEN PRINZIPIEN ZUM PRAKTISCHEN HANDELN

Es ist eine Sache, die Prinzipien der Bodenständigkeit zu verstehen, und eine andere, sie in die Tat umzusetzen und Ihre täglichen Gewohnheiten und Aktivitäten danach auszurichten. Sie werden nicht zu dem, was Sie denken; Sie werden zu dem, was Sie tun. Ein bodenständiges Leben beginnt mit einer veränderten Denkweise, setzt sich aber als eine ständige Übung fort. Wenn Sie starke Muskeln aufbauen wollen, reicht es nicht aus, sich nur theoretisch mit Krafttraining zu beschäftigen – Sie müssen die Hanteln tatsächlich heben. So ist das nun einmal.

Es stimmt auch, dass Sie bei dem Übergang zu einem tiefer geerdeten Leben eventuell auf Widerstände stoßen, sowohl auf persönlicher als auch auf kultur-gesellschaftlicher Ebene, vor allem, weil die heutige Gesellschaft – und der heroische Individualismus, für den sie sich starkmacht – konträr zur Kultivierung und Pflege der Prinzipien der Bodenständigkeit steht. Wir haben uns so sehr von oberflächlichen und äußeren Zielen wie Größe, Unsterblichkeit und Glückseligkeit vereinnahmen lassen – wir versuchen, uns den Weg zum Glück zu ebnen, sind mit kleinen Erfolgserlebnissen beschäftigt und vom Optimierungswahn besessen – und haben vergessen, auf die grundlegenden Leitlinien zu achten, die uns Gesundheit, Halt, Erfüllung und Kraft geben.

Jedes Mal, wenn Sie eine bedeutende Veränderung ins Auge fassen, stoßen Sie auf Widerstände, die in der Regel dem Ausmaß der Veränderung entsprechen; das ist Teil des Prozesses. In diesem Kapitel geht es darum, zu verstehen, wie Sie alle Prinzipien der Bodenständigkeit harmonisch in Ihr Leben integrieren können, einschließlich der häufigsten Stolperfallen, und wie Sie diese überwinden können. Denken Sie beim Lesen daran, dass manche Tage besser, andere schlechter sind – die meisten liegen irgendwo dazwischen. Das Ziel ist nicht, der Beste oder perfekt zu sein. Das Ziel ist es, sich ehrlich zu bemühen und Schritt für Schritt besser geerdet zu sein. Lassen Sie uns jetzt damit beginnen.

DEN KREISLAUF VON SEIN UND TUN IM GRIFF HABEN

In meiner Tätigkeit als Coach arbeitete ich seit Langem mit einem Klienten namens Parker, einem Chief Information Officer (CIO) eines großen Dienstleistungsunternehmens, an den Prinzipien der Bodenständigkeit. Wir begannen unsere Zusammenarbeit, kurz nachdem Parker die Beförderung in seine Führungsposition erhalten hatte. Er war begeistert von der Aufgabe, wenn auch ein wenig überfordert. Er hatte zwar schon früher große Teams geleitet, befand sich aber noch nie in einer Stellung, in der er nicht nur für die Führung einzelner Mitarbeiter verantwortlich war, sondern auch für die Leitung einer gesamten Technologieorganisation. Dazu gehörte die Festlegung einer umfassenden Innovations- und Data-Science-Strategie. Dies erforderte, ein Gleichgewicht zwischen den täglichen Aufgaben und der Fähigkeit, einen Schritt zurückzutreten, zu schaffen, klar zu sehen und zu denken und Menschen *en masse* zu beeinflussen. Parker musste nicht nur Teil des Tanzes sein, sondern er musste ihn auch choreografieren – ein mühsam erarbeitetes Können, von dem in Wirklichkeit jeder profitiert, ob Sie nun ein ganzes Unternehmen führen oder nur sich selbst.

Ich habe schnell festgestellt, dass Parker einer meiner aufmerksamsten und geistig begabtesten Klienten ist. Er ist jemand, der gründlich überlegt, in seiner Freizeit gerne liest und sich Dokumentarfilme ansieht. Parker konzentrierte sich darauf, eine ruhige und besonnene Führungskraft zu werden. Er wollte durch Respekt Einfluss gewinnen, nicht durch Furchteinflößung oder Autorität. Darüber hinaus wollte er in gesunder Verfassung bleiben und sein Familienleben weiterführen wie bisher, auch als neuer CIO. Er sehnte sich danach, voranzukommen, ohne den Boden unter den Füßen zu verlieren, und er freute sich darauf, sich von dem Druck des heroischen Individualismus zu befreien.

Es dauerte nicht sehr lange, bis Parker alle Prinzipien der Bodenständigkeit vollständig verinnerlicht hatte. Er nahm sich Zeit für die entsprechenden Praktiken und fand die Übungen für Achtsamkeit, für die Rolle des »klugen Beobachters« und für die Fähigkeit, sich seinen Unsicherheiten zu stellen, besonders hilfreich. Infolgedessen hat er die Prinzipien nicht nur begriffen, sondern begann auch, einen großen Unterschied zu spüren. Es gab nur ein Problem: Wenn Parker nicht aktiv über die Prinzipien der Bodenständigkeit zu Hause oder in der Sitzung mit mir nachdachte, geriet er nur allzu leicht in den Trubel seines täglichen Arbeitstrotts. Als Folge machte sich Unbehagen in ihm breit, bis er sich nach unserer nächsten Coaching-Sitzung wieder besser fühlte. Dieser Zyklus wiederholte sich einige Monate lang, bis er in einer Sitzung so etwas Ähnliches sagte wie: »Ich spüre, dass ich diese Dinge tief im Innern weiß. Ich muss sie nur konsequenter und öfter in mehreren Situationen anwenden. Ich muss es einfach tun.« Ich lächelte ihn an und er lächelte zurück. Wir beide wussten, wo es langgeht.

Obwohl Parkers Einsicht goldrichtig war, würde die Umsetzung nicht einfach sein. Er sah sich mit denselben Widerständen konfrontiert wie ich. Auch Sie werden mit ihnen konfrontiert, sowie jeder, der dieses Buch liest, sich ihnen zu stellen haben wird.

Ihre innere Einstellung beeinflusst, was Sie tun, aber was Sie tun, beeinflusst auch Ihre Einstellung. Parker tappte in eine geläufige Falle. Er investierte viel Zeit und Energie, um sowohl innerlich als auch mithilfe der praktischen Übungen seine innere Bodenständigkeit zu stärken, aber er verwirklichte diese Qualitäten nicht unbedingt in seinem täglichen praktischen Tun. Parkers Sein war nicht mehr mit seinem Handeln im Einklang. Statt eine harmonische Feedbackschleife zu durchlaufen – in der das Sein das Handeln und das Handeln das Sein stärkt –, steckte Parker in einer festgefahrenen Situation. Zu viele seiner täglichen Aktivitäten und Routinen standen im Widerspruch zu den Prinzipien eines geerdeten Lebens.

Wir haben bereits über kognitive Dissonanz gesprochen, das heißt über das Spannungsfeld, das sich aufbaut, wenn Sie Widersprüche zwischen Ihren Gedanken, Emotionen und Überzeugungen auf der einen Seite und Ihren Handlungen auf der anderen Seite haben, was zwangsläufig zu Unwohlsein führt. Dieses Unbehagen, das mit kognitiver Dissonanz einhergeht, dient als Warnsignal, dass Sie entweder Ihre Gedanken, Gefühle und dergleichen ändern müssen, um besser über Ihre Handlungen nachzudenken, oder dass Sie an Ihren Handlungen arbeiten müssen, um Ihre Gedanken, Emotionen etc. besser zu reflektieren. Einfach ausgedrückt: Kognitive Dissonanz ist oft ein Zeichen dafür, dass Sie Ihr *Sein* und Ihr *Tun* besser aufeinander abstimmen müssen. In Parkers Fall bedeutete das: Er war von seinem Sein überzeugt, aber er musste sein tägliches Handeln bewusster gestalten.

Wenn Sie Ihr Tun mit Ihrem Sein harmonisch verzahnen, löst sich das Spannungsfeld der kognitiven Dissonanz auf. Statt gegen sich selbst zu kämpfen, werden Sie feststellen, dass Ihnen Ihre Handlungen freier von der Hand gehen. Sie werden sich eingebunden und ganzheitlicher fühlen. Der Mystiker Meister Eckhart forderte seine Anhänger in einer berühmten Predigt zu Beginn des 14. Jahrhunderts auf: »Es geht nicht darum, dass wir unser inneres Selbst aufgeben, vernachlässigen oder verleugnen, sondern wir sollten lernen, genau in ihm, mit ihm und von ihm aus so zu arbeiten, dass die Innerlichkeit in wirksames Handeln umschlägt und wirksames Handeln zur Innerlichkeit zurückführt und wir uns daran gewöhnen, ohne jeden Zwang zu handeln.«

Für fast alle, die ich kenne, mich eingeschlossen, ist der letzte Teil von Eckharts Lehre vielleicht der schwierigste. Wie können wir dieses Beharren – oder das, was Eckhart als zwanghaftes Handeln bezeichnete – auf unsere langjährigen und gewohnten Handlungsweisen überwinden? Diese Veränderung durchzuziehen ist wahrscheinlich der am wenigsten inspirierende und unerquicklichste Teil bei diesem großen Umlegen des Schalters. Er ist aber vielleicht auch der wichtigste.

DIE PRINZIPIEN DER BODENSTÄNDIGKEIT MITEINANDER VERKNÜPFEN

Parker und ich haben zusammen die Bereiche ausfindig gemacht, in denen sein gewohnheitsmäßiges Handeln nicht mit seinem neuen Sein übereinstimmte. Zum Beispiel arbeitete er regelmäßig nachts, obwohl er wusste, dass er dann nicht in Bestform war. Ganz zu schweigen davon, dass die Arbeit zu dieser Zeit für ihn Stress bedeutete, er sich zerstreut fühlte und nicht durchschlief. Er ging schwierigen Gesprächen mit Mitarbeitern aus dem Weg, insbesondere wenn sie vor seiner Beförderung zum CIO seine Kollegen waren. Er konzentrierte sich in seinem Job auf zu viele Aufgaben gleichzeitig, fühlte sich dadurch permanent gehetzt und hatte das Gefühl, ständig ins Hintertreffen zu geraten. Er litt unter dem Hochstaplersyndrom und versuchte, selbstbewusster aufzutreten, als er wirklich war, obwohl er all das eigentlich ablegen und er selbst sein wollte. Er trainierte nicht konsequent, obwohl er wusste, um wie viel besser er sich fühlte – und zu welchen Leistungen er fähig war –, wenn er seinen Körper regelmäßig bewegte. Und nicht zuletzt fühlte er sich, als stünde er außerhalb des Kreises der CIOs anderer Firmen. Er müsste doch, so sagte er sich, noch mehr tun können, um von den Führungskräften zu lernen, die Ähnliches schon einmal erlebt hatten wie er gerade.

Parker und ich beschlossen, den Schwerpunkt unserer Coaching-Sitzungen zu verlagern. Wir würden weniger Zeit auf das Theoretische, das heißt auf Verstehen und Strategien, verwenden, sondern uns mehr Zeit dafür nehmen, bestimmte Dinge abzustellen und sie praktisch neu anzugehen. Wir würden uns auf das konzentrieren, worauf es ankommt. Für jeden der Bereiche, mit denen Parker zu kämpfen hatte, erarbeiteten wir, welche Art des Handelns besser zu seiner neuen Art des Seins passen würde. Hier in Form einer Liste eine grobe Skizze unserer Ergebnisse:

- Das Telefon während des Essens ausschalten. (Präsenz)
- Das Arbeiten mit Holz wieder aufnehmen, eine seiner alten Leidenschaften, bevor er zum CIO befördert wurde, und eine Möglichkeit, wieder in den Flow zu kommen. Praktisch gesehen bedeutete dies, dass er mindestens drei Abende pro Woche in seine Kellerwerkstatt gehen musste. (Präsenz)

- An mindestens drei Tagen pro Woche eine Stunde lang spazieren gehen. (Bewegung)
- Eine Liste zu den schwierigen Gesprächen anlegen, die er zu führen hatte. Akzeptieren, dass diese Gespräche komplex und unangenehm sein werden, sie aber trotzdem führen. Aufhören, die Dinge auf die lange Bank zu schieben. (Akzeptanz)
- Abends das Smartphone nicht mit nach oben ins Schlafzimmer nehmen. Als auch das nicht mehr ausreichte, gingen wir dazu über, dass er es unten im Parterre liegen lassen sollte. So konnte er es nicht mehr checken, wenn er aufstand, um ins Bad zu gehen, denn das hatte er automatisch getan, was dazu geführt hatte, dass er weder abschalten noch einschlafen konnte. (Präsenz)
- Sich die Erfahrungen bei Präsentationen vor dem Firmenvorstand zu eigen machen, sich aber nicht davor scheuen, Unsicherheiten offen zuzugeben, wenn er sie hatte. Keine Hemmungen zu haben, »Es kommt darauf an« und »Ich weiß es nicht, lassen Sie uns darüber reden« zu sagen. (Verletzlichkeit)
- Sich jede Woche auf nicht mehr als drei Prioritäten konzentrieren. Für jede Priorität ein paar Schlüsselaktionen planen. Die dringlichen Angelegenheiten und die Aktionen auf einen Notizzettel schreiben und an den Schreibtisch kleben. Der Versuchung widerstehen, sich auf jede sich bietende neue Gelegenheit einzulassen – denn die gibt es immer –, und sich stattdessen auf die Dinge fokussieren, die Zeit brauchen. (Geduld)
- An mehr Konferenzen und CIO-Meetings teilnehmen, bei denen er von gestandenen Führungskräften lernen kann und sich unterstützt fühlt. (Gemeinschaft mit Wir-Gefühl)

Parkers Kampf mit sich selbst ist kein seltenes Beispiel. Eine andere meiner Klientinnen, Samantha, ist die Gründerin und Geschäftsführerin eines Unternehmens, das sich darauf spezialisiert hat, Berufstätigen dabei zu helfen, das Beste aus sich herauszuholen und sich möglichst gut zu fühlen. Wie Parker hat auch Samantha alle Prinzipien, die in diesem Buch genannt werden, schnell verstanden. Wir haben sogar gemeinsam daran gearbeitet, diese Leitlinien in das Lehrangebot ihres

Unternehmens zu integrieren. Das änderte jedoch nichts an der Tatsache, dass Samantha, in ihren Dreißigern mit Hang zum Perfektionismus und eine ehemalige Sportlerin der Division 1 (die höchste Stufe des Collegesports in den USA), ein Unternehmen mit Risikokapitaloperationen aufbaute – und darüber hinaus Mutter eines neun Monate alten Babys war. Kurz, sie hatte alle Hände voll zu tun. Eine sinnvolle Veränderung würde eine Herausforderung sein. Obwohl das Unternehmen, das sie gründete, darauf ausgerichtet ist, Menschen zu helfen, damit sie aus dem Gefühl der Ganzheit und Freiheit heraus agieren können, fühlte sich Samantha selbst manchmal zerbrechlich und angespannt.

Allein die Tatsache, dass Samantha mir dies unter Tränen gestand, war ein großer Schritt. Sie versuchte, in dreierlei Hinsicht stark und absolut selbstsicher zu sein: als Führungskraft in einem wachsenden Unternehmen, als Partnerin für ihren Mann und zugleich als Mutter. Sie glaubte, immerzu eine große Bürde zu tragen, nämlich all die Menschen, die von ihr abhängig waren. Ich sagte Samantha, dass auch ich diese Art von Last oft spüre. Natürlich nicht auf die gleiche Art und Weise. Aber es gibt viele Momente, in denen ich mir vorkomme, als müsse ich alles im Griff haben und für alle anderen alle Antworten kennen, insbesondere wenn es um wichtige Fragen geht. Es mag den Anschein haben, als würde es Spaß machen, so jemand zu sein – und manchmal ist es das auch –, aber es kann auch sehr anstrengend sein.

Wir sprachen darüber, dass nicht die Bürde selbst, sondern das innere Festhalten an dieser Last schwer sein kann. Das war der Moment, in dem es bei Samantha klick machte. Sie hatte zwar ein Lippenbekenntnis zu ihrer Verletzlichkeit abgegeben, aber sie setzte es nicht in die Praxis um – nicht vor sich selbst und schon gar nicht ihrem Umfeld gegenüber. Infolgedessen neigte sie dazu, zu schnell vorzugehen (vielleicht, um ihre Ängste und Unsicherheiten zu überspielen), und bisweilen blieb sie bei ihrem Auftreten dabei stecken, eher aus Angst als aus Liebe für das, was sie tut. Sie erkannte, dass ihre Erwartungen so absurd hoch waren, dass sie sich nie zufrieden fühlen würde; sie würde nie das Gefühl haben, ihrem eigenen Verständnis nach genügend sie selbst zu sein. Paradoxerweise hielten gerade diese hohen Erwartungen und der sich daraus ergebende Eindruck, sich selbst nie genug zu sein, Samantha zurück. Wir verpflichteten uns, die Prinzipien der Bodenständigkeit in ihr Leben einzubauen, indem wir Folgendes taten:

- Sie sollte sich täglich daran erinnern, dass es kein einfaches Unterfangen ist, ein Start-up zu gründen und zu leiten. Die meisten Unternehmen scheitern; das ist einfachste Start-up-Mathematik. Die Tatsache, dass ihre Organisation es so weit gebracht hat und immer noch in der Erfolgsspur ist, ist bereits eine große Leistung. Vor allem, wenn man bedenkt, dass Samanthas Unternehmen das Kapital akkumuliert und eine Firmenkultur aufgebaut hatte, um der durch COVID-19 ausgelösten Schwächung des Markts standzuhalten. Auf ihren Badezimmerspiegel schrieb sie: »Hör auf zu versuchen, nicht zu verlieren. Spiele, um zu gewinnen.« Das diente ihr jeden Morgen als nützliche Erinnerung. (Akzeptanz)
- Jeden Tag zehn Minuten lang meditieren. Die Zeit und den Raum schaffen, um das Bewusstsein anzuzapfen, das unter dem denkenden, fragenden und zweifelnden Schaltkasten Gehirn liegt. Daran denken, dass ein klares Bewusstsein hilft, das deutliche Signal vom verschwommenen Rauschen zu trennen. Je mehr man sich darin übt, desto stärker und zugänglicher wird es. (Präsenz)
- Aufhören, so sehr darauf zu achten, was andere Start-ups tun. Das führt nur dazu, von einer Idee zur anderen zu springen. Konzentriert bei den Aufgaben und Zielen bleiben. Nicht den Markt ignorieren, aber auch nicht den Drang verspüren, auf ihn zu reagieren. Jedes Mal, wenn Samantha versucht ist, einen Schritt zu machen, sollte sie sich auf ihre Mission und ihre Ziele besinnen und sich fragen: *Hilft das wirklich, um messbare Auswirkungen hervorzubringen?* (Geduld)
- Wenn sie Schwierigkeiten hat und sich unsicher fühlt, sollte sie benennen, was gerade vor sich geht und es zuerst sich selbst und dann den Menschen kommunizieren, die ihr unterstützend zur Seite stehen. In Samanthas Fall waren das ich, ihr Ehemann und ein paar gute Freunde und Kollegen. Es ist in Ordnung, wenn etwas danebengeht. Probleme entstehen, wenn man nicht toleriert, dass es schlecht für einen läuft und man keine helfende Hand sucht. (Verletzlichkeit und Gemeinschaft mit Wir-Gefühl)

- Sich von dem Zwang lösen, ein All-Star-Sportler sein zu müssen und sich stattdessen auf die physischen und psychischen Vorteile des Trainings konzentrieren. Aufhören, Trainingseinheiten zu messen. Sich keine Gedanken über das Training im Hinblick auf ein bestimmtes Ziel machen. Nicht zulassen, dass körperliche Aktivität ein weiterer Bereich ist, in dem man meint, jedes Mal gute Leistungen erbringen zu müssen. Erkennen, dass der selbst auferlegte Druck nicht gesund ist, und loslassen. Wie ein guter Freund von mir einmal sagte: Höre auf, in deinem Hobby gewinnen zu wollen. (Bewegung)

Keine der Änderungen, die Parker oder Samantha vorgenommen haben, ist höhere Mathematik. Aber sie machten einen großen Unterschied. Nach einigen Monaten Arbeit an diesen Veränderungen war Parker insgesamt ruhiger, fühlte sich energiegeladener und ließ sich von Ereignissen, die ihn früher aus dem Gleichgewicht gebracht hätten, immer weniger beeindrucken. Er schlief auch besser. Sogar sein Arzt war zufrieden: Nur ein Jahr, nachdem er befördert worden war und einen Stressjob angenommen hatte, war Parkers Blutdruck so niedrig wie seit mehr als über zehn Jahren nicht mehr. Und was Samantha betrifft, so verspürte sie eine neue Leichtigkeit, als ließe sie den Druck aus einem überfüllten Kessel ab. Sie erkannte: Nicht immer alles im Griff oder unter Kontrolle zu haben ist nicht etwas, vor dem man sich fürchten müsste oder das man vermeiden sollte, vielmehr ist es die menschliche Natur. Samantha hat immer noch Phasen, in denen sie unsicher und angespannt ist, aber statt sich gegen diese Gefühle zu wehren, steht sie dazu. Folglich sind diese Phasen in der Regel weniger intensiv und von kürzerer Dauer. Samantha verbringt mehr Zeit und Energie damit, auf Sieg zu spielen.

LIEBER EINFACHE ALS KOMPLIZIERTE VERÄNDERUNGEN

Einfache Veränderungen wie die, die Parker und Samantha vorgenommen haben, können sehr wirkungsvoll sein – gerade weil sie so einfach sind. Wir machen die Dinge oft komplizierter, als sie sein müssten, um die Tatsache zu verdrängen, dass es für eine Verhaltensänderung wirklich darauf ankommt, jederzeit präsent zu sein und die anstehenden

Aufgaben zu erledigen – nicht davon zu träumen, nicht darüber nachzudenken, nicht darüber zu reden, sondern es zu tun.

Je mehr Sie etwas verkomplizieren, desto leichter ist es, sich dafür zu begeistern, darüber zu reden und vielleicht sogar in die Startlöcher zu kommen und loszulegen – aber desto schwieriger ist es, dranzubleiben. Komplexität bietet Ihnen Ausreden und Auswege sowie endlose Möglichkeiten, unentwegt irgendwelche Veränderungen vorzunehmen. Mit Einfachheit verhält es sich anders. Hinter dem Einfachen kann man sich nicht verstecken. Sie müssen Tag für Tag präsent sein und auf die von Ihnen gewünschten Veränderungen hinarbeiten. Ihre Erfolge werden Sie treffen wie ein Blitz, aber das gilt auch für Ihre Misserfolge. Diese Art von schnellem und direktem Feedback ermöglicht es Ihnen, zu lernen, was funktioniert, und das anzupassen, was nicht funktioniert.

AN DEN VERHALTENSGEWOHNHEITEN ARBEITEN

Sie haben wahrscheinlich schon einmal gehört, dass es drei Wochen dauert, um sich eine neue Gewohnheit zu eigen zu machen. Dieser Mythos wurde in den 1950er-Jahren geboren, als der Schönheitschirurg Maxwell Maltz feststellte, dass sich seine Patienten nach drei Wochen an ihr neues Gesicht gewöhnt hatten. Maltz fand zudem heraus, dass drei Wochen in etwa der Zeit entsprachen, die er benötigte, um sich in seinem eigenen Leben an neue Routinen zu gewöhnen. Er veröffentlichte seine Erkenntnis 1960 in einem Buch mit dem Titel *Psychokybernetik*, das sich millionenfach verkaufte. Maltz' Erkenntnisse waren zwar faszinierend, aber ihr einziges Problem war: Seine Beobachtungen waren die Beobachtungen einer einzelnen Person. Daten ist nicht der Plural von Anekdote.

Jahrzehnte später haben Forscher die Entwicklung von Gewohnheiten auf eine genauere und wissenschaftlichere Weise untersucht. Für eine Studie aus dem Jahr 2009, publiziert im *European Journal of Social Psychology*, beobachteten Forscher des University College London 96 Menschen, die versuchten, eine neue Gewohnheit anzunehmen – was die Forscher als das »Erreichen der Automatizität« bezeichneten –, die mit dem Essen, dem Trinken oder einer anderen bestimmten Aktivität zusammenhängt. Automatizität bedeutet, dass eine Handlung eher unbewusst, ohne Anstrengung oder inneren Widerstand vollführt wird – wenn Sein und Tun mühelos ineinander übergehen. Im Durchschnitt benötigten die Teilnehmer 66 Tage, um sich eine neue Gewohnheit anzueignen. Im Einzelfall war die Bandbreite jedoch sehr groß. Einige brauchten nur 18, andere mehr als 200 Tage. Die meisten von uns möchten am linken Rand dieser Linie verortet sein.

Neue Gewohnheiten auszubilden (oder mit alten aufzuhören) ist keine leichte Aufgabe. Wir sind Wesen, die an routinierte Abläufe und Prozesse gewöhnt sind. Das spiegelt sich in einem Begriff aus der Psychologie der alten östlichen Welt wider, der da lautet: Verhaltensgewohnheiten oder etwas salopp formuliert die Macht der Gewohnheit. Der Terminus bezieht sich auf die Trägheit, die wir im privaten und gesellschaftlichen Leben zu erkennen geben und die einen Großteil unseres täglichen Handelns bestimmt. Verhaltensgewohnheit meint die Art und Weise, wie wir die Dinge immer getan haben und was unser kultureller Überbau implizit und explizit fördert. Sie ist der Strom, der unser Leben antreibt. »Die Verhaltensgewohnheiten sind stärker als wir selbst«, sagt Zen-Meister Thich Nhat Hanh. »Sie treiben uns ständig an.« Gegen die Macht der Gewohnheit anzukämpfen ist wie das Schwimmen gegen den Strom; es ist ein anstrengendes und aussichtsloses Unterfangen. Zum Glück müssen wir uns nicht immer gegen Verhaltensgewohnheiten wehren. Wir können sie so gestalten, dass sie zu unseren Gunsten wirkt und die Integration unseres Seins und Handelns begünstigt.

Die neueste psychologische Wissenschaft untermauert das uralte Konzept der Verhaltensgewohnheiten. Sie zeigt, dass das alleinige Verlassen auf Willenskraft, um neue Gewohnheiten anzunehmen, sowohl das Leistungsvermögen als auch seine Aufrechterhaltung mindert. Der ständige Kampf gegen die Versuchung, sich auf alte Verhaltensweisen einzulassen, ist kraftraubend. Bemüht man permanent die eigene Willensstärke, ist sie irgendwann erschöpft – und der ständige Kampf mit sich selbst sorgt nicht gerade für ein friedliches Leben. Ein weitaus besserer Ansatz, um Gewohnheiten zu ändern, besteht darin, unserer Willenskraft die Luft rauszulassen oder – noch besser – sie ganz stillzulegen. Und das funktioniert so: Denken Sie über die Verhaltensweisen nach, die Sie an den Tag legen (oder nicht mehr an den Tag legen) möchten. Schaffen Sie dann die Bedingungen, die diese Verhaltensweisen begünstigen. Spüren Sie die Hindernisse auf, die sich Ihnen in den Weg stellen, das heißt das, was immer wieder eine Belastung für Ihre Willenskraft darstellt, und tun Sie Ihr Möglichstes, um diese Barrieren zu beseitigen. Stellen Sie sich das folgendermaßen vor: Egal, wie gesund und nahrhaft Sie sich ernähren wollen, wenn Sie die ganze Zeit in einem Süßwarenladen sind, werden Sie viele Süßigkeiten essen. Ergo, Sie müssen raus aus dem Laden.

Andererseits sollten Sie auch die Menschen, Orte und Dinge ermitteln, die sich förderlich auf Ihr gewünschtes Verhalten auswirken, und diese zu einem zentralen Teil Ihres Lebens machen. Wenn Sie Ihr Umfeld klug auswählen, sind Sie weniger abhängig von Ihrem eigenen Willen.

Da alle Prinzipien der Bodenständigkeit miteinander verknüpft sind, wird jede weitere Anpassung einfacher sein, wenn Sie diesen Prozess in zunehmendem Maß für alle Ihre Verhaltensweisen durchlaufen. Im Wesentlichen verlagern Sie den Strom – die Macht Ihrer Gewohnheit – in die Richtung eines geerdeten Lebens. Sobald diese Veränderung eintritt, fangen Sie an, sich mit der Strömung treiben zu lassen, statt gegen sie anzuschwimmen. Ihr Sein und Ihr Tun kommen leichter und auf natürlicherem Wege überein. Man könnte dies eine geerdete Lebensweise nennen. Die folgenden Praktiken werden Ihnen dabei helfen, diesen Wandel zu vollziehen.

PRAKTISCHER TEIL: *TUN* UND *SEIN* IN EINKLANG BRINGEN

In Kapitel 3 haben wir ein altes buddhistisches Konzept kennengelernt, die sogenannte selektive Bewässerung. Wir alle haben unsere latenten Fähigkeiten und Einstellungen; das sind unsere Samen – gießen wir sie, werden sie wachsen. Wenn wir auf unerschütterliche Weise geerdet sein wollen, reicht formale Praxis nicht aus. Wir müssen jeden einzelnen Samen, oder in diesem Fall die Prinzipien, die wir besprochen haben – Akzeptanz, Präsenz, Geduld, Verletzlichkeit, Gemeinschaft mit Wir-Gefühl und Bewegung –, in unserem Alltagsleben gießen. Genauso wichtig ist es, dass wir aufhören, eben jene Samen in unserem Leben zu wässern, die der Entfaltung dieser Prinzipien einen Strich durch die Rechnung machen wollen: Teilbereiche des heroischen Individualismus wie Nichtwahrhabenwollen, Ablenkung, Schnelligkeit um der Schnelligkeit willen, Arroganz, Unbesiegbarkeit und die routinemäßige Optimierung von allem.

Überlegen Sie sich für jedes Prinzip der Bodenständigkeit ein bis drei konkrete Maßnahmen, die Sie ergreifen können, um es zu pflegen, damit es gedeihen kann. Führen Sie sich gleichermaßen ein bis drei Schritte vor Augen, die Sie besser unterlassen sollten. Fassen Sie jedes Prinzip als einen Zustand Ihres inneren Wesens auf. Ihre Aufgabe ist eine Bestandsaufnahme Ihrer alltäglichen Handlungen und zu versuchen, diese mit Ihrem Wesen in Einklang zu bringen. Gehen Sie dabei so einfach und konkret wie möglich vor. Sagen Sie sich zum Beispiel nicht: *Ich werde mein Smartphone weniger nutzen* oder *Bewege dich mehr*. Denken Sie eher im Sinne von: *Ich schalte mein Handy jeden Abend um sieben Uhr aus und lasse es bis sieben Uhr morgens in der Schreibtischschublade meines Büros liegen* oder *Gehe jeden Tag vor dem Mittagessen 5 Kilometer zu Fuß*.

Die Arbeit des Stanford-Forschers BJ Fogg zeigt, dass erfolgreiche Gewohnheiten sich durch drei Merkmale auszeichnen: Erstens zeigen sie Wirkung; zweitens sind Sie in der Lage, sie zu praktizieren; und drittens sind es Verhaltensweisen, nach denen Sie tatsächlich agieren wollen. Das Wollen ist besonders wichtig. Wenn Sie denken: »Ich *sollte* dies oder das tun«, werden Sie wahrscheinlich bemerken, dass Sie sich innerlich stärker dagegen sträuben. Am besten beginnen Sie mit Veränderungen, die Sie wirklich wollen, auch wenn sie nicht perfekt sind. Denken Sie daran: Fangen Sie klein an, machen Sie es nicht zu kompliziert, und halten Sie sich an bestimmte Dinge. Hier sind ein paar Beispiele:

- **Akzeptanz**: Ertappe ich mich bei dem verzweifelten Wunsch, dass etwas in meinem Leben anders sein sollte, halte ich inne und frage mich, welchen Rat ich einem Freund geben würde, wäre er in der gleichen Situation. Dann befolge ich diesen Rat. Wenn mir bewusst ist, dass ich aus Gründen, die ich selbst nicht kontrollieren kann, in eine heikle Situation gerate, trete ich einen Schritt zurück und schätze meine Erwartungen ab. Sollten sie unrealistisch hoch und ich deshalb fortwährend enttäuscht sein, ändere ich sie.

- **Präsenz:** Statt E-Mails zu checken oder in den sozialen Medien zu scrollen, meditiere ich jeden Morgen vor dem Zähneputzen. Ich nutze die App Insight Timer, beginne mit 5 Minuten und füge jede Woche eine weitere Minute hinzu, bis ich auf 15 Minuten komme. Bin ich an diesem Punkt angelangt, schätze ich diese Vorgehensweise neu ab.
- **Geduld:** Vor dem Frühstück, dem Mittagessen und dem Abendessen praktiziere ich die Drei-mal-fünf-Atmung. Wenn ich mit Freunden oder Kollegen unterwegs bin, kann ich ihnen die Übung erklären; sollte ich mich dabei unwohl fühlen, lasse ich das Essen ausfallen.
- **Verletzlichkeit:** Erkundigt sich meine Partnerin oder ein guter Freund nach meinem Befinden, sage ich nicht jedes Mal, dass es mir gut geht. Fühle ich mich traurig oder ängstlich, gebe ich es zu. Verspüre ich Unwohlsein und bin allein, flüchte ich nicht länger davor. Stattdessen schaffe ich mir einen sicheren Raum, um diese Gefühle zu erforschen, auch wenn das bedeutet, jemanden um Hilfe zu bitten.
- **Gemeinschaft mit Wir-Gefühl:** Eine Gruppe ins Leben rufen, die sich monatlich trifft, um über Bücher wie dieses zu diskutieren (mehr dazu später). Ich höre auf, die sozialen Medien auf meinem Handy zu nutzen, denn sie machen es einem sehr einfach, süchtig nach oberflächlichen Communities und irrelevanten Inhalten zu werden, die den Weg zu den wahren Dingen des Lebens versperren. Dabei setze ich nicht nur auf die Kraft meines Willens, sondern lösche die Apps tatsächlich.
- **Bewegung:** Ich sitze nie mehr länger als 90 Minuten am Stück, ohne mindestens 5 Minuten Pause zu machen.

Sobald Sie einen konkreten Plan entwickelt haben, wie Sie Ihr tägliches Handeln mit Ihrer inneren Einstellung verzahnen können, besteht der nächste Schritt darin, ihn in die Tat umzusetzen. Für viele Menschen (mich eingeschlossen) ist dies die größte Herausforderung. Während der Übungsphasen haben wir den Eindruck, dass wir ein innerlich starkes und gefestigtes Wesen sind. Aber viel zu oft schwindet dieses Gefühl, wenn wir wieder in das Hamsterrad des Alltags zurückkehren. Nicht weil es unvermeidlich ist, sondern weil unser Tun nicht immer unser Sein widerspiegelt. Wie mein Klient Parker sagte: »Ich glaube, ich weiß das alles tief in meinem Inneren. Ich muss es nur konsequenter tun.« Dazu müssen Sie Ihre Verhaltensgewohnheiten ändern.

PRAKTISCHER TEIL: ÄNDERN SIE IHR GEWOHNTES VERHALTEN

Viele unserer menschlichen Handlungen folgen einem vorhersehbaren Zyklus: Auslöser (*trigger*), Verhalten/Handeln (*behaviour*), Belohnung (*reward*). Ein einfaches Beispiel ist Sport. Der Auslöser könnte Ihr Trainingsprogramm sein, das an Ihrer Kühlschranktür klebt, Ihr Verhalten oder Ihre Handlung ist der Gang ins Fitnessstudio und die Belohnung ist, dass Sie sich gut fühlen, wenn Sie mit Ihrem Workout fertig sind.

Bei den von Ihnen gewünschten Handlungsweisen geht es darum, die Auslöser offensichtlich zu machen, so einfach wie möglich zu handeln und sich sofort und zufriedenstellend zu belohnen. Bei Handlungsweisen, die Sie ablegen möchten, ist es genau umgekehrt. Eliminieren Sie den Auslöser (löschen Sie süchtig machende Apps von Ihrem Handy), erschweren Sie Ihre Handlungen (loggen Sie sich jedes Mal aus, wenn Sie Internetdienste nutzen, sodass Sie sich an Ihren Benutzernamen und Ihr Passwort erinnern müssen, um sich wieder einzuloggen) und spüren Sie die negativen Auswirkungen (das Unbehagen und die Leere, die sich einstellen, wenn Sie sich eine Stunde mit diesen Apps beschäftigen, obwohl Sie nur eine Minute dafür aufbringen wollten). Dieser Zyklus lässt sich auf so gut wie alles anwenden. Legen Sie fest, was Sie tun (oder lassen) möchten, kombinieren Sie es mit den Auslösern (oder beseitigen Sie diese), erleichtern Sie das Handeln (oder erschweren Sie es) und belohnen Sie sich (oder ziehen Sie die Konsequenzen).

Die Arbeit von Michelle Segar, einer Verhaltenswissenschaftlerin an der University of Michigan in Ann Arbor, zeigt: An Gewohnheiten hält man länger fest, wenn die Belohnungen aus dem Innern kommen. Wenn Sie etwas tun, um jemandem eine Freude zu machen oder um sich am Ende des Tages zu belohnen, ist die Wahrscheinlichkeit geringer, dass Sie an diesem Verhalten festhalten, als wenn Sie das Gleiche tun, weil es Ihnen ein gutes Gefühl gibt und mit Ihren Grundwerten übereinstimmt. Das ist eine gute Nachricht, denn die Prinzipien der Bodenständigkeit auszuleben ist an und für sich schon zufriedenstellend. Je mehr Sie Ihre äußeren Handlungen (Ihre täglichen Gewohnheiten) mit Ihrem inneren Wesen (den Prinzipien des Geerdetseins, die Sie verkörpern möchten) abstimmen, desto besser Ihr Wohlbefinden. Aufgrund der starken Trägheit, die unserer Macht der Gewohnheit geschuldet ist, geschieht dies vielleicht nicht automatisch, aber wenn Sie erst einmal ein paar Änderungen vorgenommen haben, wird es Ihnen wesentlich leichter fallen, noch mehr in Ihrem Leben zu ändern. Das ist der positive Kreislauf eines bodenständigeren Lebens. Jede Veränderung begünstigt die nächste. Es wird immer einfacher.

Zeichnen Sie für jede der konkreten Handlungen, die Sie sich in der vorangegangenen Übung ausgedacht haben, die Auslöser, Verhaltensweisen und Belohnungen auf, die damit verbunden sind. Da die besten Belohnungen innerer Natur sind und von dem Belohnungssystem des Gehirns kommen, denken Sie darüber nach, welche Gefühle Sie erwarten, wenn Sie auf bestimmte Weise handeln (oder nicht), und wie Sie dafür sorgen, dass Sie innehalten, und sei es nur für einen Moment, um sie tief im Innersten zu spüren. Überlegen Sie auch, wie Sie Ihr Umfeld – Menschen, Orte und Dinge – so prägen und gestalten können, dass sie Ihnen die gewünschten Handlungen erleichtern. Finden Sie Reibungspunkte und tun Sie, was in Ihrer Macht steht, um sie zu glätten oder gänzlich zu unterbinden. Unterschätzen Sie aus Gewohnheit nicht die Kraft von allem und jedem um Sie herum, das oder der als Auslöser wirken kann. In der Sprache der alten Weisheitstraditionen: Tun Sie, was Sie können, um Ihre Verhaltensgewohnheiten – den Strom Ihres Lebens – in Richtung Bodenständigkeit zu lenken.

Im Folgenden einige Beispiele, die veranschaulichen, wie Auslöser, Verhaltensweisen und Belohnungen funktionieren, die wir auch im vorherigen Abschnitt behandelt haben.

AKZEPTANZ

Handlungsanweisung für das anfängliche Verhalten: Üben Sie sich in Selbstdistanzierung, indem Sie so tun, als würden Sie einem Freund einen Rat geben.

Auslöser: Sich darüber aufregen, nicht die ersehnte Beförderung bekommen zu haben, oder sich allzu sehr wünschen, mehr Zeit zu haben, um sich vor dem Schlafengehen zu entspannen.

Belohnung: Unterbrechen Sie den Teufelskreis von Zwangsvorstellungen, um eine klarere und bessere Vorstellung davon erhalten, welche produktiven Maßnahmen Sie ergreifen können, um Ihre Situation zu verbessern.

Möglichkeiten zur Gestaltung Ihres Umfelds: Legen Sie sich ein kleines Armband zu und tragen Sie es mit der Inschrift: »Das passiert jetzt in diesem Augenblick. Wo du bist, da bist du. Beginne dort.«

PRÄSENZ

Handlungsanweisung für das anfängliche Verhalten: Jeden Morgen meditieren, statt durch die sozialen Medien zu scrollen, entweder direkt vor oder nach dem Zähneputzen.

Auslöser: Nach dem Aufwachen direkt nach dem Handy greifen; Zähne putzen.

Belohnung: Sich besser auf das konzentrieren zu können, was wirklich wichtig ist. Sich der Ablenkungen bewusster werden, die Sie regelmäßig aus dem Konzept bringen.

Möglichkeiten zur Gestaltung Ihres Umfelds: Machen Sie Insight Timer (oder eine andere Meditations-App) zur einzigen App auf dem Startbildschirm Ihres Smartphones. Löschen Sie die Social-Media-Apps ganz von Ihrem Handy. Suchen Sie sich einen Freund, der das Gleiche ausprobieren möchte, damit Sie sich gegenseitig zur Rechenschaft ziehen können. Legen Sie sich eine Einstellung zu, bei der davon auszugehen ist, dass sie anfangs recht schwierig für Sie sein wird. Dann geben Sie nicht auf und nehmen die Herausforderung an.

GEDULD

Handlungsanweisung für das anfängliche Verhalten: Drei-mal-fünf-Atmung.

Auslöser: Mahlzeiten.

Belohnungen: Ein sofortiges Gefühl des Erfolgs und der Ruhe. Mit der Zeit wird Ihnen immer bewusster, dass Sie, nur weil Sie Unruhe verspüren, nicht unbedingt etwas dagegen unternehmen müssen. Sie können innehalten, ins Gleichgewicht kommen und sich ein wenig Raum verschaffen, um darauf einzugehen, statt zu reagieren.

Möglichkeiten zur Gestaltung Ihres Umfelds: Teilen Sie dieses Vorgehen mit Ihrer Familie, damit sie Sie unterstützen kann. Kleben Sie einen Notizzettel auf Ihren Küchentisch, auf dem steht: »Fünf Atemzüge.« Sollte Ihnen das aus irgendeinem Grund während des Essens nicht möglich sein, suchen Sie sich einen alternativen Auslöser und gehen zum Beispiel duschen.

VERLETZLICHKEIT

Handlungsanweisung für das anfängliche Verhalten: Ehrlicher darüber sprechen, wie Sie sich bei Menschen fühlen, die wichtig in Ihrem Leben sind. Warten Sie einen Moment und antworten Sie aufrichtig, statt automatisch einfach nur »gut« zu sagen.

Auslöser: Wenn Ihre Partnerin oder Ihr guter Freund, nennen wir ihn Max, Sie fragen, wie es Ihnen geht.

Belohnungen: Wenn Sie eine engere Bindung mit jedem Einzelnen von ihnen haben, Sie müssen sich weniger bemühen, diese nur vorzutäuschen. Mehr Selbstvertrauen, um in anderen Lebensbereichen, etwa bei der Arbeit, verwundbarer zu sein und Schwächen zu zeigen.

Möglichkeiten zur Gestaltung Ihres Umfelds: Teilen Sie Ihrer Partnerin und Ihrem Freund Max schon im Voraus mit, dass Sie daran arbeiten, mehr Schwächen einzugestehen. Das trägt dazu bei, das anfängliche Unbehagen etwas abzumildern. Es wird Sie auch dazu animieren, sich Ihnen selbst gegenüber zunehmend verletzlich zu zeigen, wodurch ein Kreislauf echter Verbundenheit zwischen allen Beteiligten entsteht.

GEMEINSCHAFT MIT WIR-GEFÜHL

Handlungsanweisung für das anfängliche Verhalten: Nehmen Sie an den monatlichen Treffen eines Buchclubs teil (oder gründen Sie einen).

Auslöser: Der erste Mittwochabend im Monat. Für das ganze Jahr Treffen im Voraus planen, sodass jeder im Klub und Sie die Treffen einplanen können.

Belohnungen: Eine engere Verbundenheit mit Gleichgesinnten in Ihrer Stadt. Unterstützung und Verantwortlichkeit bei der Umsetzung der Prinzipien und Praktiken, wie sie in Büchern wie diesen enthalten sind. Durch Lesen weitere Perspektiven gewinnen.

Möglichkeiten zur Gestaltung Ihres Umfelds: Löschen Sie die Social-Media-Apps von Ihrem Handy, denn sie schlachten eine innige Gemeinschaft oft aus. Erstellen Sie stattdessen eine Chat-Gruppe, in der die Clubmitglieder und Sie zwischen den offiziellen Treffen in Kontakt bleiben, um die Dynamik aufrechtzuerhalten.

BEWEGUNG

Handlungsanweisung für das anfängliche Verhalten: Nie länger als 90 Minuten am Stück sitzen, ohne eine 5-minütige Pause mit Gehen einzulegen.

Auslöser: Der Drang, auf die Toilette zu müssen oder sich nach einem Timer zu richten, den Sie auf Ihrem Computer oder Handy eingestellt haben. Außerdem schauen Sie immer dann, wenn Sie unruhig sind oder meinen, nicht weiterzukommen, auf die Uhr und machen eine Pause, auch wenn die letzte Pause erst eine Stunde her ist.

Belohnungen: Sie sind lockerer, kreativer und können sich besser konzentrieren.

Möglichkeiten zur Gestaltung Ihres Umfelds: Kaufen Sie sich eine Wasserflasche mit schönem Design, die Sie überallhin mitnehmen. Achten Sie darauf, dass sie stets voll ist. Wenn Sie mehr trinken, müssen Sie öfter auf die Toilette und werden mit der Zeit weniger abhängig von einem nervigen Wecker. Außerdem können Sie an den Orten, an denen Sie regelmäßig arbeiten, Spazierwege festlegen, damit Sie nicht lange überlegen müssen, wo Sie gehen sollen.

PRAKTISCHER TEIL: REFLEXIONEN UND TAGEBUCH FÜHREN

Ziehen Sie regelmäßig Bilanz darüber, wie Ihr Tun mit Ihrem *Sein* verkettet ist. Eine einfache Möglichkeit dafür ist ein Tagebuch. Nehmen Sie sich am Ende jeder Woche und für jedes Prinzip ein paar Minuten Zeit zum Nachdenken und bewerten Sie auf einer Skala von eins bis fünf, wie gut Ihr Tun mit Ihrem Sein aufeinander abgestimmt ist. Notieren Sie auch, was richtig und was falsch gelaufen ist und wie Sie sich dabei fühlten. Halten Sie alles so schlicht und einfach wie möglich. Das Tagebuch hilft Ihnen, Stärken zu erkennen, auf denen Sie aufbauen können, und Bereiche zu identifizieren, die noch Verbesserungspotenzial haben. Es bietet eine weitere Gelegenheit, darüber nachzudenken, wie Sie sich fühlen, während Sie immer mehr zu einem bodenständigen Leben übergehen. Außerdem halten Sie damit Ihre »Reise« fest, auf die Sie zurückblicken können. Die Wochen, in denen »ich zu viel Zeit für das Surfen im Internet oder zu wenig Zeit für die Abwechslung zwischen den Aktivitäten meines Tages notiert habe, sind in der Regel die Wochen, in denen ich mich nicht gut fühle. Wenn ich darüber nachdenke, kann ich in der nächsten Woche wieder auf den richtigen Weg kommen.« Wenn Ihr Sein/Tun-Zyklus mit der Zeit immer mehr zu einem festen Bestandteil Ihres Lebens wird und die Prinzipien der Bodenständigkeit greifen, müssen Sie diese Praxis vielleicht nicht mehr so häufig anwenden. Ihre Handlungen werden Ihnen in Fleisch und Blut übergehen; das ist großartig. Trotzdem empfehle ich Ihnen, mindestens einmal im Jahr ein Tagebuch zu führen oder eine andere Form der Reflexion zu praktizieren. Selbst ein paar Momente des Nachdenkens sind unglaublich wertvoll – vielleicht sogar noch mehr, wenn Sie sie mit anderen teilen.

PRAKTISCHER TEIL: BODENSTÄNDIGKEIT ZU EINEM GRUPPENPROJEKT MACHEN

Wie Sie inzwischen wissen, ist es in der Regel effektiver und befriedigender, Herausforderungen gemeinsam mit anderen zu meistern als im Alleingang. Eine gute Möglichkeit, die Prinzipien der Bodenständigkeit zu leben, besteht darin, sie zu einem Gemeinschaftsprojekt zu machen. Stellen Sie eine Gruppe von Menschen zusammen, die sich der Arbeit an diesen Prinzipien verschrieben haben und sich regelmäßig treffen. Meiner Erfahrung nach ist eine Gruppe von zwei bis acht Personen am besten geeignet. Besprechen Sie Ihre Ziele, Ihre gemeinsamen Herausforderungen, Ihre Erfolge und Misserfolge. Teilen Sie Ihre Strategien und Vorgehensweisen. Nehmen Sie sich gegenseitig in die Pflicht, aber zeigen Sie auch Mitgefühl und bieten Sie Ihre Hilfe an, wenn jemand ins Straucheln kommt. Es gibt etliche Möglichkeiten, dies strukturiert zu organisieren. Sie könnten sich zum Beispiel jede Woche, jede zweite Woche oder einmal im Monat treffen und jedes Meeting einem bestimmten Prinzip widmen. Oder Sie veranstalten eine ganztägige Klausurtagung, auf der Sie sich jedem Prinzip eine Stunde lang aufmerksam widmen. Den Möglichkeiten sind keine Grenzen gesetzt.

Die Kraft und der Wert eines Erfolgserlebnisses, das auf einem geerdeten Leben basiert, steigen exponentiell, wenn es sich verbreitet. Die Menschen und Organisationen in Ihrem Leben sind ein enormer Teil des Stroms hinter Ihren Verhaltensgewohnheiten. Stellen Sie sich vor, wie viel einfacher es wäre, sich die Prinzipien der Bodenständigkeit einzuverleiben, wenn auch Ihre Familie, Ihre Communities und Ihre Kollegen sie zu ihrer zweiten Natur machen würden. Wie wir am Beispiel des Shalane-Flanagan-Effekts in Kapitel 6 gesehen haben, wird die Arbeit an diesen Prinzipien in einer Gruppe nicht nur Ihnen, sondern auch allen anderen Beteiligten zugutekommen.

Die Grundregeln der Bodenständigkeit gelten auch auf allgemeinerer Ebene. Organisationen und gesellschaftliche Kreise, die Akzeptanz, Präsenz, Geduld, Verletzlichkeit, Gemeinschaften mit Wir-Gefühl und körperliche Bewegung schätzen und praktizieren (und im weiteren Sinne die Gesundheit von Körper und Geist fördern), sind Organisationen und Soziokulturen, die gedeihen. Ich habe festgestellt, dass die Menschen unabhängig vom Umfeld – von Sportteams über Uni-Fakultäten bis hin zu Kreativagenturen, kleinen Start-ups und großen Unternehmen – darauf brennen, die Prinzipien der Bodenständigkeit in ihre Organisationen und Gesellschaften zu integrieren. Das ist nicht überraschend. Jeder möchte innere Stärke, tiefes Vertrauen, Stabilität und ein gewisses Erfolgserlebnis erfahren, das einem mehr Erfüllung gibt, und jeder möchte Teil einer Gemeinschaft und Gesellschaft sein, die diese Erfahrungen vorantreibt. Ähnlich wie auf der individuellen Ebene sind organisatorische Maßnahmen am besten, wenn sie einfach und konkret sind. Hier sind ein paar Beispiele, die mir Organisationen genannt haben, mit denen ich in der Vergangenheit zusammengearbeitet habe:

- ***Üben Sie sich in Akzeptanz.*** Fragen Sie bei allen großen strategischen Entscheidungen: »Wie könnten wir eventuell falsch liegen?« Wählen Sie bestimmte Personen aus, die in brenzligen Situationen des Teufels Advokat spielen. Holen Sie bei emotional aufgeladenen Themen die Meinung anderer ein.
- ***Arbeiten Sie an Ihrer Präsenz.*** Entfernen Sie Smartphones und andere digitale Geräte aus wichtigen Meetings. Einige Sportteams gehen beim Training und bei Workouts genauso vor.
- ***Üben Sie sich in Geduld.*** Stellen Sie sicher, dass Ihre strategischen Maßnahmen den Schwerpunkt auf eine nachhaltige Entwicklung statt auf kurzfristige Resultate legen. Setzen Sie sich längerfristige Ziele und zerlegen Sie sie in ihre Einzelteile, um sich darauf zu konzentrieren.
- ***Zeigen Sie anderen Ihre Verletzlichkeit.*** Geben Sie sich als Führungskraft offen und unternehmen Sie die (hier in Kapitel 5 beschriebenen) entsprechenden Schritte, um sich psychologisch sicher und gefestigt zu fühlen.
- ***Stiften Sie Gemeinschaften.*** Gründen Sie einen Buchclub für Mitarbeiter. Lassen Sie die Mitglieder des Clubs darüber abstimmen, welche Bücher gelesen werden sollen, damit sich jeder eingebunden und mitverantwortlich fühlt.
- ***Fördern Sie die körperliche Bewegung.*** Führen Sie (für diejenigen, die dazu in der Lage sind) die Meetings vorzugsweise im Gehen durch und richten Sie vor Ort Fitnessstudios mit Duschmöglichkeiten ein. Sollte Ihnen das zu aufwendig erscheinen, schließen Sie einen Deal mit Ihrem Fitnessstudio in der Nähe und bieten Sie kostenlose Mitgliedschaften für alle Ihre Mitarbeiter an.

VON DEN THEORETISCHEN PRINZIPIEN ZUM PRAKTISCHEN HANDELN: FAZIT

So gut wie jeder kann sich hin und wieder auf sinnvolle Handlungen konzentrieren, insbesondere, wenn man tiefe Einsichten gewonnen hat. Eine nachhaltige Transformation ist jedoch das Ergebnis konsequenter, kontinuierlicher und täglicher Praxis. In diesem Kapitel haben wir gelernt, wie wir unser Sein mit unserem Tun/Handeln in Einklang bringen können. Wir haben auch gesehen, welche Fallstricke es gibt, wenn wir versuchen, unsere Verhaltensgewohnheiten zu verändern. Ferner haben wir besprochen, wie wichtig es ist, die ausgesäten Samen unserer Bodenständigkeit durch kleine, einfache und bestimmte Handlungen gezielt zu gießen. Wir haben untersucht, inwiefern die bewusste Gestaltung unseres Umfelds zur Förderung dieser Handlungen effektiver ist, als wenn wir uns auf unsere bloße Willenskraft verlassen. Darüber hinaus haben wir konkrete Pläne erforscht, um jeden Samen nicht nur rein formell als praktische Übung zu wässern, sondern ihn auch im Alltag zu gießen. Und wir haben die exponentielle Kraft betrachtet, die entsteht, wenn wir das mit der Hilfe anderer unternehmen.

Das nächste und letzte Kapitel befasst sich mit der Frage, warum die Prinzipien der Bodenständigkeit und ihre Umsetzung so wichtig sind, sowohl für den Einzelnen als auch für die Gesellschaft als Ganzes. Wir sehen ebenfalls, dass es keinen festen Zielpunkt gibt, wenn es darum geht, Erfolgserlebnisse zu verbuchen, die einer besseren Bodenhaftung geschuldet sind. Der Weg ist das Ziel und das Ziel ist der Weg. Die vorrangige, unerlässliche und manchmal schwierige Aufgabe besteht einfach darin, auf dem Weg zu bleiben.

KAPITEL 9

ENTSCHEIDEND IST DAS VORGEHEN, DIE RESULTATE FOLGEN VON SELBST

Es steht viel auf dem Spiel. Den heroischen Individualismus mitsamt seinen einhergehenden Beeinträchtigungen – Burnout, Unruhe, Ängste, Depressionen, Einsamkeit und Suchtverhalten – werden wir nicht ändern, wenn wir so weitermachen wie bisher. Wir brauchen einen neuen Ansatz, einen besseren Weg. Die Prinzipien der Bodenständigkeit und deren Umsetzung im wirklichen Leben sind genau das. Wir müssen alles tun, was in unserer Macht steht, um ein Leben zu gestalten, in dem wir voll und ganz integriert sind – ein Leben, in dem wir Akzeptanz, Präsenz, Geduld, Verletzlichkeit, Gemeinschaft mit Wir-Gefühl und körperliche Bewegung kultivieren. Die alten philosophischen Weisheiten, die moderne Wissenschaft und die Erfahrungen von Menschen, die konsequent auf Bodenständigkeit und ein geerdetes Dasein setzen, zeigen, wie diese Leitlinien in Kombination ein glückliches, gesundes, erfülltes und wirklich erfolgreiches Leben begünstigen.

Den Fokus auf Bodenständigkeit zu legen wird – zumindest zeitweise – eine Herausforderung sein. Um die in diesem Buch aufgeführten Prinzipien regelmäßig in die Tat umzusetzen, müssen Sie sowohl Ihre

Schwerfälligkeit auf persönlicher und auf soziokultureller Ebene überwinden. Die Tatsache, dass es heute so weitverbreitet ist, die eigene Bodenständigkeit zu vernachlässigen, sagt mehr über unsere heutige Welt aus als über die in diesem Buch genannten Grundsätze.

Bodenständigkeit zeigt dann die beste und lohnendste Wirkung, wenn sie ein fortbestehender Teil Ihres praktischen Lebens ist. Wie bei jeder anderen Praxis auch gibt es Höhen und Tiefen sowie gute und schlechte Tage. Sie werden Phasen erleben, in denen sie sich, wenn alles wie am Schnürchen läuft, überaus motiviert fühlen. Und Sie werden Tage haben, in denen Sie in alte Verhaltens- und Handlungsweisen zurückfallen. All das ist normal. Ein anonymer japanischer Zen-Lehrer sagte einmal: »Unsere Lebenspraxis funktioniert in folgender Art und Weise: Wir gestalten sie und dann fällt sie auseinander. Sodann gestalten wir sie erneut und sie fällt wieder auseinander. Das ist der Lauf der Dinge.« Dieses letzte Kapitel bietet Ihnen eine neue Möglichkeit, über eine erfolgreiche Lebenspraxis nachzudenken – sowohl darüber, wie man sie aufbaut, als auch darüber, was zu tun ist, wenn sie auseinanderbricht. Ausgerüstet mit diesem Wissen sind Sie bereit, den Weg zu einem bodenständigeren Leben einzuschlagen.

LEBENSPRAXIS NEU DEFINIEREN

Was kommt Ihnen in den Sinn, wenn Sie das Wort *Praxis* hören – im Sinne von Gewohnheit, Vorgehensweise oder auch Training? Vielleicht denken Sie an einen Sportler, der zwischen den Wettkämpfen ein paar Übungen absolviert, oder an einen Musiker, der Tonleitern auf dem Klavier spielt, um sich auf ein Konzert vorzubereiten. So jedenfalls habe ich lange Zeit über das Wort Praxis gedacht. Aber die Arbeit an diesem Buch hat mich dazu gebracht, den Begriff in einem viel weiteren Sinne zu verstehen. Etwas zu praktizieren bedeutet, dass man sich einer Sache bewusst und behutsam nähert, mit dem Ziel, sich laufend zu verbessern. Es erfordert, dass Sie Ihrem erhaltenen Feedback – sowohl intern als auch von Außenstehenden, denen Sie vertrauen –, große Beachtung schenken und entsprechende Anpassungen vornehmen.

Sie können verschiedene Praktiken oder Gepflogenheiten haben: beim Schreiben, Laufen, Coachen, Lehren, Meditieren, in der Rolle als erziehender Elternteil, bei rechtlichen, medizinischen oder künstlerischen Tätigkeiten oder als eine bestimmte Führungspraxis im Umgang mit Mitarbeitern. Die Kunst des Praktizierens bezieht sich auf alle Bereiche, in denen Sie sich weiterentwickeln wollen, sei es, dass Sie Ihre Zeit beim Marathonlauf um zwei Minuten verkürzen, Ihre Redekunst verbessern oder ein überzeugenderer, freundlicherer, weiserer und bodenständigerer Mensch werden wollen. Wird eine bestimmte Tätigkeit zu einer Praxis oder zu einer Gewohnheit, verwandelt sich die momentane Aktivität, die Sie zu einem bestimmten Zeitpunkt ausführen, in einen fortlaufenden Prozess des Werdens. James Carse, Professor für Geschichte und Religion an der New York University, nannte diese Art der Praxis ein »unendliches Spiel«. In seinem Klassiker *Finite and Infinite Games* schreibt Carse, dass ein endliches *(finite)* Spiel ein Spiel ist, das gewonnen oder verloren wird, es also einen bestimmten Ausgang hat. Ein unendliches *(infinite)* Spiel hingegen ist, wie der Name schon sagt, fortlaufend. Das Ziel ist, es immer weiterzuspielen.

Eine einzelne Aktivität wird für »gut« oder für »schlecht« befunden; sie fällt früher oder später der Vergessenheit anheim und wird nicht weiter fortgesetzt. Anders verhält es sich mit einer Praxis oder Gewohnheit. Hier können Sie kontinuierlich dazulernen, bedeutsame Veränderungen vornehmen und sich nach eigenem Ermessen integrieren. Wenn Sie eine Tätigkeit oder eine Beschäftigung als Praxis betrachten, haben Sie immer noch akute Höhen und Tiefen. Aber sie sind lediglich Teil eines größeren Prozesses und auf diesen größeren Zusammenhang kommt es an – nicht das Ergebnis zählt, sondern die Art und Weise, wie Sie es angehen. Resultate sind kurzlebig und flüchtig. Mehr als 99 Prozent des Lebens bestehen aus dem Prozess, dem Vorgehen.

In seinem Buch *Eine neue Republik des Herzens* schreibt der Philosoph Terry Patten, dass Lebenszufriedenheit weitgehend ein Nebenprodukt des Übergangs von einem *Suchenden* (von jemandem, der einen bestimmten Lebensstil anstrebt) zu einem *Praktiker* (von jemandem, der diesen Lebensstil lebt) ist. In Anlehnung an die Hauptthemen des Sein-/Tun-Zyklus schreibt Patten: »Ein ganzes Leben regelmäßiger, kontinuierlicher Praxis ist vonnöten ... Wir verstärken stets die neuronalen Schaltkreise, die mit dem im Zusammenhang stehen, was wir gerade tun. So wie wir jetzt sind, werden wir mit größerer Wahrscheinlichkeit auch in Zukunft sein. *Das bedeutet, dass wir immer irgendetwas praktizieren.*«

Jede bedeutende Veränderung erfordert viel Praxis. Wenn Sie damit beginnen, mehr Wert auf das Element der Bodenständigkeit in Ihrem Leben zu legen, sollten Sie sich die folgenden Punkte vor Augen führen, die Sie bereits aus früheren Kapiteln kennen und die als Richtschnur für eine erfolgreiche Praxis oder Gepflogenheit dienen können.

- Sorgen Sie sich nicht darum, ein bestimmtes Ergebnis zu erzielen. Konzentrieren Sie sich darauf, wo Sie gerade sind, und die Prinzipien der Bodenständigkeit möglichst ergiebig *in diesem Augenblick* umzusetzen. Wenn Sie sich auf den Prozess konzentrieren, werden sich die erhofften Ergebnisse von selbst einstellen.
- Tun Sie alles bewusst mit Absicht. Kommen Sie immer wieder auf die Prinzipien der Bodenständigkeit und auf Ihre Handlungen zurück, um sie auszuleben. So wie es vieles im Leben gibt, das Sie nicht kontrollieren können, gibt es auch vieles, das Sie kontrollieren können. Konzentrieren Sie sich auf Letzteres.
- Arbeiten Sie nach Möglichkeit mit Gleichgesinnten zusammen und scheuen Sie sich nicht, um Hilfe zu bitten, wenn Sie sie brauchen. Nach Hilfe zu fragen ist kein Zeichen von Schwäche, sondern ein Zeichen von Stärke.
- Denken Sie auf lange Sicht und gehen Sie davon aus, dass Sie ab und zu scheitern. Wenn Sie mit gelegentlichem Versagen rechnen, wird Sie das nicht überraschen oder aus der Bahn werfen. Es wird zum Teil des Prozesses, zu Informationen, aus denen Sie lernen und die für Ihre weitere Entwicklung hilfreich sind.
- Im Gegensatz zu den soziokulturellen Normen des heroischen Individualismus sollten Sie sich nicht mit anderen messen. Vergleichen Sie sich mit früheren Versionen Ihres Selbst und beurteilen Sie sich anhand der Anstrengungen, die Sie im Augenblick unternehmen.

Die alten Weisheiten der östlichen Welt betrachten die Praxis oder das Vorgehen als einen Weg – *tao* auf Chinesisch und *do* auf Japanisch. Diese Begriffe stehen für das nie endende, unendliche Wesen der Praxis. Es gibt kein Ziel, nur das nie endende Lernen und Verfeinern, ein wahrlich unendliches Spiel. Wenn Sie sich die Praxis für ein bodenständiges Leben so vorstellen, ist es unvermeidlich, dass Sie manchmal vom Weg abkommen. Das ist okay. Ihre Aufgabe ist es, wieder auf den Weg zurückzukommen.

ZURÜCK AUF DEN WEG

Viele Menschen, mich eingeschlossen, tappen in eine häufige Falle: Sie lesen ein Buch wie dieses, haben eine klare Vorstellung von den Veränderungen, die sie vornehmen möchten, führen diese Veränderungen durch und fühlen sich hervorragend, um dann einen Reinfall (oder mehrere Reinfälle) zu erleben und völlig zusammenzubrechen. Jeder Teil dieses Kreislaufs ist unumgehbar, außer dem Zusammenbruch. Ich habe noch nie jemanden getroffen, der eine sinnvolle Änderung in seinem Leben vorgenommen hat und nicht gescheitert ist. Entscheidend ist nicht, ob Sie scheitern, sondern Ihre Reaktion auf das Versagen. Sie ist ein Schlüsselfaktor für eine wirkungsvolle Veränderung. Jeder kann sich inspiriert und motiviert fühlen. Jeder kann anfangen und bei der Stange bleiben, wenn es gut läuft. Aber nur wenige können sich von einem Misserfolg erholen und das ist nicht nur eine in den Raum geworfene Mutmaßung. Denn jedes Jahr gibt es eine große und repräsentative Stichprobe von Menschen, die irgendetwas in ihrem Leben ändern wollen, und sie zeigt uns, dass dem tatsächlich so ist. Die University of Scranton, eine kleine Privatuniversität unter jesuitischer Trägerschaft in Scranton, Pennsylvania, dokumentiert die Erfolgsquote von Menschen, die zu Neujahr gute Vorsätze fassen. Ihre Daten zeigen, dass über 40 Prozent der Menschen ihren Vorsatz bis Februar wieder verworfen haben und 90 Prozent bis zum Ende des Jahres davon abgekommen sind. Das liegt nicht daran, dass die Menschen zu verweichlicht sind und kein Durchhaltevermögen haben, sondern daran, dass es tatsächlich nicht einfach ist, seine Lebensweise zu ändern.

Ein Grund, warum sie ihre Vorsätze nicht einhalten können, ist vermutlich, dass sie davon ausgehen, sie müssten perfekt sein, und frustriert sind, wenn das nicht der Fall ist. Je mehr Veränderungen einem zu schaffen machen, desto höher die Wahrscheinlichkeit, dass man scheitert oder in alte Verhaltensmuster zurückfällt. Und wenn das geschieht, ist die Reaktion darauf entscheidend. Wenn Sie sich völlig aus der Verantwortung stehlen (*Vergiss es, das war wohl nichts für mich*), können Sie mit einem schlechten Ausgang rechnen. Aber auch die Kehrseite ist wahr. Sollte Ihre innere Stimme übermäßig hart zu Ihnen und ihr Urteil über Sie vernichtend sein (*Wie kann es sein, dass ich das immer noch nicht hinbekomme? Ich tauge nichts!*), wird sich das Scheitern oder der Rückfall in alte Gewohnheiten vermutlich nur noch verschlimmern.

Eine 2012 im *Personality and Social Psychology Bulletin* veröffentlichte Studie ergab, dass Menschen, die sich, nachdem sie gescheitert sind, selbst bemitleiden, schneller wieder auf die Beine kommen als Menschen, die mit sich selbst hart ins Gericht gehen. Für die Studie ließen Juliana Breines und Serena Chen, Forscher an der University of California, Berkeley, die Teilnehmer über persönliche Schwächen nachdenken und manipulierten anschließend gewisse Situationen, sodass sich bei den Probanden keinerlei Erfolgserlebnis einstellte. Die Testpersonen, denen beigebracht wurde, Selbstmitleid zu empfinden, fühlten sich besser in der Lage, ihre Schwächen zu überwinden, und reagierten auf das Versagen, indem sie sich mehr in die Sache hineinknieten, statt sich zu distanzieren oder sie ganz aufzugeben. »Diese Ergebnisse deuten darauf hin, dass eine Einstellung, mit der man das eigene Misslingen akzeptiert, merkwürdigerweise dazu führen kann, dass Menschen motivierter sind, ihr Verbesserungspotenzial auszuschöpfen«, schreiben Breines und Chen.

Die Arbeit einer anderen Psychologin, Kristin Neff, Privatdozentin an der University of Texas, zeigt: Wenn Sie sich selbst für etwas schelten und verurteilen, das Sie verbockt haben, empfinden Sie womöglich Schuldgefühle oder schämen sich dafür, und oft halten diese Schuldgefühle oder diese Scham Sie davon ab, sich wieder aufzuraffen und den Weg weiterzugehen. Die Erkenntnis, dass ein liebevoller und humaner Umgang mit sich selbst mitten in Kämpfen und Problemen einem die nötige Widerstandskraft verleiht, um erfolgreich zu sein und aufzublühen, zieht sich wie ein roter Faden durch Neffs Forschungsarbeit. Die beste Gelegenheit, das zu tun, was Sie tun wollten, war vielleicht gestern, aber die zweitbeste Gelegenheit ist heute. Sich selbst fertigzumachen und zu richten ist reine Zeit- und Kraftverschwendung.

Herkömmliche Lebensweisheiten über Verhaltensänderungen besagen, es gäbe einerseits das Übernehmen von Verantwortung und die Mobilmachung der eigenen Kräfte, und andererseits sei da die grenzenlose Liebe und Fürsorge. Obwohl diese beiden Extreme oft gegeneinander ausgespielt werden, sind sie in Wahrheit komplementär; wir brauchen beides. Starke Selbstdisziplin und großes Selbstmitgefühl müssen ein Tandem bilden. Wir haben die Bedeutung des Selbstmitgefühls in Kapitel 2 besprochen, aber es lohnt sich, hier darauf zurückzukommen. Es ist nützlich, um den Transformationsprozess zu einem bodenständigen Leben als Ganzes anzugehen:

- Hören Sie auf, sich selbst Vorwürfe zu machen.
- Gehen Sie mit Ihren Misserfolgen und der richtenden Stimme in Ihrem Kopf so um, wie Sie ein weinendes Baby behandeln würden.
- Entwickeln Sie ein Mantra, das negative Gedankenkreisläufe unterbricht und Ihnen hilft, wieder auf den richtigen Weg zu kommen: *Das passiert gerade* oder *Ich gebe mein Bestes.**

Eine Frau namens Lauren, mit der ich seit einiger Zeit zusammenarbeite, ist eine Führungskraft auf Vorstandsebene in einem großen und schnell wachsenden Technologieunternehmen. Sie war eine der ersten Mitarbeiter. Jetzt sind in ihrem Unternehmen über 600 Menschen beschäftigt und alle anderen aus dem ursprünglichen Gründungsteam sind weitergezogen, sodass Lauren die längste Betriebszugehörigkeit hat, obwohl sie erst in den Dreißigern ist. Lauren ist eine unglaubliche Person und Führungspersönlichkeit. Was ihr am meisten zu schaffen macht, ist ihre Sorgfaltspflicht, das heißt, sie meint, sich um alles kümmern zu müssen, und manchmal übertreibt sie es damit. Sie glaubt, das Unternehmen sei ihr Baby und sie habe die Aufgabe, es in die Zukunft zu führen. Ja, in unseren Coaching-Sitzungen arbeiten wir an allen

* Weitere Details finden Sie auf den Seiten 56 bis 58, wo wir alle diese Übungen ausführlich besprochen haben.

Prinzipien der Bodenständigkeit, aber vielleicht mehr als alles andere an dem, was wir Selbstmitgefühl nennen.

Der Dichter T. S. Eliot schrieb: »Lehre uns, uns zu sorgen und nicht zu sorgen.« Sorgen lagen nicht in Laurens Natur. In ihrer rasanten Karriere kam sie an einen Punkt, an dem nicht mehr ihr Verstand – sie ist unheimlich scharfsinnig und kopfgesteuert – sie daran hinderte, sich zuverlässig, stark und erfüllt zu fühlen. Es war ihr Herz. Sie musste etwas softer werden, was für weibliche Führungskräfte, die manchmal zu Unrecht als weich bezeichnet werden, besonders schwierig sein kann. Mithilfe der oben erwähnten Praktiken lernte Lauren, all ihre Emotionen zuzulassen – und dann die schwere Aufgabe zu bewältigen, den nötigen Raum zu schaffen, um sie im Zaum zu halten, um nicht von ihnen überrollt zu werden. Sobald sie ihren disziplinierten, hinterfragenden und denkenden Geist mit einem weicheren und großzügigeren Herzen gekoppelt hatte, wurde sie zu einer geerdeten und unaufhaltsamen Führungspersönlichkeit. Noch wichtiger ist, dass sie ein gesünderer und bodenständigerer Mensch wurde.

GEIST UND HERZ

Eines der beliebtesten Mantras in der östlichen Welt ist *Om mani padme hum*. Der Sanskrittext wird in etwa mit »Das Juwel im Lotos« übersetzt. Er hat viele Bedeutungen, aber der Psychologe und buddhistische Lehrer Jack Kornfield erklärt die Symbolik folgendermaßen: »Mitgefühl entsteht, wenn das Juwel des Geistes im Lotos des Herzens ruht.«

Im Westen neigen wir dazu, Herz und Geist zu trennen. Der Geist denkt rational. Er kennt unumstößliche und objektive Wahrheiten. Er unterscheidet zwischen gut und schlecht, richtig und falsch. Das Herz ist emotional und weich. Schenken wir ihm zu viel Aufmerksamkeit, macht es uns schwach oder führt uns in die Irre. Aber die Wahrheit liegt außerhalb dieser Dichotomie. Der Geist ist am stärksten, wenn er sich im Herzen befindet, wenn das Streben und der Versuch, etwas richtig zu machen, von Liebe und Mitgefühl begleitet wird. Wie Kornfield schreibt und wie Lauren gelernt hat, gewinnt der Geist im Herzen »eine diamantenartige Klarheit«. Daher auch das Juwel im Lotos.

Wenn wir – Sie, ich, jeder – erfolgreich zu einem bodenständigen Leben übergehen wollen, wären wir gut beraten, unseren denkenden Geist in unserem Herzen zu platzieren. Wir müssen klar erkennen und sehen, wenn wir vom Weg abkommen. Und wir müssen uns selbst das Verständnis und die Güte entgegenbringen, die nötig sind, um wieder auf den Weg zurückzukommen – immer und immer wieder. Solange wir nicht versuchen, sie in die Tat umzusetzen, sind die Prinzipien der Bodenständigkeit etwas rein Abstraktes, Schönes und Wohlgeordnetes in unseren Köpfen. Aber die reale Welt ist chaotisch. Die lebensverändernden Lektionen dieses Buchs in die Praxis umzusetzen hängt genauso sehr von unserem Herzen ab wie von unserem Kopf.

Bleiben Sie auf dem Weg. Weichen Sie von ihm ab. Kommen Sie zurück auf den Weg. So einfach und so schwierig ist das.

FAZIT

Zu Beginn des Jahres 2021, als ich an diesem Buch schrieb, wütete COVID-19 weiterhin in weiten Teilen der Welt. Gleichzeitig gab es in ganz Amerika und Europa große Demonstrationen für soziale Gerechtigkeit. Auch wenn diese Ereignisse besonders bedeutsam erscheinen – und das sind sie auch –, so sind sie nicht die erste Welle von Veränderungen und Zerrüttungen in unserem Leben und werden sicher nicht die letzte sein. Bewirkt haben diese Ereignisse allerdings, dass die Menschen einen Schritt zurücktraten und sich fragten: *Wofür stehe ich? Wie möchte ich leben? Was möchte ich mit meiner kurzen Zeit auf dieser Erde anfangen?* Ganz gleich, ob Sie dieses Buch im Jahr 2023 oder 2051 lesen – es sind Fragen, die wir uns immer stellen sollten. Sie sind allgegenwärtig.

Auf den vorangegangenen Seiten habe ich dargelegt, dass es mit der Art des herkömmlichen Erfolgs, auf den wir so viel Zeit und Energie verwenden – Geld, Ruhm, Bedeutung, Geschäftigkeit, Follower –, auch nicht sehr weit her ist. Es geht nicht darum, dass wir uns nicht bemühen sollen. Es geht darum, dass wir mehr Zeit und Energie darauf verwenden sollten, uns auf das tiefe, innere Fundament – den Boden – zu konzentrieren, aus dem jegliches Streben erwächst. Sobald wir das tun, definieren wir Erfolg anders und damit auch unser Streben nach erfolgreichem Gelingen und dem sich dabei einstellenden Gefühl der Zufriedenheit. Uns stehen immer noch die Türen offen, große Höhen zu erreichen, aber wir tun dies auf einer stabileren Grundlage. Wir fühlen uns besser. Wir erbringen bessere Leistungen. Und wir werden zu besseren Mitgliedern unserer Communities. Bedenken Sie: Aldous Huxley zeichnete in seinem Kultroman *Schöne Neue Welt* ein dystopisches Bild davon, was passiert, wenn Menschen von unsichtbaren Kräften kontrolliert werden, die ihre Psyche ausbeuten. Oberflächlicher Nervenkitzel führt zum stumpfsinnigsten Leben überhaupt und der Verlust des unabhängigen Denkens, des Sinns und all dessen, was auch nur im Entferntesten an Tiefe heranreicht, beschleunigt die Erosion der Gesellschaft. Wir leben nicht in einer *Schönen neuen Welt* ... noch nicht. Aber wir sind sicherlich zu nah dran, um uns wohlzufühlen. Die Zeit, sich zu wehren, ist gekommen. Die praktische Verwirklichung der Prinzipien der Bodenständigkeit ist ebenso sehr eine zivilgesellschaftliche Aktion wie eine individuelle.

Ich hoffe, dass dieses Buch Sie dazu gebracht hat, zu überdenken, wie Sie Ihr Leben leben wollen. Und dass es Ihnen auch praktische Anleitungen an die Hand gibt, um es zu verwirklichen. Entscheiden Sie sich für Akzeptanz statt Selbsttäuschung und Wunschdenken. Ziehen Sie Präsenz der Ablenkung, Geduld der Schnelligkeit, Verletzlichkeit der Unbesiegbarkeit vor. Entscheiden Sie sich für Gemeinschaft und Wir-Gefühl statt für Isolation, für körperliche Bewegung statt dafür, still auf dem Hintern sitzen zu bleiben. Stellen Sie Bodenständigkeit über heroischen Individualismus.

Ein geerdetes Leben mag als persönliches Vorhaben beginnen, aber Bodenständigkeit verbreitet sich und wächst in Gemeinschaften. Wenn Sie dieses Buch nützlich fanden, geben Sie es bitte an Ihre Familie, Freunde, Nachbarn und Kollegen weiter. Je mehr von uns dieses Projekt gemeinsam in Angriff nehmen, desto besser.

DANKSAGUNG

Die Veröffentlichung dieses Buchs war eine Teamarbeit. Ich bin allen Beteiligten sehr dankbar.
Zunächst möchte ich all meinen Coaching-Klienten (deren Namen geändert wurden) dafür danken, dass sie mir erlaubt haben, sie auf ihrem jeweiligen Weg zu begleiten. Es ist ein Privileg, mit diesen Menschen zu arbeiten. Ich lerne genauso viel von ihnen, in dem Maße, in dem ich ihnen Anleitungen gebe. Ich möchte mich auch bei all den anderen Menschen bedanken, deren Geschichten ich erzählt habe. Ich weiß es zu schätzen, dass Sie so offen und ehrlich mit mir und in einigen Fällen auch mit der breiten Öffentlichkeit umgegangen sind. Insbesondere möchte ich Steven Hayes, Sarah True, Mike Posner und Andrea Barber dafür danken, dass sie mir ausführlich über einige ihrer erschütterndsten Erlebnisse berichtet haben. Als Nächstes möchte ich mich bei allen mir sehr nahestehenden Menschen bedanken, die tagein, tagaus für mich da sind und die mit mir durch dick und dünn gehen. Ich wüsste nicht, was oder wo ich ohne sie wäre. Ich danke meinem Mitarbeiter Steve Magness. Meinem Freund Justin Bosley. Meinem Bruder Eric Stulberg. Und meiner Therapeutin und Trainerin Brooke Van Oosbree. Ich liebe euch alle.

Ich möchte auch ein paar besonderen Kollegen, Mentoren und Freunden danken, die einen direkten Einfluss auf dieses Buch hatten. Meinem Psychiater Lucas Van Dyke, der bei mir eine Zwangsstörung diagnostiziert und mir geholfen hat, meinen Geist besser zu verstehen und zu heilen. Judson Brewer, meinem Meditationslehrer, der mir gezeigt hat, wie man einem Menschen oder einer Sache tiefe Aufmerksamkeit schenkt. Ryan Holiday und Cal Newport, die mich ermutigt haben, dieses Buch zu schreiben, und zwar für den Portfolio-Verlag. David Epstein dafür, dass er mir bei so ziemlich allem zur Seite stand (der Mann hat wirklich ein breites Spektrum). Liana Imam für die vielen Gespräche und Lesungen und dafür, dass sie ihren Reichtum an literarischem Können so großzügig mit mir geteilt hat. Adam Alter dafür, dass er mir zugehört hat, als ich die Konzepte in diesem Buch bis ins Unendliche beschrieben habe, und dass er ganz subtil bemerkte: »Ich glaube, das Wort, das Sie suchen, ist *bodenständig.*« Mario Fraioli für kilometerlange Wanderungen und Gespräche über »Erfolg«, Gespräche, die zur Entstehung dieses Buchs geführt haben. Shalane Flanagan, nicht nur dafür, dass ich ihre Geschichte erzählen durfte, sondern auch für unsere enge Freundschaft. Rich Roll und Emily Esfahani Smith dafür, dass sie Freunde (auch beim gegenseitigen Gedankenaustausch) und Mitverschwörer sind, wenn es darum geht, die Art und Weise, wie die Soziokultur der Gesellschaft über Erfolg denkt, neu zu definieren. Die Mitglieder meiner täglichen E-Mail-Gruppe, die ich noch nicht erwähnt habe: Mike Joyner, Christie Aschwanden, Alex Hutchinson, Jonathan Wai, Amby Burfoot – ihr alle macht mich durch Osmose klüger, auch wenn es nur auf virtuellem Weg geschieht. Adam Grant, Kelly McGonigal und Dan Pink, die mich immer wieder zum Schreiben, Schreiben, Schreiben ermutigen – und zu Büchern! Toby Bilanow dafür, dass er meine Essays redigiert und mir kostbaren Platz in der *New York Times* zur Verfügung gestellt hat, wo ich einige der Ideen in diesem Buch zum ersten Mal probehalber veröffentlicht habe. Matt Skenazy und Wes Judd, meine langjährigen Redakteure bei der Zeitschrift *Outside.* Ich bin so stolz auf die Arbeit, die wir gemeinsam geleistet haben. Wir haben uns vorgenommen, zu verändern, wie Menschen Gesundheit, Wohlbefinden und Leistungsvermögen begreifen – und das haben wir geschafft. Kelly Starrett, Brett Bartholomew und Zach Greenwald danke ich dafür, dass sie mir so viel über körperliche Bewegung beigebracht haben. Ich danke Bob Kocher, der mir ein wunderbarer Mentor und Freund ist. Und nicht zuletzt danke ich meinen guten Freunden Jason Dizik und Brandon Rennels für die endlosen Gespräche über die Themen in diesem Buch.

Ich danke auch den Menschen, deren Arbeit mir hilft, mich selbst zu verstehen, und von denen ich viele noch nicht einmal persönlich getroffen habe. Dennoch prägen sie mich und damit auch meine Arbeit. Die Schriftsteller und Lehrer Mark Epstein, Thich Nhat Hanh, George Leonard, Tara Brach, Erich Fromm, Robert Pirsig, Richard Rohr, Jon Kabat-Zinn, Joseph Goldstein, Jack Kornfield, Leslie Jamison und David Whyte. Die Musiker Sara Bareilles, Trevor Hall, die Avett Brothers, Benjamin Haggerty und Mike Posner.

Und nun zu denjenigen, die mit mir an der vordersten Front des Verlagswesens mitgemischt haben. Ted Weinstein, der mir geholfen hat, meine Karriere als Autor zu starten. Laurie Abkemeier, weil sie die beste Agentin, der beste Coach und die beste Partnerin im Gedankenaustausch über einschlägige Literatur ist. Für Laurie zu schreiben ist, als spielte man für Phil Jackson Basketball. Sie ist einfach die Beste. An das gesamte Team von Portfolio, das sofort an dieses Buch geglaubt hat: Mein Verleger Adrian Zackheim, der mir zuhörte, als ich ihm die Idee erläuterte, und der sagte: »Ich habe es verstanden«, und dann sein Team mit Begeisterung ermunterte, dieses Buch Wirklichkeit werden zu lassen. Meine Lektorin Niki Papadopoulos, die mich auf die beste Art und Weise angetrieben und dieses Buch so viel besser gemacht hat. Als ich meinen ersten Entwurf einreichte, sagte Niki zu mir: »Das ist sehr gut – hier ist das, was es zu etwas Hervorragendem machen wird …« Ich habe auf sie gehört, und sie hatte recht. Leah Trouwborst, die das Manuskript über die Ziellinie brachte und verantwortlich für die kreative Aufmachung des Buchs war, was zu einem Titel und Untertitel führte, den ich ziemlich toll finde (keine leichte Aufgabe!). Kym Surridge, Will Jeffries, Karen Ninnis und Katie Hurley, die all meine Fehler aufgespürt und dazu beigetragen haben, dass der Text glänzt. An Kimberly Meilun für die Koordination all dessen, um das Projekt zu Ende gebracht zu haben. Und an Tara Gilbride und ihr Marketingteam, die alles getan haben, damit dieses Buch überall Leser findet.

Ich möchte meinen Eltern dafür danken, dass sie mir bei meiner Erziehung unerschütterliche Werte mit auf den Weg gaben, und meinen Schwiegereltern dafür, dass sie mich immer unterstützt haben. Vor allem aber danke ich meiner besten Freundin und Lebensgefährtin Caitlin (die auch meine wichtigste Lektorin ist). Ich bin so glücklich, mit dir in diesem unendlichen Spiel zu sein. Ich liebe dich. Und danke an meinen Sohn Theo – dafür bedarf es keiner Worte.

EMPFOHLENE LITERATUR

Während ich über *Die Prinzipien des nachhaltigen Erfolgs* nachdachte, daran schrieb und dem Buch den letzten Schliff gab, hatte ich die folgenden Bücher in einem Regal direkt über meinem Schreibtisch stehen. Ich habe immer wieder auf sie verwiesen und ich bin sicher, dass ich das auch in Zukunft tun werde. Alle diese Bücher haben einen großen Einfluss darauf, wie ich denke, schreibe, coache und lebe. Ich bin dankbar, dass es sie gibt. Im Folgenden finden Sie eine nach Kapiteln geordnete Liste mit Leseempfehlungen. Wie die Prinzipien der Bodenständigkeit ergänzen sich viele dieser Bücher gegenseitig. Obwohl die nachfolgende Sortierung gewiss nicht perfekt ist, so war sie doch die beste Option.

1. BODENSTÄNDIG SEIN, UM AUFZUSTEIGEN

- Bhikkhu Bodhi: *In den Worten des Buddha*
- Thich Nhat Hanh: *The Heart of the Buddha's Teaching*
- Epiket: *Ausgewählte Schriften*
- Marc Aurel: *Selbstbetrachtungen*
- William Irvine: *Eine Anleitung zum guten Leben*
- Laotse: *Daudedsching*
- Seneca: *Letters from a Stoic*
- Aristoteles: *Die Nikomachische Ethik*
- Peter Wohlleben: *Das geheime Leben der Bäume*

- Eric Hoffer: *Der Fanatiker. Eine Pathologie des Parteigängers*
- Sarah Bakewell: *Wie soll ich leben? oder Das Leben Montaignes*
- Michael Puett und Christine Gross-Loh: *Das Wichtigste von allem*
- Erich Fromm: *Wege aus einer kranken Gesellschaft*

2. AKZEPTIEREN SIE, WO SIE SIND, UM DORTHIN ZU GELANGEN, WO SIE HINWOLLEN

- Tara Brach: *Mit dem Herzen eines Buddha*
- Joseph Campbell: *Der Heros in tausend Gestalten*
- Steven Hayes: *Kurswechsel im Kopf*
- Jack Kornfield: *Nach der Erleuchtung Wäsche waschen und Kartoffeln schälen*
- Carl Rogers: *Entwicklung der Persönlichkeit*
- Leslie Jamison: *Die Klarheit*
- Mark Epstein: *Going to Pieces Without Falling Apart*
- Anne Lamott: *Almost Everything on Hope*

3. PRÄSENZ ZEIGEN, UM AUFMERKSAM ZU SEIN UND ENERGETISCH ZU HANDELN

- Jon Kabat-Zinn: *Gesund durch Meditation*
- Cal Newport: *Konzentriert arbeiten* und *Digitaler Minimalismus*
- Bhante Gunaratana: *Die vier Säulen der Achtsamkeit*
- Joseph Goldstein: *Achtsamkeit*
- Judson Brewer: *Das gierige Gehirn*
- Adam Alter: *Unwiderstehlich*
- W. Timonthy Gallwey: *Tennis – das innere Spiel*
- Erich Fromm: *Haben oder Sein*
- Erich Fromm: *Die Kunst des Liebens*
- Mary Oliver: *Sag mir, was hast du vor mit deinem wilden, kostbaren Leben*
- Mihaly Csikszentmihalyi: *Flow. Das Geheimnis des Glücks*
- Ryan Holiday: *In der Stille liegt dein Weg*
- Alan Watts: *Weisheit des ungesicherten Lebens*

- Robert Pirsig: *Zen und die Kunst, ein Motorrad zu warten*
- Robert Pirsig: *Lila oder ein Versuch über die Moral*
- Neil Postman: *Wir amüsieren uns zu Tode*
- Nicholas Carr: *Surfen im Seichten*

4. MIT GEDULD SCHNELLER ANS ZIEL

- David Whyte: *Crossing the Unknown Sea*
- George Leonard: *Der längere Atem. Die Meisterung des Alltäglichen*
- George Leonard: *The Way of Aikido*
- David Epstein: *Es lebe der Generalist!*

5. VERWUNDBARKEIT ZEIGEN, UM ECHTE STÄRKE UND ZUVERSICHT ZU ERLANGEN

- David Whyte: *Zuwendungen*
- David Whyte: *The Heart Aroused*
- Sara Bareilles: *Sounds Like Me*
- Thich Nhat Hanh: *Ohne Schlamm kein Lotos*
- Brené Brown: *Laufen lernt man nur durch Hinfallen*
- Brené Brown: *Entdecke deine innere Stärke*
- Amy Edmondson: *Die angstfreie Organisation*
- Amy Edmondson: *Teaming*
- Rainer Maria Rilke: *Die Gedichte – Rilkes lyrisches Werk in einem Band*

6. GEMEINSCHAFTEN BILDEN – WIR-GEFÜHL SCHAFFEN

- Sebastian Junger: *Tribe*
- Lydia Denworth: *Friendship*
- George Eliot: *Middlemarch. Eine Studie über das Leben in der Provinz*
- Erich Fromm: *Die Furcht vor der Freiheit*
- Émile Durkheim: *Der Selbstmord*
- James McBride: *Der heilige King Kong*

7. DEN KÖRPER IN BEWEGUNG HALTEN, UM DEN GEIST ZU ERDEN

- John Ratey: *Spark*
- Kelly McGonigal: *The Joy of Movement*
- George Leonard: *The Ultimate Athlete*

8. VON DEN THEORETISCHEN PRINZIPIEN ZUM PRAKTISCHEN HANDELN

- Richard Rohr: *Falling Upward*
- Hermann Hesse: *Das Glasperlenspiel*
- Thich Nhat Hanh: *The Art of Living*
- Jon Kabat-Zinn: *Im Alltag Ruhe finden*
- Krista Tippett: *Becoming Wise*

9. ENTSCHEIDEND IST DAS VORGEHEN, DIE RESULTATE FOLGEN VON SELBST

- Terry Patten: *Eine neue Republik des Herzens*
- George Leonard and Michael Murphy: *The Life We Are Given*
- Aldous Huxley: *Schöne neue Welt*

ANMERKUNGEN

1. BODENSTÄNDIG, UM AUFZUSTEIGEN

18 **Nachdem ich in einem Essay für die Zeitschrift *Outside* über meine Erfahrungen mit Zwangsstörungen geschrieben hatte:** Brad Stulberg, »When a Stress Expert Battles Mental Illness,« *Outside*, March 7, 2018, https://www.outside online.com/2279856/anxiety-cant-be-trained-away.

19 **Der wegweisende Soziologe Émile Durkheim:** Émile Durkheim, *Suicide: A Study in Sociology* (Snowball Press, 2012; ursprünglich 1897 auf Französisch publiziert), 252–53.

19 **Die Zahlen der Menschen mit klinischen Angstzuständen und Depressionen:** National Institute of Mental Health, »Mental Health Information: Statistics,« https://www.nimh.nih.gov/health /statistics/index.shtml.

19 **Die Abhängigkeit von schädlichen Substanzen:** National Institute on Alcohol Abuse and Alcoholism, »Alcohol Facts and Statistics,« https://www.niaaa.nih.gov /publications/brochures-and-fact-sheets/alcohol-facts-and-statistics; US National Library of Medicine, »Opioid Addiction,« MedlinePlus, https://ghr.nlm.nih.gov/condition/opioid-addiction#statistics.

19 **So hoch war diese Zahl noch nie:** »Pain in the Nation: The Drug, Alcohol and Suicide Crises and Need for a National Resilience Strategy,« Trust for America's Health, https://www.tfah.org/report-details/pain-in-the-nation/.

19 **Die Daten »deuten auf eine Entwicklung hin«:** Mary Caffrey, »Gallup Index Shows US Well-being Takes Another Dip,« *AJMC*, February 27, 2019, https://www.ajmc.com /newsroom/gallup-index-shows-us-wellbeing-takes-another-dip-.

19 **Bereits vor der COVID-19-Pandemie:** Jeffrey M. Jones, »U.S. Church Membership Down Sharply in Past Two Decades,« Gallup, April 18, 2019, https://news.gallup.com/poll/248837/church-membership-down-sharply-past -two-decades.aspx.

20 **Gleichzeitig glauben Experten:** Julianne Holt-Lunstad, »The Potential Public Health Relevance of Social Isolation and Loneliness: Prevalence, Epidemiology, and Risk Factors,« *Public Policy & Aging Report* 27, no. 4 (2017): 127–30, https://academic.oup.com/ppar/article/27/4/127/4782506.

20 **Im Jahr 2019 stufte die Weltgesundheitsorganisation (WHO) Burnout:** Ben Wigert and Sangeeta Agrawal, »Employee Burnout, Part 1: The 5 Main Causes,« Gallup, July 12, 2018, https://www.gallup.com/workplace/237059/employee-burnout -part-main-causes.aspx; »Burn-out an ›Occupational Phenomenon‹: International Classification of Diseases,« World Health Organization, May 28, 2019, https://www.who.int/mental_health/evidence/burn-out/en/.

20 **Schlaflosigkeit ist verbreiteter denn je:** Pradeep C. Bollu and Harleen Kaur, »Sleep Medicine: Insomnia and Sleep,« *Missouri Medicine* 116, no. 1 (2019): 68–75, https://www.ncbi.nlm.nih.gov/pmc/articles/PMC6390785/; James Dahlhamer et al., »Prevalence of Chronic Pain and High-Impact Chronic Pain Among Adults—United States, 2016,« *Morbidity and Mortality Weekly Report* 67, no. 36 (2018): 1001–6, https://www.cdc.gov/mmwr/volumes/67/wr /mm6736a2.htm.

23 **Stattdessen liegt das Glück im gegenwärtigen Moment:** Robb B. Rutledge et al., »A Computational and Neural Model of Momentary Subjective Well-being,« *PNAS* 111, no. 33 (2014): 12252–57, http://www.pnas.org/content/111/33 /12252.full.

23 **Psychologen und Nobelpreisträgers Daniel Kahneman:** Daniel Kahneman and Angus Deaton, »High Income Improves Evaluation of Life but Not Emotional Well-being,« *PNAS* 107, no. 38 (2010): 16489–93, https://www.pnas.org/content/107/38/16489.

24 **Und hat sich, so Ben-Shahar, die Suche nach dem Glück:** A. C. Shilton, »You Accomplished Something Great. So Now What?« *New York Times*, May 28, 2019, https://www.nytimes.com/2019/05/28/smarter-living/you-accomplished -something-great-so-now-what.html.

26 **Der Buddhismus lehrt zudem das Konzept des »rechten Bemühens«:** Bhikkhu Bodhi, ed., *In the Buddha's Words: An Anthology of Discourses from the ali Canon* (Somerville, MA: Wisdom Publications, 2005), 239.

26 **Je tiefer und abgründiger der Boden:** Meister Eckhart, *Selected Writings*, trans. Oliver Davies (London, UK: Penguin Books, 1994), 45.

27 **Und ich glaube, wenn Sie sich auf das konzentrieren:** Seth Simons, »The New Formula for Personal Fulfillment,« *Fatherly*, October 12, 2018, https://www.fatherly.com /love-money/the-new-formula-for-personal-fulfillment/.

31 **»Wenn Sie gärtnern wollen«:** Thich Nhat Hanh, *The Heart of the Buddha's Teaching: Transforming Suffering into Peace, Joy, and Liberation* (New York: Harmony Books, 1999), 42.

34 **»Mein Körper hat mich im Stich gelassen«:** Karen Rosen, »After Rio Heartbreak, Triathlete Sarah True ›Ready to Rumble‹ into New Season,« Team USA, March 2, 2017, https:// www.teamusa.org/News/2017/March/02/After-Rio-Heartbreak-Triathlete -Sarah-True-Ready-To-Rumble-Into-New-Season.

2. AKZEPTIEREN SIE, WO SIE SIND, UM DORTHIN ZU GELANGEN, WO SIE HINWOLLEN

37 **»Das seltsame Paradoxon ist«:** See Carl R. Rogers, *On Becoming a Person: A Therapist's View of Psychotherapy* (New York: Mariner Books, 1995).

39 **»Die Dänen sind zwar sehr zufrieden«:** Kaare Christensen, Anne Maria Herskind, and James W. Vaupel, »Why Danes Are Smug: Comparative Study of Life Satisfaction in the European Union,« *BMJ* 333 (2006): 1289, http://www.bmj.com/content/333/7582/1289.

39 **Sie fanden heraus, dass »das momentane Glücksgefühl«:** Rutledge et al., »A Computational and Neural Model of Momentary Subjective Well-being.«

40 **Ich glaube, das nimmt einem oft die Freude daran:** Jason Fried, »Living Without Expectations,« *Signal v Noise* (blog), March 8, 2017, https://m.signalvnoise.com/living-without-expectations-1d66adb10710.

40 **Die Crux des seltsamen Problems eines Helden:** Joseph Campbell, *The Hero with a Thousand Faces*, 3rd ed. (Novato, CA: New World Library, 2008), 101.

41 **Er hat 44 Bücher geschrieben:** »Highly Cited Researchers (h>100) According to Their Google Scholar Citations Public Profiles,« Ranking Web of Universities, accessed July 2020, http://www.webometrics.info/en/node/58.

43 **Aber wie die Arbeit von Hayes und meine eigenen Erfahrungen:** See Steven C. Hayes, *A Liberated Mind: How to Pivot Toward What Matters* (New York: Avery, 2020), for a summary of this body of work.

44 **Hayes wird der Erste sein:** »316: Steven C. Hayes on Developing Psychological Flexibility,« in *The One You Feed*, hosted by Eric Zimmer, podcast, January 21, 2020, https://www.oneyoufeed.net/psychological-flexibility/.

44 **Und es ist normal, dass ein Mensch Stress empfindet:** Marcus Aurelius, *Meditations* (London, UK: Penguin Books, 2005), 76.

44 **Epiktet, ein weiterer Stoiker:** Epictetus, *Discourses and Selected Writings* (London, UK: Penguin Books, 2008), 180–81.

46 **So wie der Buddha sich bereitwillig für eine Begegnung mit Mara öffnete:** Tara Brach, *Radical Acceptance: Embracing Your Life with the Heart of a Buddha* (New York: Bantam Books, 2004), 61.

47 **Untersuchungen der University of Kent in England haben gezeigt:** Joachim Stoeber, Mark A. Uphill, and Sarah Hotham, »Predicting Race Performance in Triathlon: The Role of Perfectionism, Achievement Goals, and Personal Goal Setting,« *Journal of Sport and Exercise Psychology* 31, no. 2 (2009): 211–45, https://repository .canterbury.ac.uk/download/c447b55e-a3ec0148c05f2c0754c0527ef311a1f30d7 ce8c8ca7cda6f70348f10/277408/ Uphill_2009_%5B1%5D.pdf.

47 **Eine Studie, die im *Journal of Sport and Exercise Psychology* veröffentlicht wurde:** Andrew J. Elliot et al., »Achievement Goals, Self-Handicapping, and Performance Attainment: A Mediational Analysis,« *Journal of Sport and Exercise Psychology* 28, no. 3 (2006): 344–61, https://journals.humankinetics.com/doi/abs/10.1123 /jsep.28.3.344.

47 **Andere Untersuchungen zeigen, dass Angst:** David E. Conroy, Jason P. Willow, and Jonathan N. Metzler, »Multidimensional Fear of Failure Measurement: The Performance Failure Appraisal Inventory,« *Journal of Applied Sport Psychology* 14, no. 2 (2002): 76–90, https://psycnet.apa.org/ record/2002-13632-002.

48 **»Nichts, was ich an mir akzeptiere«:** Audre Lorde, *Sister Outsider: Essays and Speeches* (New York: Crossing Press, 1984).

48 **Wie Sie gleich sehen werden:** Craig Smith, »COVID-19 Update from Dr. Smith: 3/29/20,« Columbia Surgery, https://columbiasurgery.org /news/ covid-19-update-dr-smith-32920.

53 **Die Meditationslehrerin Michele McDonald:** Tara Brach, »Feeling Overwhelmed? Remember RAIN,« *Mindful*, February 7, 2019, https://www .mindful.org/tara-brach-rain-mindfulness-practice/.

53 **von körperlichen Schmerzen:** David M. Perlman et al., »Differential Effects on Pain Intensity and Unpleasantness of Two Meditation Practices,« *Emotion* 10, no. 1 (2010): 65–71, https://www.ncbi.nlm.nih.gov/pmc/articles/ PMC2859822/.

53 **emotionales Leid:** UMass Memorial Health Care Center for Mindfulness, https://www.umassmed.edu/cfm/research/publications/.

53 **soziale Ängste:** Philippe R. Goldin and James J. Gross, »Effects of Mindfulness-Based Stress Reduction (MBSR) on Emotion Regulation in Social Anxiety Disorder,« *Emotion* 10, no. 1 (2010): 83–91, https://www.ncbi .nlm. nih.gov/pmc/articles/PMC4203918/.

53 **zu schwierigen Entscheidungen:** Igor Grossman and Ethan Kross, »Exploring Solomon's Paradox: Self-Distancing Eliminates the Self-Other Asymmetry in Wise Reasoning About Close Relationships in Younger and Older Adults,« *Psychological Science* 25, no. 8 (2014): 1571–80, https://pdfs.semanticscholar .org/799a/d44cb6d51bbf6c14ef8e83d6dc74d083f2af.pdf.

53 **Studien der University of California in Berkeley zeigen:** Özlem Ayduk and Ethan Kross, »From a Distance: Implications of Spontaneous Self-Distancing for Adaptive Self-Reflection,« *Journal of Personality and Social Psychology* 98, no. 5 (2010): 809–29, https://www.ncbi.nlm.nih.gov/pmc /articles/ PMC2881638/.

54 **Wenn Sie jedoch mitfühlend mit sich selbst sind:** Juliana G. Breines and Serena Chen, »Self-Compassion Increases Self-Improvement Motivation,« *Personality and Social Psychology Bulletin* 38, no. 9 (2012): 1133–43, http:// cite seerx.ist.psu.edu/viewdoc/download?doi=10.1.1.362.5856&rep=rep1&type=pdf.

55 **»Welchen Fortschritt habe ich erzielt?«:** Seneca, *Letters from a Stoic* (London, UK: Penguin Books, 1969), 14.

56 **Mantras wie dieses zeigen laut Forschungsergebnissen große Wirkung:** Ephrat Livni, »To Get Better at Life, Try This Modern Mantra,« *Quartz*, May 8, 2019, https://t.co/biGWjp3tBs.

57 **Langjährige psychologische Forschungen haben Folgendes ergeben:** For thinking: Daniel M. Wegner et al., »Paradoxical Effects of Thought Suppression,« *Journal of Personality and Social Psychology* 53, no. 1 (1987): 5–13, http://psycnet.apa.org/record/1987 -33493-001; and for feeling: Jutta Joormann and Ian H. Gotlib, »Emotion Regulation in Depression: Relation to Cognitive Inhibition,« *Cognition and Emotion* 24, no. 2 (2010): 281–98, https://www.ncbi.nlm.nih.gov/pmc/articles /PMC2839199/.

59 **»Wenn wir versuchen«:** Judson Brewer, *The Craving Mind: From Cigarettes to Smartphones to Love—Why We Get Hooked and How We Can Break Bad Habits* (New Haven, CT: Yale University Press, 2017), 111.

59 **Wie Bud Winter:** Bud Winter and Jimson Lee, *Relax and Win: Championship Performance in Whatever You Do* (2012).

3. PRÄSENZ ZEIGEN, UM AUFMERKSAM ZU SEIN UND ENERGETISCH ZU HANDELN

62 **Bereits vor gut 2000 Jahren warnte der stoische Philosoph Seneca davor:** Seneca, *On the Shortness of Life*, trans. C. D. N. Costa (New York: Penguin Books, 2005), 96.

62 **Forscher der University of Michigan fanden heraus:** »Multitasking: Switching Costs,« American Psychological Association, March 20, 2006, https://www.apa.org /research/action/multitask.aspx.

62 **Das ist doppelt so hoch wie der Rückgang:** Jim Sollisch, »Multitasking Makes Us a Little Dumber,« *Chicago Tribune*, August 10, 2010, https://www .chicagotribune.com/opinion/ct-xpm-2010-08-10-ct-oped-0811-multitask -20100810-story.html.

63 **»Ein umherschweifender Geist«, schreiben die Forscher:** Steve Bradt, »Wandering Mind Not a Happy Mind,« *Harvard Gazette,* November 11, 2010, https://news .harvard.edu/gazette/story/2010/11/wandering-mind-not-a-happy-mind/.

64 **Untersuchungen der britischen Regulierungsbehörde für Telekommunikation zeigen:** *Communications Market Report,* Ofcom, August 2, 2018, https://www.ofcom.org.uk/__data /assets/pdf_file/0022/117256/CMR-2018-narrative-report.pdf.

64 **Andere Studien zeigen, dass 71 Prozent der Menschen:** »Americans Don't Want to Unplug from Phones While on Vacation, Despite Latest Digital Detox Trend,« press release, Asurion, May 17, 2018, https://www.asurion.com/about/press -releases/americans-dont-want-to-unplug-from-phones-while-on-vacation -despite-latest-digital-detox-trend/.

65 **Jede Nachricht, die uns erreicht:** See: Adam Alter, »What Is Behavioral Addiction and Where Did It Come From?« in *Irresistible: The Rise of Addictive Technology and the Business of Keeping Us Hooked* (New York: Penguin Press, 2017).

65 **Alles an den Apps, die wir auf unseren Handys abrufen:** Susana Martinez-Conde and Stephen L. Macknik, »How the Color Red Influences Our Behavior,« *Scientific American,* November 1, 2014, https://www.scientificamerican.com /article/how-the-color-red-influences-our-behavior/.

65 **In seinem Buch *Riveted*:** Jim Davies, *Riveted: The Science of Why Jokes Make Us Laugh, Movies Make Us Cry, and Religion Makes Us Feel One with the Universe* (New York: Palgrave Macmillan, 2014), 91, 175.

65 **Im Jahr 1951 beklagte der Philosoph Alan Watts:** Alan Watts, *The Wisdom of Insecurity: A Message for an Age of Anxiety* (New York: Vintage Books, 2011), 21.

66 **In *Die Kunst des glücklichen Lebens*:** Thich Nhat Hanh, *The Art of Living* (New York: HarperOne, 2017), 147.

68 **Wie Studien zeigen, reicht allein das bloße Potenzial:** Bill Thornton et al., »The Mere Presence of a Cell Phone May Be Distracting: Implications for Attention and Task Performance,« *Social Psychology* 45, no. 6 (2014): 479–88, https://metacog2014-15.weebly.com/uploads/3/9/2/9/39293965/thornton_faires_robbins_y_rollins_in_press_presence_cell_phone_distracting.pdf.

69 **»Es ist nicht so, dass wir nur eine kurze Zeit zu leben haben«:** Seneca, *Shortness of Life,* 1–4.

69 **Eine wichtige Voraussetzung für den Flow ist:** Mihaly Csikszentmihalyi, *Flow: The Psychology of Optimal Experience* (New York: Harper Perennial, 2008).

70 **Bei den Stoikern steht geschrieben:** Seneca, *Letters From a Stoic*, 26.

70 **»Wie oft unsere Gedanken das Hier und Jetzt verlassen und wohin sie tendieren«:** Bradt, »Wandering Mind Not a Happy Mind.«

70 **Die Ergebnisse ihrer Studie:** Matthew A. Killingsworth and Daniel T. Gilbert, »A Wandering Mind Is an Unhappy Mind,« *Science* 330, no. 6006 (2010): 932, http://www.danielgilbert.com/KILLINGSWORTH%20&%20 GILBERT %20(2010).pdf.

71 **»Die 75 Jahre und 20 Millionen Dollar«:** Scott Stossel, »What Makes Us Happy, Revisited,« *Atlantic*, May 2013, https://www.theatlantic.com/magazine /archive/2013/05/thanks-mom/309287/.

71 **Wenn wir völlig präsent sind, betreten wir einen heiligen Raum:** George Leonard, *Mastery: The Keys to Success and Long-Term Fulfillment* (New York: Plume, 1992), 40.

72 **Posner – der seinen Eltern als Kind große Sorgen bereitete:** Zitat ist ein Liedtext aus dem Song »Come Home« von Mike Posner auf dem Album *Keep Going*.

74 **In der Mitte des Videos:** Mike Posner, »Naughty Boy, Mike Posner—Live Before I Die,« November 14, 2019, music video, 4:02, https://youtu.be / uXeZNXdu-gs.

75 **Als er sich auf den Weg durch die USA machte:** Mike Posner (@MikePosner), Twitter status, May 29, 2019, https://twitter.com/MikePosner/status/113374382932 2948608?s=20.

75 **Sein Begriff des produktiven Tätigseins beruht auf einer Grundlage:** Erich Fromm, *The Art of Loving* (New York: HarperPerennial, 2006), 101.

76 **Die Forschung zeigt in zunehmendem Maße:** Ayelet Fishbach, Ronald S. Friedman, and Arie W. Kruglanski, »Leading Us Not unto Temptation: Momentary Allurements Elicit Overriding Goal Activation,« Journal of Personality and Social Psychology 84, no. 2 (2003): 296–309.

82 **»Sie tun nichts anderes, als zu sehen und loszulassen«:** Jon Kabat-Zinn, *Full Catastrophe Living: Using the Wisdom of Your Body and Mind to Face Stress, Pain, and Illness*, rev. ed. (New York: Bantam Books, 2013), 443.

83 **»Ablenkungen sind in Wirklichkeit Papiertiger«:** Bhante Gunaratana, *Mindfulness in Plain English* (Somerville, MA: Wisdom Publications, 2011), 119.

83 **Studien zeigen, dass Aufmerksamkeit einem Muskel gleicht:** »How the Internet May Be Changing the Brain,« *Neuroscience News*, June 5, 2019, https://t.co/rUgy7hPkJg.

85 **Wir wissen nicht genau, wann es war:** Wumen Huikai, author quotes, Great Thoughts Treasury, http://www.greatthoughtstreasury.com/author/author-209.

86 **»Wie wir unsere Tage gestalten«:** Annie Dillard, quotes, Goodreads, https://www .goodreads.com/quotes/530337-how-we-spend-our-days-is-of-course-how-we.

4. MIT GEDULD SCHNELLER ANS ZIEL

92 **Untersuchungen des Marktforschungsunternehmens Forrester:** »Akamai Reveals 2 Seconds as the New Threshold of Acceptability for Ecommerce Web Page Response Times,« Akamai, September 14, 2009, https://www.akamai.com/us/en/about/news /press/2009-press/akamai-reveals-2-seconds-as-the-new-threshold-of -acceptability-for-ecommerce-web-page-response-times.jsp.

92 **Und nichts deutet darauf hin:** Steve Lohr, »For Impatient Web Users, an Eye Blink Is Just Too Long to Wait,« *New York Times*, February 29, 2012, http:// www.nytimes.com/2012/03/01/technology/impatient-web-users-flee-slow -loading-sites.html.

92 **Der Autor Nicholas Carr:** Teddy Wayne, »The End of Reflection,« *New York Times*, June 11, 2016, http://www.nytimes.com/2016/06/12/fashion/internet -technology-phones-introspection.html?_r=0.

92 **Ein vorausschauender Bericht aus dem Jahr 2012:** Janna Anderson and Lee Rainie, »Millennials Will Benefit and Suffer Due to Their Hyperconnected Lives,« Pew Research Center, February 29, 2012, https://www.pewresearch.org/internet/2012/02/29 /millennials-will-benefit-and-suffer-due-to-their-hyperconnected-lives/.

94 **In einem Artikel in der *New York Times*:** Aaron E. Carroll, »What We Know (and Don't Know) About How to Lose Weight,« *New York Times*, March 26, 2018, https://www.nytimes.com/2018/03/26/upshot /what-we-know-and-dont-know-about-how-to-lose-weight.html.

95 **Obwohl die *Beagle* 1831 in See stach:** *Britannica*, s.v. »Charles Darwin,« https:// www.britannica.com/biography/Charles-Darwin/The-Beagle-voyage.

95 **Nach seinen eigenen Worten:** »Charles Darwin,« NNDB.com, https://www.nndb.com /people/569/000024497/.

96 **Auf zellulärer Ebene:** Martin J. MacInnis and Martin J. Gibala, »Physiological Adaptations to Interval Training and the Role of Exercise Intensity,« Journal of Physiology 595, no. 9 (2017): 2915–30, https://www.ncbi.nlm.nih.gov/pmc /articles/PMC5407969/.

97 **Eine 2018 in der Zeitschrift *Nature* veröffentlichte Studie:** Lu Liu et al., »Hot Streaks in Artistic, Cultural, and Scientific Careers,« *Nature* 559 (2018): 396–99, https://www.nature.com/articles/s41586-018-0315-8.

97 **Vincent van Gogh schuf 1888, nur zwei Jahre vor seinem Tod, mehr als 20 Gemälde:** Jessica Hallman, »Hot Streak: Finding Patterns in Creative Career Breakthroughs,« *Penn State News*, September 6, 2018, https://news.psu.edu/story/535062/2018/09/06 /research/hot-streak-finding-patterns-creative-career-breakthroughs.

97 **Von 1996 bis 2008 schlug er sich mit Publikationen in diversen Zeitungen durch:** Jeff Stein, »Ta-Nehisi Coates's Advice to Young Journalists: Get Off Twitter,« *Vox*, December 21, 2016, https://www.vox .com/policy-and-politics/2016/12/21/13967504/twitter-young-journalists-coates.

98 **nannte die *Times* ihn:** Concepción de León, »Ta-Nehisi Coates and the Making of a Public Intellectual,« *New York Times*, September 29, 2017, https:// www.nytimes.com/2017/09/29/books/ta-nehisi-coates-we-were-eight-years-in -power.html.

98 **In einer Rede vor jungen Schriftstellern:** Stein, »Ta-Nehisi Coates's Advice to Young Journalists.«

98 **»Es ist nicht wirklich so geheimnisvoll«:** *The Atlantic*, »Creative Breakthroughs: Ta-Nehisi Coates,« interview, September 27, 2013, video, 1:15, https://www.youtube.com /watch?v=6voLZDYgPzY&feature=emb_title.

98/99 **»Ich möchte betonen, wie wichtig es ist, jung und technisch versiert zu sein.«:** Steven Kotler, »Is Silicon Valley Ageist or Just Smart?« *Forbes*, February 14, 2015, https://www.forbes .com/sites/stevenkotler/2015/02/14/is-silicon-valley-ageist-or-just-smart /#1e987d17ed65.

99 **Selbst junge Gründer:** Jake J. Smith, »How Old Are Successful Tech Entrepreneurs?« KelloggInsight, May 15, 2018, https://insight .kellogg.northwestern.edu/article/younger-older-tech-entrepreneurs.

102 **Kurz bevor er seinen Weltrekord aufstellte, sagte Kipchoge der *New York Times*:** Scott Cacciola, »Eliud Kipchoge Is the Greatest Marathoner, Ever,« *New York Times*, September 14, 2018, https://www.nytimes.com/2018/09/14/sports/eliud-kipchoge-marathon .html.

102 **Sein Trainer Patrick Sang meint:** Ed Caesar, »The Secret to Running a Faster Marathon? Slow Down,« *Wired*, February 8, 2017, https://www.wired .com/2017/02/nike-two-hour-marathon-2/.

103 **»Um genau zu sein, werde ich nur versuchen, meine persönliche Bestleistung zu laufen«:** Cacciola, »Eliud Kipchoge Is the Greatest Marathoner, Ever.«

103 **»Wir müssen zwischen Glück und Anspannung unterscheiden«:** Thich Nhat Hanh, *The Art of Power* (New York: HarperOne, 2007), 81.

105 **Er wurde in den frühen 1950er-Jahren:** »The Collected Works of D. W. Winnicott,« Oxford Clinical Psychology, https://www.oxfordclinicalpsych.com/page/599.

106 **Dem Taoismus-Gelehrten Stephen Mitchell zufolge:** Stephen Mitchell, *Tao Te Ching: A New English Version* (New York: Harper Perennial, 2006), foreword, i.

107 **Der Meister, so schrieb Laotse:** Mitchell, *Tao Te Ching*, 63.

107 **Fazit: Werden Ziele zu sehr in den Fokus gerückt:** Lisa D. Ordóñez et al., »Goals Gone Wild: The Systematic Side Effects of Over-Prescribing Goal Setting« (working paper, Harvard Business School, 2009), http://www.hbs.edu/faculty /Publication%20Files/09-083.pdf.

109 **Ist die akute Trainingsbelastung, also das, was Sie in dieser Woche absolviert haben:** Tim J. Gabbett, »The Training–Injury Prevention Paradox: Should Athletes Be Training Smarter *and* Harder?« *British Journal of Sports Medicine* 50, no. 5 (2016): 273–80, http://bjsm.bmj.com/content/early /2016/01/12/bjsports-2015-095788.

113 **Rohitassa sagte:** Diese besondere Übersetzung der Geschichte stammt von Thich Nhat Hanhs *The Art of Living*, 84.

5. VERWUNDBARKEIT ZEIGEN, UM ECHTE STÄRKE UND ZUVERSICHT ZU ERLANGEN

120 **»In den über 200 000 Daten, die ich im Rahmen meiner Forschung gesammelt habe«:** Brené Brown, *Braving the Wilderness: The Quest for True Belonging and the Courage to Stand Alone* (New York: Random House, 2019), 146.

121 **»Verwundbarkeit ist keine Schwäche«:** David Whyte, *Consolations: The Solace, Nourishment and Underlying Meaning of Everyday Words* (Langley, WA: Many Rivers Press, 2015), Audible audio ed., 4 hours, 2 minutes.

121 **»Ich will mich entfalten«:** Rainer Maria Rilke, *Rilke's Book of Hours: Love Poems to God*, trans. Anita Barrows and Joanna Macy (New York: Riverhead Books, 2005).

122 **Untersuchungen, die in der Fachzeitschrift *Archives of General Psychiatry* veröffentlicht wurden:** Ronald C. Kessler et al., »The Epidemiology of Panic Attacks, Panic Disorder, and Agoraphobia in the National Comorbidity Survey Replication,« *Archives of General Psychiatry* 63, no. 4 (2006): 415–24, https://www.ncbi.nlm.nih.gov /pubmed/16585471.

122 **Einige wenige entwickeln jedoch lang anhaltende Ängste:** »Any Anxiety Disorder,« National Institute of Mental Health, https://www.nimh.nih.gov/health/statistics /prevalence/any-anxiety-disorder-among-adults.shtml.

122 **Auf der Internetplattform *The Players' Tribune* schrieb er:** Kevin Love, »Everyone Is Going Through Something,« *Players' Tribune,* March 6, 2018, https://www.theplayerstribune .com/en-us/articles/kevin-love-everyone-is-going-through-something.

123 **Shooting Guard der Toronto Raptors, DeMar DeRozan:** DeMar DeRozan (@DeMar_DeRozan), Twitter post, February 17, 2018, https://twitter.com/DeMar_DeRozan /status/964818383303688197?s=20.

124 **»Es ist nun einmal so«:** Doug Smith, »Raptors' DeRozan Hopes Honest Talk on Depression Helps Others,« *The Star* (Toronto), February 26, 2018, https://www.thestar.com/sports/raptors/2018/02/25/raptors-derozan-hopes-honest -talk-on-depression-helps-others.html.

124 **In der griechischen Mythologie:** Campbell, *The Hero with a Thousand Faces,* 66–68.

125 **»Im Grunde meines Herzens«:** Sara Bareilles, »Sara Bareilles Shows Her Vulnerabilities on New Album, ›Amidst the Chaos«, interview by Robin Young, *Here & Now,* WBUR, radio broadcast, April 4, 2019, https://www .wbur.org/hereandnow/2019/04/04/sara-bareilles-amidst-the-chaos.

125 **Ihrer Arbeit und ihrem eigenen Selbst:** Sara Bareilles, *Sounds Like Me: My Life (So Far) in Song* (New York: Simon & Schuster, 2015), 40.

126 **Intellektuelle Bescheidenheit geht einher mit größerer Selbsterkenntnis:** Mark R. Leary et al., »Cognitive and Interpersonal Features of Intellectual Humility,« *Personality and Social Psychology Bulletin* 43, no. 6 (2017): 793–813, https://journals.sagepub.com/doi/abs/10 .1177/0146167217697695.

127 **In ihrem Buch *Sounds Like Me* schreibt Bareilles:** Bareilles, *Sounds Like Me,* 39.

127 **Denken Sie an die Theorie vom »verletzlichen Affen«:** Nick P. Winder and Isabelle C. Winder, »Complexity, Compassion and Self-Organisation: Human Evolution and the Vulnerable Ape Hypothesis,« *Internet Archaeology* 40 (2015), https:// www.researchgate.net/publication/277940624_Complexity_Compassion_and _Self-Organisation_Human_Evolution_and_the_Vulnerable_Ape_Hypothesis.

128 **Ab dem zweiten oder dritten Tag:** »Baby's First 24 Hours,« Pregnancy, Birth and Baby, https://www.pregnancybirthbaby.org.au/babys-first-24-hours.

130 **Im 4. Jahrhundert v. Chr.:** Mitchell, *Tao Te Ching,* 8.

130 **Wie Sie sich denken können:** Amy C. Edmondson, *The Fearless Organization: Creating Psychological Safety in the Workplace for Learning, Innovation, and Growth* (Hoboken, NJ: John Wiley & Sons, 2019).

130 **»Wir alle haben Schwächen«:** Amy Edmondson (@AmyCEdmondson), Twitter post, February 7, 2020, https://twitter.com/AmyCEdmondson/status /1225830003453124608?s=20.

132 **Emotionale Flexibilität ist unerlässlich:** Todd B. Kashdan, »Psychological Flexibility as a Fundamental Aspect of Health,« *Clinical Psychology Review* 30, no. 7 (2010): 865–78, https://www.ncbi.nlm.nih.gov/pmc/articles/PMC2998793/.

134 **DeMar DeRozan hätte ständig von seiner Mutter:** Smith, »Raptors' DeRozan Hopes Honest Talk on Depression Helps Others.«

6. GEMEINSCHAFTEN BILDEN – EIN WIR-GEFÜHL SCHAFFEN

138 **verdreifachte sich die Einsamkeitsrate:** Elizabeth Bernstein, »When Being Alone Turns into Loneliness, There Are Ways to Fight Back,« *Wall Street Journal*, November 4, 2013, http://www.wsj.com/articles/SB10001424052702303936904 579177700699367092.

138 **Andere Untersuchungen, die von AARP:** Knowledge Networks and Insight Policy Research, *Loneliness Among Older Adults: A National Survey of Adults* 45+ (Washington, DC: AARP, 2010), https://assets.aarp.org/rgcenter/general /loneliness_2010.pdf.

138 **Eine Umfrage des Krankenversicherers Cigna aus dem Jahr 2018:** »New Cigna Study Reveals Loneliness at Epidemic Levels in America,« Cigna, May 1, 2018, https://www.cigna.com/newsroom /news-releases/2018/new-cigna-study-reveals-loneliness-at-epidemic-levels-in -america.

139 **Einsamkeit wird mit mehreren Faktoren in Verbindung gebracht:** F. M. Alpass and S. Neville, »Loneliness, Health and Depression in Older Males,« *Aging & Mental Health* 7, no. 3 (2003): 212–16, https://www.tandfonline.com/doi/abs/10.1080/1360786031000101193.

139 **Forscher der Brigham Young University:** Julianne Holt-Lunstad, Timothy B. Smith, and J. Bradley Layton, »Social Relationships and Mortality Risk: A Meta-analytic Review,« *PLOS Medicine* 7, no. 7 (2010).

139 **»Wir verlangen von einer Person«:** London Real, »Esther Perel on Society & Marriage,« interview with Brian Rose, July 14, 2015, video, 5:08, https://www .youtube.com/watch?v=X9HiXw8Pmbo.

140 **»Menschen machen Entbehrungen nichts aus«:** Sebastian Junger, *Tribe: On Homecoming and Belonging* (New York: Twelve, 2016), introduction, 17.

140 **Werden eines oder mehrere dieser Grundbedürfnisse nicht erfüllt:** Edward L. Deci and Richard M. Ryan, »Self-Determination Theory,« in P. A. M. Van Lange, A. W. Kruglanski, and E. T. Higgins, eds., *Handbook of Theories of*

Social Psychology (London, UK: Sage Publications, 2012), 416–36, https://psycnet.apa.org/record/2011-21800-020.

141 **Nicht so bei jemandem, der in einer Gruppe lebt:** Jonathan Haidt, *The Righteous Mind: Why Good People Are Divided by Politics and Religion* (New York: Vintage, 2013), 102.

141 **Eine Studie der University of California, Los Angeles, aus dem Jahr 2003:** Joan B. Silk, Susan C. Alberts, and Jeanne Altmann, »Social Bonds of Female Baboons Enhance Infant Survival,« *Science* 302, no. 5648 (2003): 1231–34, https://www .ncbi.nlm.nih.gov/pubmed/14615543.

141 **Paviane, die sozial isoliert waren:** Joan B. Silk et al., »Strong and Consistent Social Bonds Enhance the Longevity of Female Baboons,« *Current Biology* 20, no. 15 (2010): 1359–61, https://www.ncbi.nlm.nih.gov/pubmed/20598541; Elizabeth A. Archie et al., »Social Affiliation Matters: Both Same-Sex and Opposite-Sex Relationships Predict Survival in Wild Female Baboons,« *Proceedings of the Royal Society B: Biological Sciences* 281, no. 1793 (2014), https:// www.ncbi.nlm.nih.gov/pubmed/25209936.

141 **»Sich völlig allein und isoliert zu fühlen«:** Erich Fromm, *Escape from Freedom* (New York: Farrar and Rinehart, 1941), 16–17.

142 **Wird jemand jedoch chronisch einsam:** John T. Cacioppo and William Patrick, *Loneliness: Human Nature and the Need for Social Connection* (New York: W. W. Norton, 2008).

143 **Um dies zu beweisen, hat Cacioppo in einer seiner Studien:** John T. Cacioppo et al., »Loneliness Within a Nomological Net: An Evolutionary Perspective,« Journal of Research in Personality 40 (2006): 1054-85, https://static1.squarespace.com/static/539a276fe4b0dbaee772658b/t/53b0e963e4b0d621f6aaa261/1404103011411/8_10.1016_CacioppoHawkleyBurleson.pdf.

143 **Die Gehirne der einsamen Menschen hielten ununterbrochen Ausschau nach Bedrohungen:** Stephanie Cacioppo et al., »Loneliness and Implicit Attention to Social Threat: A High-Performance Electrical Neuroimaging Study,« *Cognitive Neuroscience* 7, no. 1–4 (2016): 138–59, https://www.tandfonline.com/doi/abs/10.1080/1758892 8.2015.1070136.

144 **Im 8. Buch seiner *Bekenntnisse*:** Saint Augustine, *Confessions*, trans. R. S. Pine-Coffin (London, UK: Penguin, 1961), Book 8.

144 **»Ohne Freunde könnte ich nicht glücklich sein«:** Saint Augustine, *Confessions*, 101.

144 **In einer berühmten Predigt:** Saint Augustine, *Works of Saint Augustine*, trans. Edmund Hill, OP, John E. Rotelle (New York: New City Press, 1991), Sermon 299.

145 **Olds und Schwartz erklären:** Jacqueline Olds and Richard S. Schwartz, *The Lonely American: Drifting Apart in the Twenty-first Century* (Boston: Beacon Press, 2009).

146 **»Die Dynamik der Freundschaft«:** David Whyte, *Crossing the Unknown Sea: Work as a Pilgrimage of Identity* (New York: Riverhead, 2001).

146 **der französische Soziologe Émile Durkheim:** Durkheim, *Suicide*, 209.

148 **im Jahr 2020 lag diese Zahl bei fast 70 Prozent:** Andrew Perrin and Monica Anderson, »Share of U.S. Adults Using Social Media, Including Facebook, Is Mostly Unchanged Since 2018,« Pew Research Center, April 10, 2019, https:// www.pewresearch.org/fact-tank/2019/04/10/share-of-u-s-adults-using-social -media-including-facebook-is-mostly-unchanged-since-2018/.

148 **In ihrem 2020 erschienenen Buch:** Lydia Denworth, Friendship: The Evolution, Biology, and Extraordinary Power of Life's Fundamental Bond (New York: W. W. Norton, 2020), 166.

148 **Insgesamt zeigten die sozialen Medien, wenn es um die Bildung von Beziehungen geht:** J. T. Hancock et al., »Social Media Use and Psychological Well-being: A Meta-analysis,« 69th Annual International Communication Association Conference, Washington, DC, 2019.

149 **Das eigene Wohlbefinden wird gefördert durch winzige Vorteile:** Lydia Denworth, »Worry over Social Media Use and Well-being May Be Misplaced,« *Psychology Today*, May 30, 2019, https://www.psychologytoday.com/us/blog/brain-waves/201905 /worry-over-social-media-use-and-well-being-may-be-misplaced.

149 **Sie untersuchten die Daten von mehr als 350 000 Jugendlichen:** Amy Orben and Andrew K. Przybylski, »The Association Between Adolescent Well-being and Digital Technology Use,« *Nature Human Behaviour* 3 (2019): 173–82, https:// www.nature.com/articles/s41562-018-0506-1?mod=article_inline.

149 **der Zusammenhang zwischen dem Gebrauch sozialer Medien und dem Wohlergehen von Jugendlichen:** Robbie Gonzalez, »Screens Might Be as Bad for Mental Health as ... Potatoes,« *Wired*, January 14, 2019, https:// www.wired.com/story/screens-might-be-as-bad-for -mental-health-as-potatoes/.

149 **Eine an der University of Pittsburgh durchgeführte Studie:** Brian A. Primack et al., »Social Media Use and Perceived Social Isolation Among Young Adults in the U.S.,« *American Journal of Preventive Medicine* 53, no. 1 (2017): 1–8, https:// www.ncbi.nlm.nih.gov/pubmed/28279545.

150 **Wie Studien zeigen, sind physische Anwesenheit und körperliche Berührung:** Pavel Goldstein, Irit Weissman-Fogel, and Simone G. Shamay-Tsoory, »The Role of Touch in Regulating Inter-partner Physiological Coupling

During Empathy for Pain,« *Scientific Reports* 7 (2017): 3252, https://www.nature.com/articles/s41598-017 -03627-7.

150 **»Nutzt man dieses [digitale] Zusammensein als Zwischenstation«:** Olga Khazan, »How Loneliness Begets Loneliness,« *Atlantic*, April 6, 2017, https://www.theatlantic .com/health/archive/2017/04/how-loneliness-begets-loneliness/521841/.

151 **Die Forschung zeigt zum Beispiel, dass Babys keine gute Bindung:** Sarah Myruski et al., »Digital Disruption? Maternal Mobile Device Use Is Related to Infant Social-Emotional Functioning,« *Developmental Science* 21, no. 4 (2018): e12610, https://dennis -tiwary.com/wp-content/uploads/2017/10/Myruski_et_al-2017 -Developmental_Science_Still-Face.pdf.

152 **Wenn die einzige Akzeptanz:** Olga Khazan, »How to Break the Dangerous Cycle of Loneliness,« CityLab, April 6, 2017, https://www .bloomberg.com/news/articles/2017-04-06/john-cacioppo-explains-the -psychology-of-loneliness.

152 **»[Der Körper, der Geist und die Seele eines Menschen] sind sein Kapital«:** Erich Fromm, *The Sane Society* (New York: Henry Holt and Company, 1955).

152 **Studien zeigen: Müssen Sie unfreiwillig mitansehen:** Jean Decety and William Ickes, eds., *The Social Neuroscience of Empathy* (Cambridge, MA: MIT Press, 2009), https:// psycnet.apa.org/record/2009-02253-000.

153 **»Wenn wir sehen, was anderen passiert«:** Kim Armstrong, »›I Feel Your Pain‹: The Neuroscience of Empathy,« Association for Psychological Science, December 29, 2017, https://www.psychologicalscience.org/observer/i-feel-your -pain-the-neuroscience-of-empathy.

153 **War jemand glücklich oder traurig:** James H. Fowler and Nicholas A. Christakis, »Dynamic Spread of Happiness in a Large Social Network: Longitudinal Analysis over 20 Years in the Framingham Heart Study,« *BMJ* 337 (2008): a2338, https://www.bmj.com/content/337/bmj.a2338.

153 **Eine andere Untersuchung mit dem treffenden Titel »Ich bin traurig, dass du traurig bist«:** Jeffrey T. Hancock et al., »I'm Sad You're Sad: Emotional Contagion in CMC« (Proceedings of the 2008 ACM Conference on Computer Supported Cooperative Work, San Diego, November 8–12, 2008), http://collablab.northwestern.edu/CollabolabDistro /nucmc/p295-hancock.pdf.

153 **Gefühlsregungen wie Freude, Schwermut und Wut:** Adam D. I. Kramer, Jamie E. Guillory, and Jeffrey T. Hancock, »Experimental Evidence of Massive-Scale Emotional Contagion Through Social Networks,« PNAS 111, no. 24 (2014): 8788–90, https://www.pnas.org/content/111/24/8788.

153 **Arbeitet jemand im selben Raum mit anderen, intrinsisch motivierten Personen:** Ron Friedman et al., »Motivational Synchronicity: Priming Motivational Orientations with Observations of Others' Behaviors,« *Motivation*

and Emotion 34, no. 1 (2010): 34–38, https://www.researchgate.net/publication/225164928_Motivational _synchronicity_Priming_motivational_orientations_with_observations_of _others%27_behaviors.

154 **Und eine Untersuchung der Northwestern University aus dem Jahr 2017:** »Sitting Near a High-Performer Can Make You Better at Your Job,« Kellogg Insight, May 8, 2017, https:// insight.kellogg.northwestern.edu/article/sitting-near-a-high-performer-can -make-you-better-at-your-job.

154 **»Shalane-Flanagan-Effekt«:** Lindsay Crouse, »How the ›Shalane Flanagan Effect‹ Works,« *New York Times*, November 11, 2017, https://www.nytimes .com/2017/11/11/opinion/sunday/shalane-flanagan-marathon-running .html#:~:text=.

156 **Eine der ersten von Cacioppos Regeln:** Khazan, »How to Break the Dangerous Cycle of Loneliness.«

156 **Hilft man anderen, entspannt sich der Teil des Gehirns:** Brad Stulberg and Steve Magness, *Peak Performance: Elevate Your Game, Avoid Burnout, and Thrive with the New Science of Success* (New York: Rodale, 2017), 157–90.

157 **Sich um andere zu kümmern ist so natürlich:** Shelley E. Taylor, *The Tending Instinct: Women, Men, and the Biology of Our Relationships* (New York: Times Books, 2002), 153–65.

157 **Studien zeigen, dass Freiwilligen- oder ehrenamtliche Arbeit:** Jerf W. K. Yeung, Zhuoni Zhang, and Tae Yeun Kim, »Volunteering and Health Benefits in General Adults: Cumulative Effects and Forms,« *BMC Public Health* 18 (2018): 8, https://www .ncbi.nlm.nih.gov/pmc/articles/PMC5504679/.

157 **Für Menschen, die kurz vor dem Ruhestand stehen:** Randee B. Bloom, »Role Identity and Demographic Characteristics as Predictors of Professional Nurse Volunteerism« (PhD diss., Capella University, 2012), https:// pqdtopen.proquest .com/doc/962412634.html?FMT=ABS.

157 **Genau aus diesem Grund hat die American Association of Retired Persons:** »Create the Good,« AARP, https://createthegood.aarp.org/.

158 **Der von *Deseret News* in Utah durchgeführte American Family Survey 2018 hat ergeben:** »Religious Landscape Study,« Pew Research Center, https:// www.pewforum.org/religious-landscape-study /generational-cohort/.

158 **Eine 2016 in *JAMA Internal Medicine* veröffentlichte Studie:** Shanshan Li et al., »Association of Religious Service Attendance with Mortality Among Women,« *JAMA Internal Medicine* 176, no. 6 (2016): 777–85, https://jamanetwork.com /journals/jamainternalmedicine/fullarticle/2521827.

158 **Eine 2017 in der Zeitschrift *PLOS One* publizierte Untersuchung:** Marino A. Bruce et al., »Church Attendance, Allostatic Load and Mortality in Middle Aged Adults,« PLOS One 12, no. 5 (2017): e0177618, https://journals.plos. org/plosone/article?id=10.1371/journal.pone.0177618.

158 **Eine Spezies, »bei der alle kooperieren müssen«:** Peter Sterling, *What Is Health? Allostasis and the Evolution of Human Design* (Cambridge, MA: MIT Press, 2020), 102.

160 **Deswegen sind Selbsthilfegruppen für Menschen:** Kathlene Tracy and Samantha P. Wallace, »Benefits of Peer Support Groups in the Treatment of Addiction,« *Substance Abuse and Rehabilitation* 7 (2016): 143–54, https://www.ncbi.nlm.nih.gov/pmc /articles/PMC5047716/.

162 **Wie Aristoteles wusste:** Aristotle, *The Nicomachean Ethics,* Oxford World Classic's Version (Oxford University Press, 2009).

163 **Wenn man mit jemandem verkehrt, der mit Schmutz bedeckt ist:** Epictetus, *Discourses and Selected Writings* (New York: Penguin Classics, 2008).

164 **Catmull schlägt einige Leitlinien:** Ed Catmull with Amy Wallace, *Creativity, Inc.: Overcoming the Unseen Forces That Stand in the Way of True Inspiration* (New York: Random House, 2014), 86–106.

164 **Der Zen-Meister Thich Nhat Hanh lehrt:** Hanh, *The Heart of the Buddha's Teaching,* 124–27.

165 **»In meiner Tradition lernen wir«:** Thich Nhat Hanh, »What Is Sangha?« Lion's Roar, July 7, 2017, https://www.lionsroar.com/the-practice-of-sangha/.

7. DEN KÖRPER IN BEWEGUNG HALTEN, UM DEN GEIST ZU ERDEN

169 **In einer Analyse des King's College London aus dem Jahr 2019:** Felipe Barreto Schuch and Brendon Stubbs, »The Role of Exercise in Preventing and Treating Depression,« *Current Sports Medicine Reports* 18, no. 8 (2019): 299–304, http://journals.lww .com/acsm-csmr/Fulltext/2019/08000/The_Role_of_Exercise_in_Preventing _and_Treating.6.aspx#O3-6.

169 **Andere Studien stellten ähnliche Effekte fest:** Brett R. Gordon et al., »The Effects of Resistance Exercise Training on Anxiety: A Meta-analysis and Meta-regression Analysis of Randomized Controlled Trials,« *Sports Medicine* 47, no. 12 (2017): 2521–32, https://www.ncbi.nlm.nih.gov/pubmed/28819746.

169 **Wie sich herausstellte, reagierten zwischen 40 und 50 Prozent:** Felipe B. Schuch et al., »Exercise as a Treatment for Depression: A Meta-analysis Adjusting for Publication Bias,« *Journal of Psychiatric Research* 77 (2016): 42–51, https://www.ashlandmhrb.org /upload/exercise_as_a_treatment_for_depression_-_a_meta-analysis _adjusting_for_publication_bias.pdf.

169 **Forscher der University of Limerick in Irland:** Gordon et al., »Effects of Resistance Exercise Training on Anxiety.«

170 **In den 1640er-Jahren formulierte der französische Philosoph René Descartes:** David Cunning, ed., The Cambridge Companion to Descartes' Meditations (Cambridge, UK: Cambridge University Press, 2014), 279.

171 **bewirkt körperliche Aktivität eher das Gegenteil:** Y. Netz et al., »The Effect of a Single Aerobic Training Session on Cognitive Flexibility in Late Middle-Aged Adults,« *International Journal of Sports Medicine* 28, no. 1 (2007): 82–87, http:// www.ncbi.nlm.nih.gov/pubmed/17213965.

172 **Evelyn Stevens:** Brad Stulberg, »How Exercise Shapes You, Far Beyond the Gym,« The Growth Equation, https://thegrowtheq.com/how-exercise-shapes -you-far-beyond-the-gym/.

172 **Eine im *British Journal of Health Psychology* publizierte Studie:** Megan Oaten and Ken Cheng, »Longitudinal Gains in Self-Regulation from Regular Physical Exercise,« *British Journal of Health Psychology* 11, pt. 4 (2006): 717–33, http:// www.ncbi.nlm.nih.gov/pubmed/17032494.

173 **Eine andere Studie, die im *European Journal of Applied Physiology* erschien:** Birte von Haaren et al., »Does a 20-Week Aerobic Exercise Training Programme Increase Our Capabilities to Buffer Real-Life Stressors? A Randomized, Controlled Trial Using Ambulatory Assessment,« *European Journal of Applied Physiology* 116, no. 2 (2016): 383–94, http://www.ncbi.nlm.nih.gov/pubmed/26582310.

174 **Damit Sie in einen Flow kommen:** Pirkko Markula, »Exercise and ›Flow‹,« *Psychology Today*, January 11, 2013, https://www.psychologytoday.com/us/blog /fit-femininity/201301/exercise-and-flow.

174 **Körperliche Bewegung ist eine »Schlüsselgewohnheit«:** Charles Duhigg, *The Power of Habit: Why We Do What We Do in Life and Business* (New York: Random House, 2014).

177 **Immer mehr Forschungen zeigen:** Arran Davis, Jacob Taylor, and Emma Cohen, »Social Bonds and Exercise: Evidence for a Reciprocal Relationship,« *PLOS One* 10, no. 8 (2015): e0136705, https://journals.plos.org/plosone/article?id=10.1371 /journal.pone.0136705.

177 **In ihrem Buch *The Joy of Movement*:** Kelly McGonigal, *The Joy of Movement: How Exercise Helps Us Find Happiness, Hope, Connection, and Courage* (New York: Avery, 2019).

177 **Sportwissenschaftler bezeichnen das als *muscular bonding*:** McGonigal, *The Joy of Movement.*

178 **»Wie bei jedem natürlichen Phänomen«:** McGonigal, *The Joy of Movement.*

179 **In einer Studie aus dem Jahr 2019 haben die Centers for Disease Control and Prevention:** Roland Sturm and Deborah A. Cohen, »Free Time and Physical Activity Among Americans 15 Years or Older: Cross-Sectional Analysis of the American Time Use Survey,« *Preventing Chronic Disease* 16 (2019), https://www.cdc.gov/pcd /issues/2019/19_0017.htm.

180 **Die Teilnehmer, die den Spaziergang unternommen hatten:** Marily Oppezzo and Daniel L. Schwartz, »Give Your Ideas Some Legs: The Positive

Effect of Walking on Creative Thinking,« *Journal of Experimental Psychology: Learning, Memory, and Cognition* 40, no. 4 (2014): 1142–52, https://www.apa.org/pubs/journals /releases/xlm-a0036577.pdf.

180 **Paradoxerweise kürzen viele Schulen:** Centers for Disease Control and Prevention, *The Association Between School-Based Physical Activity, Including Physical Education, and Academic Performance* (Atlanta: U.S. Department of Health and Human Services, 2010), https://www.cdc.gov/healthyyouth/health _and_academics/pdf/pa-pe_paper.pdf.

180 **Die Wirkung ist so stark:** J. Eric Ahlskog et al., »Physical Exercise as a Preventive or Disease-Modifying Treatment of Dementia and Brain Aging,« *Mayo Clinic Proceedings* 86, no. 9 (2011): 876–84, http://www .mayoclinicproceedings.org/article/S0025-6196(11)65219-1/abstract.

181 **»Körperliche Fitness und Gehirnleistung sind miteinander verbunden«:** Aishwarya Kumar, »The Grandmaster Diet: How to Lose Weight While Barely Moving,« ESPN, September 13, 2019, https://www.espn.com/espn/story/_/id/27593253 /why-grandmasters-magnus-carlsen-fabiano-caruana-lose-weight-playing-chess.

182 **Laut einer Metaanalyse, bei der 13 Studien ausgewertet wurden:** Edward R. Laskowski, »What Are the Risks of Sitting Too Much?« Mayo Clinic, https://www.mayoclinic .org/healthy-lifestyle/adult-health/expert-answers/sitting/faq-20058005.

183 **Andere Studien ergaben: Selbst wenn Sie zu festgelegten Zeiten:** Peter T. Katzmarzyk et al., »Sitting Time and Mortality from All Causes, Cardiovascular Disease, and Cancer,« *Medicine and Science in Sports and Exercise* 41, no. 5 (2009): 998–1005, https://www.flexchair.nl/wp-content/uploads/sites/12/2017/05/sitting_time _and_mortality_from_all_causes.pdf.

183 **Eine Studie, publiziert im *Journal of the American Heart Association*:** Peter T. Katzmarzyk et al., »Sitting Time and Mortality from All Causes, Cardiovascular Disease, and Cancer,« *Medicine and Science in Sports and Exercise* 41, no. 5 (2009): 998–1005, https://www.flexchair.nl/wp-content/uploads/sites/12/2017/05/sitting_time _and_mortality_from_all_causes.pdf.

184 **Die Forscher schlussfolgerten: Jede Art der Bewegung:** Audrey Bergouignan et al., »Effect of Frequent Interruptions of Prolonged Sitting on Self-Perceived Levels of Energy, Mood, Food Cravings and Cognitive Function,« *International Journal of Behavioral Nutrition and Physical Activity* 13, no. 113 (2016), http://ijbnpa.biomedcentral.com/articles/10.1186/s12966-016-0437-z.

187 **»Ob es sich um einen Spaziergang an einem sonnigen Tag«:** Emmanuel Stamatakis, Mark Hamer, and Marie H. Murphy, »What Hippocrates Called ›Man's Best Medicine‹: Walking Is Humanity's Path to a Better World,« *British Journal of Sports Medicine* 52, no. 12 (2018): 753–54, https://bjsm.bmj.com/content/52/12/753.

187 **»Eine einfache Methode, um nachzuvollziehen, was unter ›zügiges‹ Tempo«:** Emmanuel Stamatakis et al., »Self-Rated Walking Pace and All-Cause, Cardiovascular Disease and Cancer Mortality: Individual Participant Pooled Analysis of 50,225 Walkers from 11 Population British Cohorts,« *British Journal of Sports Medicine* 52, no. 12 (2018): 761–68, https://bjsm.bmj.com/content/52/12/761.

187 **Eine andere Untersuchung aus dem Jahr 2019:** Alpa V. Patel et al., »Walking in Relation to Mortality in a Large Prospective Cohort of Older U.S. Adults,« *American Journal of Preventive Medicine* 54, no. 1 (2018): 10–19, https://pubmed.ncbi.nlm.nih.gov/29056372/.

188 **Experten sind zwar der Meinung, dass Joggen:** Julia Belluz, »Should You Walk or Run for Exercise? Here's What the Science Says,« *Vox*, November 25, 2017, https:// www.vox.com/2015/8/4/9091093/walking-versus-running; »Running Injuries,« Yale Medicine, https://www.yalemedicine.org/conditions/running-injury/#.

188 **»Verlieren Sie vor allem nicht die Lust, zu gehen«:** Søren Kierkegaard, *The Laughter Is on My Side: An Imaginative Introduction to Kierkegaard*, ed. Roger Poole and Henrik Stangerup (Princeton, NJ: Princeton University Press, 1989).

190 **Forschungen aus Japan:** Yoshifumi Miyazaki et al., »Preventive Medical Effects of Nature Therapy,« *Nihon Eiseigaku Zasshi* 66, no. 4 (2011): 651–56, https:// www.ncbi.nlm.nih.gov/pubmed/21996763 [Artikel auf Japanisch].

190 **Eine andere Studie, diesmal von der Stanford University:** Gregory N. Bratman et al., »Nature Experience Reduces Rumination and Subgenual Prefrontal Cortex Activation,« *PNAS* 112, no. 28 (2015): 8567–72, http://www.pnas.org/content /early/2015/06/23/1510459112.full.pdf.

8. VON DEN THEORETISCHEN PRINZIPIEN ZUM PRAKTISCHEN HANDELN

200 **»Es geht nicht darum, dass wir unser inneres Selbst aufgeben«:** Meister Eckhart, *Selected Writings*, 45.

206 **Er veröffentlichte seine Erkenntnis 1960:** Maxwell Maltz, *Psycho-Cybernetics, Deluxe Edition: The Original Text of the Classic Guide to a New Life* (New York: TarcherPerigee, 2016).

207 **Einige brauchten nur 18, andere mehr als 200 Tage:** Phillippa Lally et al., »How Are Habits Formed: Modelling Habit Formation in the Real World,« *European Journal of Social Psychology* 40, no. 6 (2010): 998–1009, https://onlinelibrary.wiley.com/doi /abs/10.1002/ejsp.674.

207 **»Die Verhaltensgewohnheiten sind stärker als wir selbst«:** Thich Nhat Hanh, »Dharma Talk: Transforming Negative Habit Energies,« *Mindfulness*

Bell, Summer 2000, https://www.mindfulnessbell.org/archive/2015/12/dharma-talk-transforming -negative-habit-energies.

207 **Sie zeigt, dass das alleinige Verlassen auf Willenskraft:** Roy F. Baumeister, Dianne M. Tice, and Kathleen D. Vohs, »The Strength Model of Self-Regulation: Conclusions from the Second Decade of Willpower Research,« *Perspectives on Psychological Science* 13, no. 2 (2018): 141–45, https://www.ncbi.nlm.nih.gov/pubmed/29592652.

209 **Die Arbeit des Stanford-Forschers BJ Fogg:** »BJ Fogg,« *Armchair Expert*, hosted by Dax Shepard, podcast, March 5, 2020, https://armchairexpert-pod.com/pods /bj-fogg.

211 **Wenn Sie etwas tun, um jemandem eine Freude zu bereiten:** For more, see Michelle Segar, *No Sweat: How the Simple Science of Motivation Can Bring You a Lifetime of Fitness* (New York: AMACOM, 2015).

9. ENTSCHEIDEND IST DAS VORGEHEN, DIE RESULTATE FOLGEN VON SELBST

223 **In seinem Klassiker *Finite and Infinite Games*:** James P. Carse, *Finite and Infinite Games: A Vision of Life as Play and Possibility* (New York: Free Press, 2013).

223 **»Ein ganzes Leben regelmäßiger, kontinuierlicher Praxis«:** Terry Patten, *A New Republic of the Heart* (Berkeley, CA: North Atlantic Books, 2018).

225 **Ihre Daten zeigen, dass über 40 Prozent der Menschen:** »New Years Resolution Statistics,« Statistic Brain Research Institute, https://www.statisticbrain.com/new-years -resolution-statistics/.

226 **»Diese Ergebnisse deuten darauf hin«:** Breines and Chen, »Self-Compassion Increases Self-Improvement Motivation.«

226 **zieht sich wie ein roter Faden durch Neffs Forschungsarbeit:** Kristin Neff and Christopher Germer, *The Mindful Self-Compassion Workbook: A Proven Way to Accept Yourself, Build Inner Strength, and Thrive* (New York: Guilford Press, 2018).

228 **der Psychologe und buddhistische Lehrer Jack Kornfield:** »The Mind and the Heart,« JackKornfield.com, https://jackkornfield.com/mind-heart/.

STICHWORTVERZEICHNIS

Die Gesetze der menschlichen Natur

Robert Greene

Robert Greene versteht es auf meisterhafte Weise, Weisheit und Philosophie der alten Denker für Millionen von Lesern auf der Suche nach Wissen, Macht und Selbstvervollkommnung zugänglich zu machen. In seinem neuen Buch ist er dem wichtigsten Thema überhaupt auf der Spur: Der Entschlüsselung menschlicher Antriebe und Motivationen, auch derer, die uns selbst nicht bewusst sind. Ausgehend von den Ideen und Beispielen von Perikles, Queen Elizabeth I, Martin Luther King Jr und vielen anderen zeigt Greene, wie wir einerseits von unseren eigenen Emotionen unabhängig werden und Selbstbeherrschung lernen und andererseits Empathie anderen gegenüber entwickeln können, um hinter ihre Masken zu blicken. Die Gesetze der menschlichen Natur bietet dem Leser nicht zuletzt einzigartige Strategien, um im professionellen und privaten Bereich eigene Ziele zu erreichen und zu verteidigen.

592 Seiten | Hardcover | 29,99 € (D) | ISBN 978-3-95972-230-8

Die Essenz des Erfolgs

Phil Jackson

Elfmal führte er seine Basketballteams zum ultimativen Ziel: zur NBA-Meisterschaft – sechsmal die Chicago Bulls und fünfmal die Los Angeles Lakers. Damit gewann Phil Jackson mehr Meisterschaften als jeder andere Trainer in der Geschichte des Basketballs. Der »Zen-Master«, wie ihn viele Journalisten nannten, managte Michael Jordan, den besten Spieler der Welt, inspirierte Dennis Rodman und andere »untrainierbare« Persönlichkeiten, sich einer Sache zu widmen, die größer ist als sie selbst. Und er verwandelte Kobe Bryant von einem rebellischen Teenager in einen reifen Anführer eines Meisterschaftsteams. Dieses Buch schließt diese Lücke: Es ist voller Enthüllungen über die faszinierendsten Persönlichkeiten der Welt des Basketballs und ihren Siegeswillen. Über die Quellen von Motivation und Wettbewerb auf höchstem Niveau und darüber, was es braucht, um das Beste in uns selbst und in anderen hervorzubringen.

384 Seiten | Hardcover | 22,00 € (D) | ISBN 978-3-95972-513-2

Das Gesetz des Erfolgs

Napoleon Hill

Mit einer acht Bände umfassenden Reihe legte Napoleon Hill den Grundstein seiner außergewöhnlichen Karriere. In 15 Prinzipien erläuterte er eindrucksvoll seine Erfolgsphilosophie und gewann so eine beeindruckende Fangemeinde. In dieser Ausgabe sind seine Erfolgsprinzipien erstmals in einer gut lesbaren Form zusammengefasst.

Das Gesetz des Erfolgs stellt Hills vollständige und ungekürzte Erfolgsphilosophie dar. Nachdem er Dutzende von erfolgreichen Menschen aus allen Lebensbereichen interviewt hatte, destillierte der junge Hill das Gelernte in diese Kernlektionen, die später die Basis für seinen Weltbestseller Think and Grow Rich bildeten.

540 Seiten | Softcover | 24,99 € (D) | ISBN 978-3-95972-359-6

Mikes Mindset Minuten

Mike Hager

Wie wäre es, wenn du mit einem Aufwand von weniger als fünf Minuten pro Tag deinem Leben eine neue Richtung geben könntest? Wenn dein Leben schon bald erfolgreicher, glücklicher, reicher und wahrscheinlich sogar gesünder verlaufen würde? Das ist keine Hexerei. Denke doch einfach jeden Tag einen neuen Gedanken und verabschiede dich von limitierenden Glaubenssätzen und überflüssigen Erfolgsbremsen. Dieses Buch zeigt dir genau, wie das geht. Es enthält 77,5 Erfolgsgesetze für alle Lebensbereiche. Von Geld über Gesundheit bis hin zu Beruf und Beziehung. Gesammelt, für dich getestet und vielfach auch selbst gefunden hat sie Mike Hager. Er verrät dir damit die »Lebenssätze«, die ihn zum Multimillionär, erfolgreichen Investor, »NFT-Papst« und gefragten Geld-Mentor gemacht haben. Mikes Credo: Wenn wir uns ändern, ändert sich alles!

288 Seiten | Softcover | 20,00 € (D) | ISBN 978-3-95972-626-9